中国历史文化名人传

醒世先驱

严复传

杨肇林 著

作家出版社

中国历史文化名人传

出版说明

中华民族五千年文明史中，涌现了一大批杰出的文化巨匠，他们如璀璨的群星，闪耀着思想和智慧的光芒。系统和本正地记录他们的人生轨迹与文化成就，无疑是一件十分有必要的事。为此，中国作家协会于2012年初作出决定，用五年左右时间，集中文学界和文化界的精兵强将，创作出版《中国历史文化名人传》大型丛书。这是一项重大的国家文化出版工程，它对形象化地诠释和反映中华民族文化的基本精神，继承发扬传统文化的精髓，对公民的历史文化普及和建设社会主义文化强国都具有重要而深远的意义。

这项原创的纪实体文学工程，预计出版120部左右。编委会与各方专家反复会商，遴选出在中国文化发展史上产生过重大影响的120余位历史文化名人。在作者选择上，我们采取专家推荐、主动约请及社会选拔的方式，选择有文史功底、有创作实绩并有较大社会影响，能胜任繁重的实地采访、文献查阅及长篇创作任务，擅长传记文学创作的作家。创作的总体要求是，必须在尊重史实基础上进行文学艺术创作，力求生动传神，追求本质的真实，塑造出饱满的人物形象，具有引人入胜的故事性和可读性；反对戏说、颠覆和凭空捏造，严禁抄袭；作家对传主要有客观的价值判断和对人物精神概括与提升的独到心得，要有新颖的艺术表现形式；新传水平应当高于已有同一人物的传记作品。

为了保证丛书的高品质，我们聘请了学有专长、卓有成就的史学和文学专家，对书稿的文史真伪、价值取向、人物刻画和文学表现等方面总体把关，并建立了严格的论证机制，从传主的选择、作者的认定、写作大纲论证、书稿专项审定直至编辑、出版等，层层论证把关，力图使丛书经得起时间的检验，从而达到传承中华文明和弘扬杰出文化人物精神之目的。丛书的封面设计，以中国历史长河为概念，取层层历史文化积淀与源远流长的宏大意象，采用各个历史时期最具代表性的文化符号与雅致温润的色条进行表达，意蕴深厚，庄重大气。内文的版式设计也尽可能做到精致、别具美感。

中华民族文化博大精深，这百位文化名人就是杰出代表。他们的灿烂人生就是中华文明历史的缩影；他们的思想智慧、精神气脉深深融入我们民族的血液中，成为代代相袭的中华魂魄。在实现“中国梦”的历史进程中，必定成为我们再出发的精神动力。

感谢关心、支持我们工作的中央有关部门和各级领导及专家们，更要感谢作者们呕心沥血的创作。由于该丛书工程浩大，人数众多，时间绵延较长，疏漏在所难免，期待各界有识之士提出宝贵的建设性意见，我们会努力做得更好。

《中国历史文化名人传》丛书编委会

2013 年 11 月

严　复

目录

第一章 胸中有物，格格欲吐

清光绪二十年（1894），岁次甲午。小寒大寒又一年，腊月二十五（1895年1月20日），大寒之日，已是小年了，天气奇冷，滴水成冰。室内虽有暖炉，奈何人的心里冷冰冰的，寒气逼人。

夜深了，严复犹独坐几前，反复默诵《拟天马出西北》诗句：

天马出西北，磊落精权奇。
闻有圣主求，能为苜蓿羁！

这是不久前写赠给吕秋樵（增祥）的。他的思绪一向似天马行空，浮想联翩，拟人自况，逾越这局促的“观我生斋”，在广袤的天地间驰骋。他想象，他描述，他既是胸有雄兵百万的将军，又是追风神骏，“鸣镝起边城，羽檄日夜驰”，喜见“天子顾我笑”，“贵在报所知”啊！

“绛纱谅无有，苜蓿聊可嚼。”古人唐庚得知被委任凤州教授之职，欣喜地写下了这诗句。尽管没有锦衣玉食，生活清苦，但是，究竟是被认可，被授予职位了啊！读书人最高的要求不就是上报明主吗？严复感同身受。

过了年，严复就四十有二了，虽然四年前已被任命为天津北洋水师学堂总办（校长），但是，终究没有经过科举，没有功名，没有进身，没有名分，说话没有分量，“人微言轻”，不被重视。尽管自己一直认定科举戕害人才，然而，不能不从俗，不能不迁就这百千年来的因袭陈规。光绪十一年（1885）乙酉，严复屈尊就驾，以三十三岁年长之身，与二十岁的童子一道参加科举。满以为可以手到擒来，谁知命运偏偏作怪。竟然连续四次名落孙山！八年穷经皓首，落得个竹篮子打水一场空。再执拗的严复，终于觉悟到不是命运不济，而是科举与他无缘。他纵然胸藏锦绣，却不能与科举合拍，不能适应科举的需要，不能讨得主持科举的考官认可，科举笃定要将他拒之门外！他除了摇头叹息，还是摇头叹息。自从光绪六年（1880），二十八岁，应李鸿章要求来到天津兴办北洋水师学堂，已经有十四年，一晃间，已经跨过了中年的门槛，壮志未酬，回首往事，岁月蹉跎，空有满腹经纶，无人赏识。当前，似乎迎来一个转机，闻听当今圣上光绪皇帝亲政以来，求贤若渴，访求富国强兵之策。他向挚友倾吐自己的希冀。吕增祥是挚友，又是亲家，是长子严璩的岳丈，严复向他坦露胸襟：只要能够一展平生抱负，哪怕只有苜蓿菜蔬果腹，那又何妨？不求居庙堂之高，只要圣上能够眷顾，身处江湖之远，也当忧国忧民，一展胸襟，向皇帝进言，贡献赤忱，呈述救国良方。那将是何等惬意，何等快慰？“了却君王天下事，赢得生前身后名。”果能如愿以偿，何异于天马行空！

突然，窗外传来隐隐雷声，严复一震，谛听之下，果然是滚滚雷声。此时，大寒刚过，惊蛰未到，惊蛰前闻雷，实属少有。冬日鸣雷，这是征兆，这是天人感应！

想到这里，严复扫了一眼书案上的玳瑁书镇。书镇是他自制，左下角标明“严复清玩”，是他喜爱之物。那上面镌刻的修、正、仁、和四箴铭，更是他多年修养体会的结晶。“和”的箴铭：“日升月和，乾清坤宁，吉享交泰，天地感应。”

古书屡屡提到上天异常迹象，预示着人世的非常变化，本朝和历代都有先例，都有应验。天人感应，不无道理。汉武帝元光元年（前134）下诏征集治国良策，以变古创新。这位雄才大略的皇帝说："朕欲问大道之要，至论之极。"他不只是想得到具体方法策略，他谋求的是强国的根本大计，是治世的指导思想。一代大儒董仲舒应运而出。董仲舒主张天人合一，天与人同类相通，相互感应。天能干预人事，人亦能感应上天。违背天意，不行仁义，天会出现灾异，给以谴责和警告；政通人和，天降祥瑞给以鼓励。他在《春秋繁露》中鼓吹，"天之不可不敬畏，犹主上之不可不谨事"。"世治而民和，志平而气正，则天地之化精而万物之美起；世乱而民乖，志僻而气逆，则天地之化伤，气生灾害起"。他赢得了汉武帝的赏识，独尊儒术，巩固了千百年来的封建统治。

严复扫了一眼桌上的茶盏，一盖、一碗、一托，三件器物成一个完美的组合，缺一不可。这就好比天、地、人和谐统一啊。董仲舒鼓吹天人合一，于中华文化，于维护封建治理，功莫大焉！但是，董仲舒力主尊天、尊君，也窒息了后世对科学的探求，遏制了对民主的探索，实不敢恭维。不过，严复眼下向往的是有汉武帝那样的明君，能够像赏识董仲舒那样，采纳他的救亡图强的良策。

甲午之役，堂堂中国败于蕞尔小国日本，不免令人气短，叫人沮丧。然而，"福兮祸所伏，祸兮福所倚"，经此一事，国人猛醒，变法图强之声四起，街坊巷闾，达官士子，谈国事，议维新，势不可挡，中国必将变化，中国不可不变化！"今日中国不变法，则必亡是也！"可惜，眼下，人人以谈变法维新为时髦，但是，多数人只知热衷于修铁路，办工厂，购兵轮，买枪炮，以为这是维新要务，却不知这只是皮毛，远非根本。康有为、梁启超辈倡导变法维新，颇为得力，颇有成效。然而，他们有没有想到，积重难返，牵一发，动全身，变法谈何容易？不从根本上变起，怎么能够成功？"变法之难，一思变甲，即须变乙，至欲变乙，又须变丙。"看不到这些，以其昏昏，何能使人昭昭？"毫厘之差，流入众生识田，将成千里之谬"啊！想到这里，严复"觉一时胸中有物，格格欲吐”。“不揣浅狭，意欲本之格致新理，溯源竟委，发明富强之事。”他要以自己的真知灼见，撰写文章，引起明君、当政者的注目，唤起民众觉醒。

严复卷起袖管，慢慢研墨。古来书家有“磨墨如病夫”的比喻，他先用清水洗净了宿墨，然后耐心地、轻缓地细细研墨，一面心中打着腹稿。

远远的天边，又一阵雷声滚滚而来。严复再次被深深触动了。他文思如潮，佳句连涌。文句不期而至，准确说，是长久酝酿于胸，一发不可收拾。

严复用笔饱蘸浓墨，在纸笺上疾书题目，五个大字：“论世变之亟”。一笔一划，力透纸背。一言一字，发自肺腑。

啊呀，国人赶快警醒吧，今日中国，面临自秦朝以来前所未有的危机。日本倭寇已经侵占安东、大连、旅顺，威海卫也危在旦夕，这还不过是一点端倪，一个开头。俄国、法国、英国、德国虎视眈眈，环伺待机，随时都会猛扑过来。他们想要什么，还用说吗？还忍说吗？列强要把中国瓜分豆剖了啊！

严复展开纸笺，执笔蘸墨，字斟句酌，落在纸上：

> 呜呼！观今日之世变，盖自秦以来，未有若斯之亟也。
>
> 噫！今日倭祸特肇端耳。俄、法、英、德，旁午调集，此何为者？此其事尚待深言也哉？尚忍深言也哉！

严复挥毫疾书。

好砚，好墨，好笔，好纸，写来得心应手。唐人孙过庭的《书谱序》，推崇“五合”之说：“神怡务闲，一合也；感惠循知，二合也；时和气润，三合也；纸墨相发，四合也；偶然欲书，五合也。”严复颇有同感。孙过庭讲的是书法，而写诗做文章也同此一理。有感而发，纸发墨，墨宜纸，“五合交臻，神融笔畅”。“得时不如得器，得器不如得志。”眼下，得天地感应，胸中有物要吐，下笔千言，如江河直下。

今天中国遭受日本侵略，不是一朝一夕的原因，而是由来已久！

严复开宗明义，展开议论：“今日中倭之构难，究所由来，夫岂一朝一夕之故也哉！”今日“我四千年文物声明，已涣然有不终日之虑。逮今日而始知其危，何异齐桓公以见痛之日，为受病之始也哉”。时至今日，中华古国的文明已然如冰遇热，迅速分解融化，有等不了一天就将不复存在的危险。人们这才知道危亡将至，一如齐桓公初听到扁鹊告诉他有病，病在肌肉，他不加理会，不往心里去；当扁鹊警告他有病，病已发展到血脉，他仍然不以为意，掉以轻心；当扁鹊再次警告他有病，病已侵入肠胃，他依然麻木不仁；直到他感觉到病痛的时候，找来扁鹊，扁鹊诊视后，惋惜地告诉说：病已深入膏肓，为时已晚，“疾不可为也。在肓之上，膏之下，攻之不可，达之不及，药不至焉”，严重到无可救治了。

为什么会危急到极点？“四千年文物，九万里中原，所以至于斯极者，其教化、学术非也！”

与西方对照比较，不难看出差距异同。中西方思想，最大的不同，在于国人“好古而忽今”，西人则“力今以胜古”；国人以治乱盛衰是天意，西人则推崇发展进步。从春秋的大一统，秦的销毁兵器和焚书，宋以来的科举，中国圣人用各种方法，力求牢笼天下，平息甚至泯灭人欲发展的要求，安于蒙昧，结果是民智越来越窳弱，民力越来越衰颓，到头来，不能与外国争一日之长短了。如今，西方的汽船跨海而来，缩地有术的火车飞驰而至，国人感到震惊，再也不能够一如往昔，安富尊荣，安贫乐道了！

但是，国人学习西方，仍然存在诸多误区，一是认为中国是礼仪之邦，一切皆备，何须向西方外国学习？一是由于西方列强屡屡欺凌中国，同仇敌忾，怎么可以向西方学习？一是以为西方不过有机器兵械，善于机巧而已，有什么长处呢？这是不了解西方所以强的真谛，不知道西方所以强的命脉所在。西方所以强的根本原因，“扼要而谈，不外于学术则黜伪而崇真，于刑政则屈私以为公而已”。其实，这两点也是中国古已有之的主张，然而，为什么西方行之有效，而中国却不能贯彻行之？这就是自由与不自由的区别了。

中国历代圣贤对自由深有畏忌，从来没有倡导过自由。西方则强调自由是与生俱来的权赋。中国没有自由的概念，有的只是与之相近似的“恕”“絜矩”，因此大有不同。“粗举一二言之：则如中国最重三纲，而西人首明平等；中国亲亲，而西人尚贤；中国以孝治天下，而西人以公治天下；中国尊主，而西人隆民；中国贵一道而同风，而西人喜党居而州处；中国多忌讳，而西人众讥评。其于财用也，中国重节流，而西人重开源；中国追淳朴，而西人求欢虞。其接物也，中国美谦屈，而西人务发舒；中国尚节文，而西人乐简易。其于为学也，中国夸多识，而西人尊新知。其于祸灾也，中国委天数，而西人恃人力。”两相比较，实在不能够分高下，不敢说谁优说劣。

自明代末年，中国与西方有了来往交通，到今天，海上交通日渐扩大。清乾隆五十八年（1793），英国事先没有得到邀请，派特使马戛尔尼、副使斯当东来北京谈判扩展贸易，避免发生贸易摩擦和意外。恰逢乾隆皇帝八十大寿，他自诩为十全老人，不可一世，许多国家都来朝贡祝寿，便以为英国人也是来贺寿的。马戛尔尼到达天津后，直隶总督要求他悬挂“英国贡船”的旗章，到北京后，又要求他去热河离宫觐见乾隆皇帝，还要求他按照中国礼仪磕头拜见。据《清鉴》记述，“马戛尔尼恐以小节损感情，不敢抗议，悉允从之”。清廷以招待贺寿使臣的礼节，倒是“赏赉优加”，但对于他所提的派人驻北京管理英国商务，允许在舟山、宁波、天津通商，允许在舟山、广东租借无城砦的小岛居留商人和货物，允许英国人在通商的地方传教，则“逐一驳斥”，严加拒绝。于是，中英交恶。

事实上，明末清初，英国人在正常通商的同时，英国东印度公司就向中国走私鸦片，《清鉴》记述：嘉庆时“英商私设屯船于广州湾一带，粤省奸商即以快蟹炮艇为之包揽走漏……于是鸦片潮流，与年俱进，鬻者愈多，吸者愈众，耗财伤人，日甚一日。自嘉庆至道光，凡二十年之中，输入额之增加，几至五倍，而现银之流出外洋者，岁以数千万两计。自道光三年以前，广州一海口，岁漏银数百万两，三年至十一年，岁漏银千七八百万两，十一年至十四年，岁漏银二千余万两，十四年至十八年，渐漏至三千余万两。此外，福建、浙江、山东、天津各海口，合之又数千万两”。有鉴于此，湖广总督林则徐上奏道：“烟不禁绝，则国日贫，民日弱，数十年后，岂惟无可筹之饷，抑且无可用之兵。”道光皇帝大受震动，命林则徐厉行禁止鸦片。道光二十年（1840）五月，英国人派军舰进犯广州，发动鸦片战争，直至侵入长江，直逼江宁（南京），朝廷被迫订立城下之盟《南京条约》，除赔款外，开广州、福州、厦门、宁波、上海五口通商。接踵而来被迫与英国、法国签订《天津条约》，开牛庄、登州、烟台、台湾、潮州、琼州、汉口、沙市、九江、镇江通商。被迫与英、法签订《北京条约》，开天津通商。后来，被迫与日本签订《马关条约》，除割地赔款外，开沙市、重庆、苏州、长沙、宜昌、芜湖、温州、北海通商。

严复沉痛地写道：“三十年来。祸患频仍”，“不得已而连有廿三口之开”。而且，“祸不止此”，危亡迫在眉睫。

中国向来自恃“幅员之广远”“文治之休明”，没有什么国家超越中国，而“一旦有数万里外之荒服岛夷，鸟言夔面，飘然戾止，扣关求通，所请不得，遂而突我边疆，虏我官宰，甚而至焚毁宫阙，震惊乘舆”。时至今日，仍然侥幸认为“危亡危亡，尚不可知;即或危亡，天下共之”。只顾泥古不化，保全一已私利，不变法图强，不睁开眼睛看世界，向西方寻求救国的真理，“其祸可至于亡国灭种，四分五裂，而不可收拾！”这是不是言过其实，危言耸听？“知我罪我，听由阅报诸公判定。”

写至此，严复认为恰到好处，就此搁笔。他一向同意苏东坡的见解：行文“大略如行云流水，初无定质。但常行于所当行，常止于所当止。文理自然，姿态横生。孔子曰：言之不文，行之不远。又曰：词达而已矣”。只要把作者的意思精确地表达出来，简洁、自然，文章的迷人之处和独特之美自然就有了。

严复随即按照习惯，归置笔墨纸砚，把书案收拾得清清爽爽。他是一个很严谨的人，事事都有条理，而且，是一个追求完美的人。他看着用惯了的文房四宝，精致讲究，赏心悦目。

纸是宣纸，绵软柔韧，经久不变，“四尺丹”的名纸，素有“纸寿千年”之说。史书记载：东汉和帝时（89—105）尚方令蔡伦发明了纸。《后汉书·宦者传》中记载：“乃造意用树肤、麻头及敝布、鱼网以为纸。”其实，中国人造纸的历史比蔡伦造纸要早。远在公元前十二年汉成帝元延元年,《孝成赵皇后传》中就有“赫蹏(蹄）书”的记载,“赫蹏，簿（薄）小纸也”。史书还记载汉章帝建初元年（76)，令二十名学者学习《左氏传》，给“简纸经传各一通”。证明竹简和纸已经应用了。在严复逝世以后，一九三三年在新疆罗布淖尔，一九五七年在陕西灞桥考古中都出土了古代纸张实物。

纸的出现和推广使用，造就了古代书家。东晋“王右军(羲之）作书，惟用张永制纸，谓光紧泽丽，便于行笔”。唐、宋流行“硬黄纸”，苏东坡有诗：“硬黄小字临黄庭。”欧阳修称赞澄心堂纸“不许百金市一枚”，可见其名贵。梅尧臣赞许道：“滑如春冰密如茧。”明朝造纸技术有大的进步，制造出的纸张“坚厚如板，两面研光，如玉洁白”。纸张多产于江西、福建、安徽、浙江、湖南，通称为南纸。宣纸因出产和集散于安徽宣城而得名。有六吉、淳化、云母、罗纹、玉版、煮锤、蝉衣、绵连、清水等品类，质地细韧，能发墨，不受虫蛀，不易破碎，水浸日晒都不变色，保持千年不坏。严复比较喜欢安徽泾州（宁国）出产的宣纸。“轻似蝉翼白如雪，抖如细绸不闻声。”这种用当地青檀树皮为原料的纸张，素有“千年寿纸”之称。严复用惯了半熟的宣纸玉版宣，喜欢它韧而能润，光而不滑，吸水性好，润墨性强，写出来的字骨神兼备，光泽鲜亮。

砚是端砚，素净不事雕琢。一方端砚，砚心还留有一汪余墨，不干不冻。果然是“端溪古砚天下奇，紫花夜半吐虹霓”。唐代李肇记述：“内邱白瓷瓯，端州紫石砚，天下无贵贱通用。”唐朝以来，石砚就被普遍使用了。制作砚台的石材有端石、歙石、仙石、天坛石、玳瑁石、灵璧石、稠桑石、柴石等，琳琅满目。端砚最为人钟爱，出产于广东高要（古端州）斧柯山西麓的端溪。唐、宋时就在这里采石制砚。晋朝王羲之、王献之父子用的砚台，池心下凹，周边有缘，便于贮墨，砚上有雕纹花饰。可能从那时起，历代文人墨客开始把砚台视作文玩了。当年普通物品，经过千百年采挖，今日已经稀少，而成珍品，身价百倍。唐人以砚呈紫色为贵，宋人以青紫色为贵，时人以青白为贵。还以砚眼鉴别砚的好坏，有活眼、死眼、泪眼、有眼、无眼之分，有“泪不如活，死不如泪”的诸多讲究。严复却不以为然，他很赞成宋朝大书画家米芾的话：“器以用为功，玉不为鼎，陶不为柱……石理发墨为上，色次之，形制工拙又其次，文藻缘饰，虽美观，失砚之用。”严复认为，好的砚台，石质坚韧，一要发墨，停墨久而不滑，墨汁发紫黑色的光泽，如油如漆，明亮照人；二要下墨，不拒墨；三要不粘墨，不容易干，书写流畅。就是好砚。

笔却是湖南长沙的羊毫。这是严复多年用惯了的毛笔。直到一九〇一年时，严复在上海还写信给他的弟子熊季廉，请他帮助购买这种毛笔：“兹有琐屑奉浼者：平生用长沙笔匠花文奎所制大小楷羊笔，甚为应手。今自天津南来，乏笔可用。欲得花文奎制小楷羊毫三十支，中书羊毫十支，屏笔、对笔各二支。不知于湘中友能为致之否？该价若干，示悉即奉。”随后，又去信急切地说：“前恳代买长沙花文奎羊毫，不识何时可到，甚盼，甚盼。因案头中书君个个发秃也。”

《史记》称：“始皇令蒙恬与太子扶苏筑长城，恬取中山兔毫造笔。”毛笔的笔尖叫“毛颖”，毛笔的好坏主要在“颖”。用羊毛制作的叫羊毫，用兔毛制作的叫紫毫，用黄鼠狼尾毛制作的叫狼毫，用羊毛和兔毛制作的叫兼毫。毛笔有所谓“四德”：“尖、齐、圆、健”。用来写字作画，直能中绳，曲能中勾，方圆能中规矩，刚柔交融，挥洒自如，“万毫齐力”。毛笔中的珍品以浙江湖州吴兴县善琏镇出产的湖笔声誉最高。只是严复已经用惯了长沙的毛笔，虽不是名贵高品，但是十分顺手。

墨是徽州著名的“奚墨”，久有“千秋光”“黄金易得，徽墨难求”之誉。唐朝末年（10世纪），易州的墨工奚超携儿子廷珪躲避战乱来到徽州（今安徽歙县），见当地多松树，便以松烟为制墨的原料。廷珪用松烟和以珍珠粉、犀牛角、麝香等药物，加上鹿胶制墨，一杵一杵地锤炼。经十万锤反复锤炼，墨便有了四格："坚而有光，黝而能润，舔笔不胶，入纸不晕。"南唐后主李煜分外赏识他，委任他为墨务官，赐姓李。于是，"徽墨"名闻天下。明朝正德、嘉靖年间（16 世纪），歙县的墨工开发了用桐油烟制墨，提高了墨的质量，墨工程君房制作的墨享誉四方。明人形容说："横绝四海，百年之后，无君房而有君房之墨；千年之后，无君房之墨而有君房之名。"清朝徽州有曹素功、汪近圣、汪节庵、胡开文四大制墨家。康熙、雍正、乾隆三代皇帝喜爱书法，专门制作了御用的"徽墨"，如康熙的"亿万斯年""端凝鉴赏""太平雨露"，雍正的"天府墨林""文苑秘宝"，乾隆的"三希堂""乐寿堂藏墨"等等，不一而足。墨以"质地细洁，色泽光润，胶水不重，上砚无声"为佳。苏东坡有独到的见解："世人论墨多贵其黑而不取其光，光而不黑固为弃物，若黑而不光，索然无神采，亦复无用，要使其光清而不浮，湛湛如小儿目睛，乃佳也。"严复与苏东坡有同感。

墨砚合配，古色古香，适用而名贵，相得益彰。

归置好笔墨，严复坐下来，神闲气定，再次看了一遍刚写好的文章，觉得一气呵成，气势如虹。然而，文字语句未免有些艰涩，不那么好读好懂。这倒是有意为之。希望以这种时下流行的文体引起当政衮衮诸公注意，希望引起天下士子重视。如侥幸引得当今皇上垂察，那就幸甚至哉了！以往，严复因"出身不由科第"，"所言多不见重"。这回，偏用科举所看重的古文言文叙事说理。严复希望能够振聋发聩，衮衮诸公当会看到严复并非不能，而是被埋没于草莽！

虽然，严复对文章满意，但是，他还是决定按照习惯，放些日子，再三斟酌，然后选择时机发表出去。三十年来，中国祸患频仍，尤其是亲历台湾抗击日军入侵，又遭到甲午惨败，国是、家事萦绕，字字呕心沥血啊！

严复想起了同治十三年（1874）那个端午节。

第二章 梦中突兀见南台

同治十三年（1874），五月。端午节将至，开镰收割新麦了，人们欢庆“麦秋”。一年中第一个收获时节，给人喜悦。

严复久已期盼这个热闹的端午节，船政学堂严格的军事生活拘禁得太久，而儿时的记忆依然十分鲜活，他很想再找回那有趣的童年。

福建，古称闽越，地处中国东南一隅。严复记得读《徐霞客游记》中的《闽游日记》所得的印象，尽是“过岭”，“登岭”，“有路越岭而来”；“渡山涧”，“溯大溪南行”，“四山环锁，水出无路”，“舟楫不能过，遂舍舟逾岭”。即使来到海边，记载的也是“宁洋之溪，悬溜迅急，十倍建溪”，入海路程越短，“则流愈急”，“舟不能上下”。正因为山水阻隔，交通不便，福建少受中原战乱影响。又得天独厚，雨水充沛，少有霜雪，人们“以渔猎山伐为业”，温饱有余。严复在民国十年（1921）二月，为家乡阳岐尚书祖庙撰写的一副对联，从中可见严复早年生活环境：

十万家，饭美鱼香，唯神之赐；
百余乡，风清魔伏，为民所依。

人们常说“人杰地灵”，儿时的生活境遇，给人以终生影响。为了感受严复，笔者曾经探访他在福建、台湾的踪迹。

今天，在福州市，有三处严复纪念地，一是严复在“三坊七巷”郎官巷20号的故居，这“投老还乡一小楼”，是当年福建督军兼省长李厚基特别送给严复的。这是一所老屋，奠基砖上有“同治丁卯（1867）年致远堂置用”字样，至今已有一百三十多年了。原是16、17号两所内部通联的房屋。典型的“合院式”建筑布局，融砖石建筑和木结构于一体。16号有正门，两旁是向外突出的防火马鞍墙。大门上面，两墙之间，嵌着一个有小屋顶的门头，门头有精美的木雕饰，映衬得大门显得很是气派。进入大门后，迎面一座插屏门，过了插屏门，展开一方天井，麻石铺地，中有一眼小巧的水井。天井两边是披榭。踏一级台阶，便是正厅，两旁有厢房。厅后有厨房。正厅西墙开一精巧的拱形圆门通17号。过圆门，另有一个天井，花木扶疏，十分幽静。后面是两层的小楼。进花厅，经木梯登小楼，便是严复的书房、卧室。一九二〇年十月二十九日，严复因病回到福州，住进这所房屋，直到一九二一年十月二十七日逝世。严复病中赋诗述怀：

投老还乡卧小楼，身随残梦两悠悠。
病差稍喜安眠食，语少从教减献酬。
壮志消沉看剑鼻，老怀回复忆壶头。
遗踪处处成枨触，依旧城南水乱流。

字里行间透露出晚景萧瑟的落寞。严复在给友人熊纯如的信中，也曾经发出悲凉的慨叹：“坐卧一小楼，看云听雨……稍稍临池遣日，自谓从前所喜哲学、历史诸书，今皆不能看，亦不喜谈时事，槁木死灰，唯不死而已。长此视息人间，亦有何用乎？”

严复在福州的第二纪念地是下岐李垞玉屏山庄故居。清光绪十九年

（1893），严复尽管已经四十一岁，仍然从天津赶回家乡参加秋试，期盼得到一个举人的名分。他与同乡叶大庄结伴回到福州，就寄居在叶大庄的玉屏山馆。当年，此处村外有河环绕，河边龙眼树叶浓花密，橘柚成林，热风中另有一番清凉。严复很羡慕这富贵闲人的庄园。叶大庄在一九一四年去世后，家道中落，变卖房屋。严复在一九一八年有意购买。他在给儿子的信中说："下岐房子，吾本日坐轿前往踩勘，屋已数年无人居住，颇呈灰槁荒芜之象，经一番花钱收拾，又添家具铺陈，当有焕发之观，比诸借宅城中，掷金虚牝，孰为合算？灼然明矣。"于是，购买了其中一所住宅，以作第三个儿子严琥结婚的新房。这里留下严复许多欢声笑语，快如之何的记忆。戊午年（1918）除夕，严琥结婚吉日，严复日记记载："天雨，然亲友至者不少，约三十席。"随后，他去上海治病，在沪江楼还给女儿寄诗道：

> 已作归山计，何因更远游。
> 当年杜陵叟，月色爱鄜州。

严复透露出浓浓的爱恋故土，爱恋家乡之情。

人们也还记得他的庚申（1920）除夕诗，这是他生命中最后一个除夕：

> 除夕仍为岁，还乡未是家；
> 枕高人病肺，鳞远壑收蛇。
> 儿女天涯梦，寒梅水国花。
> ……

儿女们多已远离身边，身体衰老，哮喘病日渐加重，心灵痛楚不堪，老境凄清，感慨万端。这与曾经意气风发叱咤风云的严复相去何止万里！

严复在福州的第三处纪念地是阳岐祖居。严复的祖上严怀英是河南光州固始人，于唐朝末年迁入福建，曾经官至朝议大夫，修建了一座拥有几重天井、厅堂、厢房的院落，门楣上有“大夫第”一方直匾。严复童年曾经生活在此，九岁时在这里就读私塾。这里处在福州南台岛的西南端，有溪通乌龙江。鱼米之乡，风光绮丽。“老榕吹绿晚萧萧，小市渔归正落潮。”严复的《梦想阳岐山》诗中有句：

门前一泓水，潮至势迟迟；
不复忧流直，回澜有石崎。

严复更在一九一八年秋天写诗：

不返阳岐廿载强，李坨依然挂斜阳。
鳌头山好浮佳气，碕角风微簇野航。
水鸟飞来还径去，黄梅香远最难忘。
何从更作莼鲈语，东海如今已种桑。

晚年的严复，心已回归宁静的家乡。严复像所有赶海的人一样，“水手远走天涯海角，最终仍然回到解缆出航的港口”。

清同治五年（1866），严复父亲因为给人医病而感染霍乱去世，严复被迫随母亲回到阳岐老家。

除了上述三处，另有一处是严复少年时期最重要的活动地方，严复曾经有诗：

惟有少年腾掷处，梦中突兀见南台。

这个南台在何处？近年来，人们对于严复出生地究竟在哪里，少年时活动的区域何处，有许多探讨。

福州有两处地方被称作南台，一是相夹在闽江、乌龙江之间的南台岛，即现在的福州仓山区和相邻的市郊，阳岐在岛的西南端。一是面临闽江的福州市区的南台，即现在的福州台江苍霞洲钓龙台附近。严复的孙女、著名台湾作家严停云在《吾祖严复的一生》中写道:“祖父出生在清咸丰三年农历十二月初十日（1854 年 1 月 8 日），福建的福州南台苍霞洲。”曾祖父“是一位中医，位居苍霞洲的寓所是曾祖父的‘医生馆’。祖父和人称严半仙的他的父亲、母亲陈氏、两位幼妹，一家五口住在馆里”。祖父“九岁令回阳岐乡进……私塾”。祖父十四岁“结婚了，娶的是王家小姐。同年六月，当地流行霍乱，曾祖父不眠不休地救治病人，终于被传染而不治弃世。”“曾祖父去世后……一家人摒挡了一切，迁回阳岐故乡。”这应当是权威可据的叙述。严复自己在《观海大兄八十寿序》中也曾经写道:“先君在日，寓钓龙台，以医名一时。”“伯父每来谈乡中事，时余尚幼，侍侧听之，娓娓忘倦也。”

好了，至此我们得出一个清晰的轮廓：严复祖居福州阳岐，父亲去世后，随母亲迁回阳岐祖居。而他出生在福州市区南台苍霞洲钓龙台，生活到十三岁。

“少年腾掷”的南台，魂牵梦绕啊！

闽江由西向东，临近福州西北，劈分南北两股，北面为白龙江，南面为乌龙江，穿福州城而过。然后在福州东面的马尾汇合，逐渐入海而去。两江冲击，在两江之间形成冲击洲南台岛。阳岐在南台岛西南的乌龙江边，苍霞洲在白龙江北岸福州城区南端。外来船只进入闽江口，溯乌龙江而上，舶于南台港，南台逐渐成为著名的江海码头。“百货随潮船入市，千家沽酒户垂帘。”清康熙时，随着施琅进军台湾，台湾完全回归，福建安定，经济发展，南台得地利之先，商铺、客栈、酒楼、妓院林立，五行各业杂陈。从现存的旧时《福州城台景观图》上，看到店铺临江成市，江岸干栏式木楼，极富南方水乡风韵。“庐舍鳞次栉比，人烟绣错，市场繁荣。”

福州，素有“福地宝城”之称。榕树，气根悬挂，树冠浓密，满城皆绿；木棉高擎，繁花如炬，殷红艳丽，如火如荼。有人形容福州“环山、沃野、傍江、吻海”，“城在山中，山在城内”。俗谚：“三山藏，三山现，三山看不见。”人们在福州城中，看得见三座奇特的小山：屏山（越王山）、于山、乌石山，这就是所说的“三山现”；另有泉山、罗山、玉尺山被城市建筑包裹，不易显露。山横廓外，山在城中。福州城集汇八闽之水，滨海而兴。每当大潮，海水倒灌，江边街道成河。河海都市，自成特有景象。清人有诗说：

山藏城内皆三岛，水到门前即十洲。
多少衣冠来避地，至今名胜擅风流。

福州，秦时，为闽中郡。公元前二世纪，汉高祖五年（前 202）刘邦封无诸为闽越王，“王闽中故地”，管辖侯官、闽县，即今之福州。在漫长的历史中，福州得天独厚，冬日无雪，几乎四季无霜，没有遭遇过大的自然灾害。地处东南一隅，也没有遭受大的战火破坏。唐宋以来，随着中原文化转移，人文荟萃，有“海滨邹鲁”之称。福州人自比曾经诞生过孟子的古邹国和诞生过孔子的鲁国，并非凭空妄说。有学者研究统计，自唐兴科举到清末废科举的一千三百余年中，福建考中“进士”的有四千六百八十四人，约占全国所有进士五万四千一百零九人的百分之十一点五，其中，福州人达一千四百二十人。另一方面，明末清初，西方殖民主义东来，迫使中国人向西方学习，中国科学技术重新起步，中国知识分子由旧式士大夫开始向科技人才转变。福州独得风气之先，出生于福州的林则徐最早喊出睁开眼睛看西方，“师夷长技以制夷”；主政福建的左宗棠则率先实行洋务，首倡开办船政学堂，延聘洋教习，更有远见地提出不仅“欲广其传使中国才艺日进”，更为“而后西法可衍于中国”。可以说，传统汉文化的深厚积淀，近代自然科学技术知识的传播，福州因辟为五口通商之一，最先受到欧风东渐的浸染，中西文化交流、碰撞，兼收并蓄，融会贯通，为严复的脱颖而出提供了丰实的基础和难得的机遇。

福州多山，严复在诗词、书信中曾屡屡提到钓龙台。《闽书》记载：闽江南岸，有南台山，也称钓龙台山。“崇阜屹立，俯瞰巨潭，台上可坐百余人。”原有米芾题写的“全闽第一山”石刻。相传，越王曾经在此钓得白龙，于是筑台纪念。“逐鹿师还神器定，屠龙人去钓台空。”少年严复，攀援到高台上，当有无尽的遐想。

古人吟咏南台的佳句，“夜色海中月，秋声江上潮。渔灯连水岸，霜月映枫桥”，“绿鸭滩头聚一丘，渔村蟹舍乐无休。路通河口水长绕，潮过江心水不流，柏岭樵歌吟上下，钓台月色照春秋”，在少年严复心中，留下了一片田园风光，一派美丽景色。特别是陆游的“白发未除豪气在，醉吹横笛坐榕阴”，更引发他对家乡的眷恋。

严复曾经有诗称赞好友和同乡林纾翻译《巴黎茶花女遗事》：“可怜一卷茶花女，断尽支那荡子肠。”严复也曾经想像林纾那样回到家乡安静地著书立说，再登钓龙台：“颇似庐岑结精舍，倘容桐濑登钓台。”

福州，有遐迩闻名的“三坊七巷”，这是福州人闲时喜欢“咔溜”的去处。福州话把游逛、玩耍称为“咔溜”。在两条平行的南大街和南后街之间，有衣锦坊、文儒坊、光禄坊；有互相连通的七条横巷：杨桥巷、郎官巷、塔巷、黄巷、安民巷、宫巷、吉庇巷。历史上聚居着文人学士、达官贵人，每条巷子都因为有过名人居住而显得辉煌。我们略举享有盛名的一些人，就可见一斑。衣锦坊有清代大儒郑孝胥的旧居；文儒坊有末代皇帝溥仪的老师陈宝琛的祖居；光禄坊有现代著名作家郁达夫的旧居；杨桥巷有为推翻清王朝创立共和而牺牲的黄花岗七十二烈士之一的林觉民旧居，后为当代著名作家冰心的祖居；郎官巷有戊戌变法中被杀的林旭的旧居；宫巷有清末致力于经营台湾的沈葆桢的故居。最令人敬仰的当是南后街的林则徐故居。原是清朝廷敕建的林文忠公祠，厅堂正中是林则徐的画像。一副楹联“白头到此同休戚，青史凭谁定是非”，发人深省。由此，我们可以想见严复成长的人文环境。严复晚年曾经在此度过最后的岁月，当然，他少年时，还无缘跻身“三坊七巷”。

但是，历史上这里是福州著名的灯市，每年农历正月十三起，南后街便花灯如海，游人如织，入夜，绚烂通明，果然是“花市灯如昼”。福州的橘灯尤具特色，“橘灯”在福州话听来如同“吉丁”，人们因此谐音而喜其吉利，大发利市。严复喜欢这里的热闹，喜欢这里的人气！

“三坊七巷”还是福州著名的书坊，古书、碑帖、字画、文玩，使人驻足留连。

今天，“三坊七巷”虽然力求复旧，但少了往昔的韵味和清幽，昔日的南台、苍霞洲也已不可寻，随着城市的扩大和发展，旧城的痕迹湮没无存。据说，今天福州第四中学所在的山丘就是昔日的钓龙台。在台江，我们看到一株高大的榕树，树冠蔽日，气根悬垂，枝叶茂盛，绿荫覆地。浓绿丛中，矗立着严复塑像，恍如一位老年智者，深沉地凝视着大地。人们无从寻觅和认识少年严复了。

我们仍然回到同治十三年（1874）严复向往的那个端午节。

福州端午节，家家书写“午时书”帖：“海国中天节，江城五月春。”艾蒿、菖蒲交叉插在门上，驱虫祛邪。小孩子额点雄黄，手缠五色彩线。吃粽子，赛龙舟，更令孩童欢喜连天。台江、魁岐、马尾江上，鼓乐震天，龙舟竞渡，红旗飘飘。竞渡到达终点，江边楼台，向江中抛下鸭子，引得划手们跳下水去，你追我赶，争抢惊窜的鸭子，热闹非凡。后人有诗，足见一时盛况：

> 楼高百尺俯台江，群龙出没难悉数。
> 耳边又闻爆竹声，争鸭夺标舟三五。

同治五年（1866），严家经历了一红一白两件大事。

春天，严复遵父母之命，与王家小姐结婚。此时，严复实际年龄十二周岁。严复出生于清咸丰三年十二月初十（1854 年 1 月 8 日），按照南方习惯，孩子出生那一年，已算是一岁，过了农历新年，便又增长一岁。严复出生后不到一个月，便被称为两岁，到一八六六年，严复虚岁十四。当时当地，早婚已成习俗，做父母的都急着想抱孙子，严家也不能免俗。于是，严复按部就班地走完说媒、定亲、迎娶、圆房的红喜事，少年夫妻，懵懵懂懂，战战兢兢，过早地告别了童年，算是成人了。

夏天，一场突如其来的丧事，彻底改变了家庭境遇，结束了严复无拘无束、无忧无虑的童年。这年，福州霍乱流行肆虐，郎中先生严振先，古道热肠，悬壶济世，日夜为人治病，不幸受传染，竟在农历六月二十日（7 月 31 日）撒手人寰。“幼年丧父，中年丧偶，老年丧子”是人生三大不幸，严复幼失怙恃，悲痛可想而知。父亲去世了，全家顶梁柱轰然倒塌，没有了收入，难以继续在苍霞洲生活，母亲陈氏只好携带严复、他的两个妹妹和严复新婚的妻子回到阳岐祖居。没有田地，没有积蓄，衣食无着，依靠母亲、妻子做针线活挣钱糊口。严复彻底结束了自己的童年。

就在这年十二月，严复进马尾船政求是堂艺局学习，艺局既供饭食，每月还发给白银四两作为赡家之用。从那时以来，严复在封闭的环境中，学习了五年。同治十年（1871）毕业，立即被派到“建威”军舰练习，同治十二年（1873）转派到“扬武”军舰实习。前后八年，严复由少年到青年，在严酷的军事生活中，经受磨炼，养成了良好的海军军人素质，也使他缺失了由少年到青年自然成长中许多应有的乐趣。禁锢得太久的心，需要纵情地释放，严复多么想过一个热热闹闹的端午节！“粽能益智，蒲可延年。”“轻汗微微透碧纨。明朝端午浴芳兰。”洋溢着柔情蜜意，无限温馨！严复记起了苏东坡《六幺令》词中佳句：

> 虎符缠臂，佳节又端午。门前艾蒲青翠，天淡纸鸢舞。粽叶香飘十里，对酒携樽俎。龙舟争渡，助威呐喊，凭吊祭江诵君赋。

严复联想到自己的娇妻，他喜欢她包的碱粽。那是一种福州特有的素粽子，糯米浸泡后，和入适量碱水，蒸熟后，把粽子剥开，糯米黄中带绿，粽叶清香扑鼻，又黏，又软，又滑，既不包肉，也不用豆，别有一种质朴和田土气。每年端午，她总把自己巧手包好的粽子剥开，恭敬地送到丈夫面前。这时，严复柔情万千，喜不自胜。今年端午，又不比平常，一宗人生大事，如期而至，使严复咚咚心跳。他回到阳岐，发现妻子的肚子鼓了起来，妻子的眼光也变得不同寻常。夜深人静的时候，他挨近妻子，想问什么，妻子瞟了他一眼，无限娇媚地说："你还问呢，你做的好事！"

严复连忙问道："是真的吗？"

妻子点了一下他的额头，娇羞地说："你要做爸爸了！"

严复情不自禁地把妻子抱在怀里。

"感郎不羞赧，回身就郎抱。"严复脱出懵懵懂懂，轻怜痛惜，渐入佳境。

少年夫妻，结婚八年，但是分别的时间多，相聚的日子少。新婚不久，严复即入马尾船政学堂学习。五年间，每年只有端午、中秋各三天假期，元旦也只不过十天的假期，再没有其他节假日，也没有星期天。毕业后就上舰练习，远赴南洋，东去日本，难得回家。严复多么想有一个长长的端午节假！

然而，就在这时，一道军令传来："限时立刻归舰！"

第三章

台湾告警，急檄征召

严复赶回马尾“扬武”号军舰，军舰正紧张地补给煤、水、粮食和弹药，准备出航。

码头上新增加了“安澜”号、“伏波”号、“飞云”号军舰，也都在紧张地补给物资，生火待发。一派打仗的紧张气氛。

“安澜”号桅杆上，飘飞着“钦差大臣”的信号旗，越发显得异乎寻常。

同治十三年三月初三（1874 年 4 月 18 日），总理各国事务衙门接到英国驻中国使臣威妥玛来函说，驻日本的英国使臣电报询问，日本派船运兵赴台湾，是否经过中国准许？并意在言外地提醒说，此事需要妥为斟酌处理。

事发突然，却是其来有自。长期以来，西方列强和日本觊觎中国台湾，日本更是处心积虑，由琉球而台湾，步步蚕食进逼。还在同治十年十一月初七（1871 年 12 月 18 日），琉球渔民袅代等六十九人在海上遇风，其中六十六人漂至中国台湾东部八瑶湾（今屏东满洲乡），被营救上岸。后误入没有开化的原住民禁地牡丹社，其中五十四人不幸被杀。十二人幸免。凤山县署护送他们到府城转福州，由福建省官员抚恤送回琉球。同治十二年（1873）四月，又有四名琉球人漂流到台湾琅峤牡丹社寮，也不幸被害。这本只是中国和琉球之间的事情，日本官方却借此制造事端，挑拨中国和琉球的关系，声言要替琉球人报仇。

一八七四年二月，日本内阁通过《台湾番地处分要略》，决议“征台”。四月，设立所谓“台湾番地事务局”，派大藏卿大隈重信为长官，派陆军中将西乡从道为台湾番地事务都督，组成拥有三千六百人的侵略军，聘请美国前驻中国厦门领事李仙德为顾问，雇用美国军官，租用美国轮船“纽约”号向台湾运兵。五月七日，日军在台湾南端琅峤（今恒春）登陆。当即遭到台湾原住民抵抗。

行文至此，不禁联想起当下日本右翼政客挑起钓鱼岛争端，想起二十世纪冷战时期，美国不顾《开罗宣言》《波茨坦公告》的明确决定，与日本非法私相授受，今天更罔顾事实为日本侵占中国领土的行为撑腰壮胆，与一八七四年日、美沆瀣一气，何其相似乃尔！

当年，清朝廷对于英国人以询问方式通报的日本动向，十分注重，对于日本的挑衅和入侵，立即作出反应。同治十三年三月初四、初五（1874年3月19、20日），总理各国事务大臣恭亲王奕䜣先后与英国驻中国大使梅辉立、法国翻译官德微里亚、总税务司赫德以及日本驻中国使臣丁美霞在总理衙门晤谈，日本人支吾其词，诡称只是因为“前年（琉球）人在（台湾）生番地界，船只遭风，大受残害，遣人查问确情”。

奕䜣等“因事关重大，遂将以上各紧要情形……函致南北洋大臣、闽浙总督、福州将军，嘱令该大臣等密饬，确切探访”。三月十五日（4月30日），福建水师提督报告：“有日本大战船一只，寄泊厦（门）港，遂遣员向该国带兵官诘问，据称，拟借校场练兵，询其前往何处，称尚未定。船中约百余人，查系自台湾、澎湖而来，诘以何往，仍属枝梧。操兵之事示以向章所无，该带兵官亦俯首无词。究竟作何动作，未能窥其底蕴。”

三月二十六日（1874年5月11日），总理各国事务大臣恭亲王奕诉照会日本外务大臣，强调日本副岛大臣访问中国时曾经承诺“按照修好条规所称两国所属邦土，不可稍有侵越”，现在，日本“兴兵赴台湾”意欲何为？

> 照得贵国与中国自换约以来，各尽讲信修睦之道，彼此优礼相待，友谊日敦。上年贵副岛大臣奉使来华，与本王大臣诸事和商，情意颇恰。……迨贵副岛大臣濒行时握手言别，本王大臣曾向贵副岛大臣觌面，提及嗣后须按照修好条规所称“两国所属邦土，不可稍有侵越”，承副岛大臣以“固所甚愿”一言相答……惟现准各国驻京大臣均来向本王大臣告知，贵国兴兵前赴台湾，有事生番，并新闻纸所载及接到中国沿海各地方官申报：本年二月间，有贵国大战船一只寄泊厦港，拟借校场操兵，并据贵国带兵官声称，系自台湾、澎湖而来。
>
> 查台湾一隅僻处海岛，其中生番人等向未绳以法律，故未设立郡县，即《礼记》所云“不易其俗，不易其宜”之意。而地土实系中国所属，中国边界地方，似此生番种类者，他省亦有，均在版图之内，中国亦听从俗从宜而已。此次忽闻贵国欲兴师前往台湾……究欲办理何事，希即见复，是所深盼。

照会措辞委婉，一再申明友好，也毫不含糊地申明台湾固属中国版图，“不可稍有侵越”。但是，对于蓄谋侵略已久的日本，这种劝谕，几同对牛弹琴，根本没有作用。

三月二十九日（5月14日），奕䜣向同治皇帝奏报上述情况，建议说：“此时该国动兵与否，尚未明言，固未便操之过急，而事必期于有备，患当杜于方萌……拟请钦派闻望素著、熟悉洋情之大员，带领轮船前往台湾生番一带，察看情形，妥筹办理。”同治皇帝当即批示：“着派沈葆桢带领轮船、兵弁，以巡阅为名，前往台湾生番一带察看，不动声色，相机筹办。”

鉴于事态严重，四月六日（5 月 21 日），同治皇帝又朱笔批示：“福建布政使潘霨，即着驰赴台湾，帮同沈葆桢将一切事宜妥为筹画。”

中国台湾与日本之间，隔着琉球群岛。琉球群岛由大隅、土噶喇、奄美、冲绳、先岛五组群岛组成，历史上分为山北、山南、中山三部。早在明朝洪武五年（1372），琉球国王尚泰接受朱元璋册封为中山国王，世代实行中国历法。康熙、雍正、乾隆朝联系尤为密切。同治初年，尚泰继承琉球王位，按照惯例向中国请封。清廷派一名翰林、一名副将从宁波航海到琉球册封。历史事实是，琉球一直是中国属国。而日本长时期以来，处心积虑攫取琉球，觊觎台湾。罔顾琉球与中国固有的“宗藩关系”，于同治十年（1871）强行宣布琉球属于日本鹿儿岛管辖。同治十一年（1872）十月再宣称琉球为日本的“内藩”。派四名日本官员进驻琉球办理“统一外交”，并照会各国公使，声言琉球已归日本所有。

严复自幼就听到老人说，日本倭寇为害中国，福建饱受日本倭寇袭扰之苦。他注意到《明实录》中记载：明洪武二年（1369）夏“倭夷寇山东，转掠温、台、明（今宁波）傍海之民，遂寇福建沿海郡县”。洪武五年（1372）八月“倭夷寇福州之福宁县，前后杀掠居民三百五十余人，焚烧庐舍千余家，劫掠官粮二百五十石”。《明史·兵志》记载：“自乐会接安南界，五千里抵闽，又二千里抵浙，又二千里抵南直隶，又千八百里抵山东，又千二百里抵宝坻、卢龙抵辽东，又千三百余里抵鸭绿江，岛寇倭夷，在在出没。”明太祖朱元璋派人劝谕日本王良怀，并采取开通商贸的政策，恩威并用，力求沿海安宁。但是，日本反而利用明朝开放政策的漏洞，变本加厉地袭扰中国山东、福建、广东沿海各地。于是，朱元璋“怒日本特甚，决意绝之，专以防海为务”。

今天，我们从日本学者井上清的《日本历史》一书中可以看到如下记述：“十三世纪初，九州和濑户内海沿岸富于冒险精神的武士和名主携带同伙，一方面到中国和朝鲜进行和平贸易，同时也伺机为海盗，掠夺沿岸居民。对方称此为倭寇，大为恐怖。”我们也看到有日本学者在《日本中世海贼史研究动向》中说：中国明朝初年海患的主要始作俑者是日本人，“它的活动是日本人向半岛与大陆发展史上的光辉一页”。

从明朝初年到清朝末年，日本倭寇为祸中国连绵三百年。当下，日本不顾中国总理各国事务衙门明确通告台湾属“中国地面”，却悍然派兵入侵。三月十二日（4月27日），西乡从道派遣“有功丸”号军舰从长崎出发侵台。二十二日（5月7日），日军二百七十人在台湾琅峤地区登陆。几天后，侵台日军增至三千多人。“日本国兵船于三月下旬，有驶进厦门海口者，有前往台湾者，船内兵弁、炮位俱备，由琅峤地方（今恒春）登岸。”报纸披露，“日本在长崎购买轮船，租雇商船，装载军装、粮饷”。此时，英国也派兵船去台湾巡查。法国兵船、商船两只也已经进到厦门。从台湾传来报告，“探得日本兵共八营，俱在台湾东海旁起岸，欲攻生番……二月初十日有日本水师官同伙一人，抵琅峤、柴城一带，查看牡丹社、龟仔角等处情势，绘画舆图”。还有消息说，“日本调兵一万五千人，来台打仗”。

清朝廷警醒地看到形势不容乐观，恭亲王奕訢等分析认为，开放通商以后，外国对台湾觊觎已久，“日本相距尤近，难保不意图侵占，且各国均有兵船驶往，以巡查为名，未始无因利乘便之意”。四月十四日（5月29日），总理衙门向同治皇帝奏报：鉴于“日本兵船既赴台湾，且有登岸情事，必须沈葆桢迅筹办法，或谕以情理，或示以兵威，使彼无隙可乘，庶几消除隐患”。为便于“统筹全局，不误事机”，请“派船政大臣沈葆桢为钦差，办理台湾等处海防，兼理各国事务大臣，福建省镇、道各官均归其节制，江苏、广东沿海各口轮船，准其调遣。俾得与日本及各国按约辩论，而于征调兵弁、船只事宜，亦臻便捷”。同治皇帝照准，给沈葆桢剀切“上谕”：对于日本“当与之极力理论，断不可任其妄为。倘该国悍然不顾，亦当示以兵威”。对于“生番”原住民，“一视同仁”，不得“任其惨罹荼毒”。

严复不知道沈葆桢大臣、奕訢亲王、同治皇帝奏折往还细节，但是，他注意到上海《申报》四月十三日（5月28日）刊出的《闻沈钦使将赴台湾论》的文章：

> 兹闻朝廷简任沈钦使，不但为得人之庆，且可规久远之模。诚以沈钦使籍隶八闽，督办船政，民情风土，易以周知。况乡党众口交推，中外华洋共信，宏才卓越，闻望声名，诚尤绝乎寰区，超迈于瀛海矣……皆欣欣然有喜色而相告曰："惟其简任沈公，庶回我太平，保我疆土，为亿万年有道之长基，岂不懿哉！"

严复有同感。日本突然派兵船袭击台湾，朝廷的反应和处置堪称及时，措施有当，而由沈葆桢领兵出征，更是帅得其人。自己有幸得到沈大人的提携、栽培，当此国家有事，随他出征，慷慨赴戎机，义不容辞，责无旁贷！

严复随管带（舰长）和众军官齐聚"扬武"号军舰官舱，聆听钦差沈葆桢大人训谕。

沈葆桢端坐在上，朝服顶戴，透着威严，透着刚毅。如此严肃庄重，是少有的。八年来，在马尾船政学堂，严复和青年学子经常看到这位专主福建船政的船政大臣的身影，一张团团的脸，不蓄胡须，和善可亲，从来都是循循善诱的长者的印象，今天，让人看到了他统领貔貅甲兵的英气和杀气。

沈葆桢开宗明义，愤慨说："台湾有事，日本军队趁正在办理外交的时候，不等待双方照会往还，不经允许，也不通报，竟然派兵到琅峤登岸，杀害台湾番民百姓，其狂悖行为令人发指！"

日本兵入侵挑衅，已有所闻，听沈葆桢大人披露，严复等军官同仇敌忾。

沈葆桢接着说："葆桢奉旨为钦差，督师驰赴国事，即日出航，诸君将与我一道东去台湾。日本兵侵入国土，衅端既肇，非战无以为守，不能战就不能守！面对日军挑衅，必须决然处置，才能够制止入侵，防止更大的不测。师直为壮。本军师出有名，正义之师必胜。从来玩岁愒日者必亡，穷兵黩武者亦必亡，凡是荒度岁月疏于防备的军队必败，滥用军队炫耀武力的也必败！”

沈葆桢向军官们晓谕：“此去台湾，要准备打仗，打胜仗！而要打胜仗，当务之急是固民心，联外交，豫边防，通消息。”

沈葆桢剖析说：“台地民心可用，得民是得胜的根本。老百姓反对日本的入侵，官府要顺应民心加以鼓励，这样才能够同仇敌忾。生番百姓一旦遭受日本军队的荼毒伤害，必须立即声罪致讨，官民同命，草木皆兵，让入侵者陷于四面楚歌。在准备打仗的同时，要作理喻，联外交。义正词严照会日本的西乡从道，明白晓谕：台湾生番所居住的土地是中国固有属地，生番是中国子民。在中国，杀人者死，律有明条。惩处杀人者是中国主权的事，岂容他人越俎代庖？生番伤害琉球难民是不幸的，但这是中国与琉球国之间的关系，琉球国尽可自鸣不平，与日本何干？即使日本想为相邻的琉球说话，可以通过外交途径向中国提出，也绝对不允许以此为借口诉诸武力，派兵入侵！在晓谕日本的同时，还需向各国使臣通报，使各国知道琉球船民遭风不幸遇难的来龙去脉，尤其要如实披露日本不遵守国际外交惯例，不守信义，不等中国有关复照，悍然派兵入侵中国台湾的行径，请各国公评曲直，动员国际舆论谴责日本，以求得道多助。如果日本怵于公论，敛兵而退，这当然好，不过，豫防与舌战必须同时并举，尤以准备打仗要紧，要让日本人知难而退。只靠谈判而不做好打仗的准备，断难戢其贪心，不能制止日本的侵略野心。”说到此，沈葆桢斩钉截铁地说：“当着全台湾屹立有如万里长城，何人敢犯！”

沈葆桢部署：“福建布政使潘霨率领‘伏波’号直赴台湾安平；本钦差和洋将日意格（Giquel）、斯芬塞格（Segonsac）乘‘安澜’号、‘飞云’号经泉州、厦门进至澎湖、台湾。‘扬武’号、‘靖远’号、‘镇威’号、‘福星’号也随同前进至澎湖、台湾。以‘福星’号进驻台北，‘万年清’号进驻厦门，‘济安’号进驻福州，‘永保’、‘琛航’、‘大雅’三船担负运输，调上海的‘测海’号专用于传递消息。还将视情度势，随时调遣江苏、广东各海口战船赴台湾。”

严复聚精会神聆听沈葆桢的讲话，他不禁想起曾经写过名句“先天下之忧而忧，后天下之乐而乐”的范仲淹，镇守边关，“胸中自有雄兵百万”，使夷狄闻风丧胆，不敢进犯。沈葆桢就是当今的范仲淹！严复拥护他对事变的决策和悉心筹度，愿跟随他出战，跟随他赴汤蹈火，驰骋海上。

军舰戒备，只有锚灯闪亮，军港沉浸在黯黑中，隐约可见军舰威严的身影。严复今夜值更，在甲板上巡行。

从同治五年（1866）那个冬日，投身马尾船政学堂起，马尾的山山水水，马尾的日日夜夜，已是再熟悉不过的了，然而，今天，当此将随沈葆桢大人出征的时刻，另有一番不同寻常的意味。

马尾，在马限山麓，三江交汇，重山环抱，闽江由此入海，迤逦四十千米，两岸岛礁峭壁，层层锁钥。沈葆桢曾经作过极精彩的概括：“马尾山麓，地曰中岐，但就其一方地势而言，大江在前，迤南而下，群峰西拱，状若匡床。”

严复对事物喜欢穷根究底，第一次来马尾时，他就发问：“为什么港叫马尾？那马头呢？”

课余，严复翻阅地方志书，去江边实地踏勘。果然，海潮与江水激荡，波涛汹涌，“江中有浮礁若马”，随潮时隐时现。“马头”所指的江段为马头江，而船港在“马”的尾部，所以称马尾。

实地踏勘，验证了明正德年间《福州府志》的记载：“马头江，南台、西峡汇此，深广莫测。每风起，波涛汹涌；有巨石如马，潮去则见，潮来则没。永乐间，太监郑和于此凿石立柱，夜设舟夫，置灯其上，舟人往来得有所示，无骇触之患。”

穷根究底，直待一切明了于胸，严复的心思才放下。

今夜，马尾港中，罗星山顶的罗星塔，灯光闪烁明亮。

严复注意到，明朝初年，在《郑和航海图》福建段中记载有罗星塔。现存石塔，明朝天启四年（1624）就地重建，七层八角，塔座直径八十六米，塔高三十一点五米，气势巍然。

严复更注意到大马礁上的航标灯。明朝时，南台、福州，应是郑和舟师七下“西洋”的重要驻泊地。为便利在马江和闽江入海口航行，在大马礁上设立了航标灯，至今，灯火夜夜燃亮，照耀航路。

行船走海，需要趁风顺汛，需要明灯导航；人生跋涉，尤需机遇，尤需明师点拨、扶掖。

严复啊，马尾，是生命航程的起点！船政学堂，是乘风破浪的航船，是导航的明灯一盏！

第四章 一篇大孝论能奇

清同治五年（1866），严复人生巨大嬗变之年，春天，先是迎娶新妇，还没有来得及喜庆新婚，六月，父亲便染病猝然弃世。红事白事接踵而来，大喜大悲骤降，让一个虚岁十四、实际十二岁的少年四顾彷徨，莫知所措。年关临近，家无积蓄，却有典当的质券，生活艰难，学业自是难以为继。严复晚年《为周养庵题篝镫纺织图》，触景伤情，回首往事，痛定思痛：

我生十四龄，阿父即见背。
家贫有质券，赙钱不充债。
陟岗则无兄，同谷歌有妹。
慈母于此时，十指作耕耒。
上掩先人骸，下养儿女大。
富贵生死间，饱阅亲知态。
门户支已难，往往遭无赖。
五更寡妇哭，闻者隳心肺。

在悲绝的困境中，突现一线生机。

福建总督左宗棠被调任陕甘总督，在十一月初十（1866年12月16日）离开福州赴任前，以总督之身，屈尊就驾，一连三次登沈葆桢的家门，诚恳敦请丁忧在家守孝的沈葆桢出山，主持福建船政。

沈葆桢生于清嘉庆二十五年（1820），道光二十年（1840）中举人。他的母亲是林则徐的妹妹，他的妻子林普晴是林则徐的次女。咸丰十年（1860），沈葆桢出任江西巡抚。同治四年（1865）三月，母亲病逝，奔丧回到福州。

左宗棠原是湖南湘阴一介儒生，“身无半亩，心忧天下”，深受林则徐、魏源的影响。后来，左宗棠、曾国藩、李鸿章成为清朝中流砥柱，“同光中兴”的重臣。

左宗棠以“三顾茅庐”的诚意拜访沈葆桢，晓以富国强兵的利害，动以忠君爱国之情，义正词严，情深意切，沈葆桢不能不为之感动。沈葆桢感激左宗棠的赏识和信任，更念及左宗棠对岳父林则徐的深情，夺情出山。

遵照左宗棠的规划，在创办福建造船厂的同时，创办福建船政求是堂艺局。同治五年（1866）十一月初五（12月11日），左宗棠、沈葆桢拟订船政和《求是堂艺局章程》，随即在福州大街小巷，张榜招贴，招收幼童入学。

一时间，福州街坊、村镇，纷纷议论《求是堂艺局章程》。

求是堂艺局章程

一、各子弟到局学习后，每逢端午、中秋，给假三日；度岁时于封印日回家，开印日到局。凡遇外国礼拜日，亦不给假。每日晨起后、夜眠前，听教习洋员训课，不准在外惰游，致荒学业。不准侮慢教师，欺凌同学。

二、各子弟到局后，饭食及患病医药之费，均由局中给发。患病较重者，监督验其病果沉重，送回本家调理；病痊后即行销假。

三、各子弟饭食既由艺局供给，仍每名月给银四两，俾赡其家。

四、开艺局之日起，每三个月考试一次，由教习洋员分别等第，其学有进境考列一等者，赏洋银十元；二等者无赏无罚；三等者记惰一次。两次连考三等者戒责；三次连考三等者斥出。其三次连考一等者，于照章奖赏外，另赏衣料，以示鼓舞。

五、子弟入局肄业，总以五年为限。于入局时，取具其父兄及本人甘结，限内不得告请长假，不得改习别业，以取专精。

六、艺局内宜拣派明干正绅，常川住局稽察师徒勤惰，亦便剽学艺事以扩见闻。其委绅等，应由总理船政大臣遴选给委。

七、各子弟学成后，准以水师员弁擢用。惟学习监工（工程师）、船主等事，非资性颖敏人不能。其有由文职、文生入局者，亦未便概保武职，应准照军功人员例议奖。

八、各子弟之学成监工者、学成船主者，即令作监工、船主，每月薪水按照外国监工、船主辛工银数发给，仍特加优擢，以奖异能。

苦寻出路的少年严复，读过《求是堂艺局章程》，怦然心动。他差一点要向天高喊：这可真是“久旱逢甘雨”“天无绝人之路”啊！《章程》规定，“饭食既由艺局供给，仍每名月给银四两，俾赡其家”的优渥待遇，十分诱人。身无分文，朝不虑夕，多么需要这每月四两的银子！有了四两银子，母亲可免针黹之劳，妹妹、妻子可免断炊之虞；另一条“各子弟学成后，准以水师员弁擢用”。“各子弟之学成监工者、学成船主者，即令作监工、船主，……特加优擢，以奖异能。”对于这样一个前程的许诺，严复心中仍有犹豫。他从小所想的是科举高中，金榜题名，光宗耀祖，从来没有想过斯文之外的武职进阶。他颇有一点踌躇。但是，时下风气，学习洋文、机械，甚为时兴，少年心性，也乐于一试。

严复兴冲冲地告诉母亲说："外面贴了招帖，船政学堂艺局招收学童，除了供给一日三餐饭食，每月还关发饷银四两养家。"

母亲问道："有这等好事？"

严复说："千真万确，满城都在议论。是沈葆桢大人主办，还要考试才能录取哩。"

母亲说："你想去报名吗？"

严复道出心中的盘算说："家里没有收入，母亲做针线赚钱养活我们儿女，日夜辛苦，做儿子的于心不安！与其我在家于事无补，坐吃山空，不如我进艺局，一来可以得到长进，二来每月有四两银子进项，家里吃饭不愁了。您说是吗？"

母亲担心地问道："儿呀，你还是要读书，要求取功名啊！"

"儿子也想过了，吃饭已经上顿不知道下顿，哪里还有钱进学读书？再说，如今朝廷主张兴办洋务，买机器，造轮船，进艺局学习洋文、算数，将来未必派不上用场。艺局许诺学成后可以授武职，也算是有个进身之阶啊。"

母亲说："儿子想得周全，只是这等大事，容母亲再想一想。"

过了一天，母亲对严复说："要是你父亲在世，他会怎么说呢？他会让你去报考艺局还是送你继续读书呢？"

严复流着泪说："母亲，此一时也，彼一时也。现如今，家境这样了，只得如此。我只要能够考取，马上就有进项，家里的生活，可以得到帮助；儿子的前程出路，也有一个指望。事在人为，我不信我将来就不能出人头地！您老就放心让我去投考艺局吧。"

母亲长叹一声，说道："你是家中的男子汉，你就做主吧。"

母亲把两个女儿和严复的妻子叫到跟前，对她们说："你们的哥哥想着要去投考艺局，我想了一夜，觉得这件事也还可行。你们的哥哥是家里的顶梁柱，是男子汉，这件事就由他做主了。”

严复径直来到福州南门兜于山白塔寺法雨堂领取了求是堂艺局的报名表格和具结保证书，拿回家里，却犯难了。报名需要一位有资格和名望的人担保，请谁来为严复担保？谁愿意为严复担保？严复母子想来想去，觉得只有请堂叔父严厚甫担保，他是族叔，是一名举人，最有名望，最有资格为严复担保。

严厚甫何许人也？历经数十载寒窗苦读，穷经皓首，才挣得一个举人身份。他从来认定只有科举才是正途，只有孔、孟的四书五经才是圣贤书，舍此之外，都是旁门左道。对于“求是堂”张榜招生，他已有耳闻。他愤怒于公然引诱无知幼童学习轮船、机器，以这些“奇技淫巧”坏人心术。而竟然是总督大人左宗棠和名门之后的沈葆桢力主其事，他痛心疾首，仰天长叹：“斯文扫地，人心不古！”

严复随母亲登门求见，举人老爷正气不打一处来，严复母亲刚说明来意，他不等她把话说完，就冲着严复大骂道：“不求上进的混账东西，放着正道不走，一心只想歪门邪道！那轮船、机器跑得虽快，不过是洋鬼子的‘奇技淫巧’！奇技淫巧是什么东西？《书经》讲得一针见血：‘郊社不修，宗庙不享，作奇技淫巧，以悦妇人。’可见，提倡奇技淫巧的人，心怀不轨啊！”

举人老爷满腔怒气，一发而不可收拾，摇头摆尾吟诵起来：“岂不闻唐人有《请勤政崇俭约疏》云：‘去奇技淫巧，损和璧、隋珠，不见可欲，使心不乱，自然波清四海，尘消九域。’连元朝有识之士都明白这样的道理：‘奇技淫巧之人日进，而贤者日退矣，将如国家何？’”

他愤恨不已，说得白沫横飞，严复和母亲却半句也没有听明白，还是一再请他担保，严厚甫怒不可遏，重重地重复一句道：“‘将如国家何’啊，此事体大，断不可行！去吧！”

严复母亲再要恳求，严厚甫拂袖转身，进了内室，把他们母子晾在厅堂里。

严复跟随母亲回到家中。

一间披厦，低矮狭小。这种南方民居的偏屋，依托主墙，一顺斜坡而下，上盖黑瓦，四处露风。一般不做居室，只作厨房，或是存放杂物。母亲带着一家老小，就居住在这样的空间。家徒四壁，环堵萧然。家无隔夜之粮，时有断炊之虞。眼前一条生路，因无人担保，将不得其门而入。严复痛切地感受到，父死家贫，世态炎凉，人情冷暖。他看着发愁的母亲，心痛不已。

母亲说:“我再去找别的伯伯、叔叔帮你求情，请厚甫叔叔作担保。”

严复只有摇头叹息。

母亲回来苦着脸说:“托人向厚甫叔叔求情，他还是那一句话‘断不可行’。不过，其他几个叔叔、伯伯都说:这份担保，既不需要银两，又不牵涉田土，没有什么责任，就写上他的名字也无妨的。”

严复心酸无语，无可奈何。

母亲说:“儿呀，天无绝人之路，你尽管去报名。担保书上写上厚甫叔叔的名字，他要怪罪下来，为娘的顶着，给他赔不是就是了。”

严复拿着担保书，赶到城里报名投考“求是堂艺局”。

严厚甫知道严复竟敢冒用他的大名担保，勃然大怒，跳着脚咒骂，扬言要去撤保。

严复的母亲带着儿子再去上门求情，严厚甫怒犹不息。

严复的母亲泣诉说:“你兄弟突然去世，丢下了孤儿寡母，我就舍了这把骨头，也要养活严家的骨血，把孩子们拉扯大，抚养成人。儿女们都还小，嗷嗷待哺，我一个妇道人家，拿什么养活一家人啊！你侄子虽小，思谋周全，要去报考求是堂艺局，能够考取呢，每个月有四两银子的固定进项，可以养家赡亲，帮补家用。这也是不得已啊。求叔叔高抬贵手，成全了你侄子的这份孝心！”

字字血，声声泪，母亲的苦心啊！听着母亲流淌着血泪的陈述，严复心中大恸，饮泣痛哭，泪流满面。人间至爱，唯有母亲！

严厚甫似有所动，但是，仍然不肯松口。

母亲拉着严复说:“快给你叔叔跪下，求他开恩了！”

严复“咚”的一声跪在当地。

严厚甫仍然不语。

严复的母亲哭道：“弟媳妇也一起给你跪下了！”

严厚甫跺脚恨恨地说：“孽障，不争气的东西！”随着，长叹一声说，“你们家的事情我不管了！”

母亲赶紧拉着严复说：“儿子，给你叔叔磕头，谢谢他为你担保！”

严复趴在地上磕头。

严厚甫已经转身走了。

同治五年（1866）十一月，冬至，求是堂录取考生的日子。

窗前条几上一盆水仙正含苞待放，严复感受到季节变化带来的心灵悸动，他记起杜甫的《小至》：

天时人事日相催，冬至阳生春又来。
刺绣五纹添弱线，吹葭六管动浮灰。
岸容待腊将舒柳，山意冲寒欲放梅。
云物不殊乡国异，教儿且覆掌中杯。

冬至日是一年中最后一个长夜的日子，“冬至之后日初长”。冬至标志着寒冬已到极致，是二十四节气中第二十二个。严复是敏感的，他看重“冬至”日预示着“冬去春来”。他为“冬至阳生春又来”而欣喜。

严复抱着置之死地而后生的壮烈心怀，以志在必得的自信赴考，急急赶去于山。

于山耸现在绿树楼宇之上，形势奇伟。公元十世纪，唐朝末年，南梁的闽王王审知为了替他的父母祈求冥福，在南门兜的于山上，修建了一座报恩定光多宝塔。塔身素白，福州人称之为白塔。因塔建寺，也被叫作白塔寺。

佛塔源于古印度，为收藏佛祖释迦牟尼的“舍利”而设，印度梵文中叫作“墓冢”，是对于“来世”的尊崇和追求。东汉时，佛塔随佛教传入中国。中国传统重“今世”，重“乐生”，佛塔的建筑，它的作用和意义也随之中国化而多彩多姿，而且，遍地开花，几乎每个城市都有一座或几座佛塔。福州的白塔和白塔寺，传播宣扬着崇敬父母的孝道。

严复从南门兜登上于山，白塔巍峨，令人肃然起敬。

考场设在白塔寺的法雨堂。这是和尚趺坐诵经习课的地方，马尾船政艺局求是堂暂借此处招考幼童。

沈葆桢亲自主考，考试题目:《大孝终身慕父母论》。

试题触动严复心灵，联想起父母劬劳之恩，尤其是母亲为儿为女，劳心费力，应对人情冷暖，母亲以自己瘦弱的身体，为儿女们遮挡风寒，使儿女们不受欺凌、委屈，如同母鸡张开翅膀护卫小雏；母亲宁可自己饿着肚子，也要让儿女们吃饱；母亲为了儿子的前程，在人前下跪……母亲心力交瘁，几不可支。啊，这就是母亲，这就是天下至亲至善的母亲！

严复在考卷上抒发切身感受，进一步旁征博证，引经据典论述:《大学》曰:“君子务本，本立而道生。”“为人父母者止于慈，为子女者止于孝。”孝顺为齐家之本。中国人的民族精神就是不忘本，而不忘本的根就是孝道！以孝道行天下，不孝，是莫大的罪孽；尽孝，是最为所有中国人共同崇尚的美德！

主考的沈葆桢刚刚经历丧母之痛。

同治三年（1864），沈葆桢担任江西巡抚，因父母有病，请求归养，侍奉双亲。清朝廷予以慰留，特别赏赐人参六两，用以调养其父母。同治四年（1865）二月二十六日（3月23日），终于赏假二十九日，允许沈葆桢回福建省亲。沈葆桢日夜兼程，三月十六日（4月11日）赶到福州，这才得知七十二岁的母亲已经于二月二十七日(3月24日）病故。沈葆桢泣血哀痛，愧疚不已。

沈葆桢为母亲守丧。因为家无积蓄，只得以卖字为生。沈葆桢在宫巷（今福州三坊七巷之宫巷）老屋的西面开了个名为“一笑来”的裱褙铺，张贴广告："写对联兼裱褙，钱四百枚；写团扇小楷，每柄四百枚；行书二百枚。无论何人，皆用单款，书姓名三字。"沈葆桢的大孝和清廉的名声，不胫而走，为人所敬仰。

沈葆桢拿到严复的考卷，阅览之下，感同身受，引起共鸣，提笔在严复试卷上批为"第一等第一名"。严复被录取为求是堂艺局后学堂学童。

严复始终牢记沈葆桢提携之恩，多年以后，沈葆桢的儿子沈瑜庆去贵州赴任，严复写诗为他送行，其中写道：

尚忆垂髫十五时，一篇大孝论能奇。
谁言死后无穷感，惭负先生远到期。
得志当为天下雨，流年已似手中蓍。
春申浦口春无际，独对繁花有所思。

严复不忘恩师，也颇为自己少年春风得意而欣慰。

当时，严复三步并作两步走，从南门兜赶回阳岐，跑进家门，高声喊道："母亲，儿子考中了，沈葆桢大人亲自批为第一名录取！吃饭不愁了！前程有望了！"

母亲一听，喜极而泣，高兴地说道："菩萨保佑，祖宗积德，我儿子好运气！"

严复为离家入学做准备，第一件事是向邻家讨要了几捆糯谷稻草，编织草垫。

福州四季如春，终年无霜，一般人家的床上常年只是一领草席。但是，每年入冬以后，直到开春，遇上阴雨连绵，也仍然寒气浸人。所以，福州人有"冬至夜长床铺垫"的习俗。严复将要离家去学堂了，要把家里的事情安顿好，而头等大事便是为母亲编织一床草垫。糯谷稻草柔软暖和，严复用心编织。他心灵手巧，编好草垫铺在母亲的床上。母亲笑得眼泪都出来了，连声说："俗话讲'七垫八垫，不如稻草一垫'！我儿子好孝心，母亲一冬都暖和了！"

安顿好家事，严复只身去船政学堂报到。

细雨潇潇，寒中暖意盈盈。一群少年，或打着油纸雨伞，或头戴竹笠，兴匆匆来到于山。严复本只是为了家中生计而报考这所不为人们看好的学校，抱着差强人意的选择而投奔这尚不可知的前程，颇有陆游《诉衷情》词中的“当年万里觅封侯，匹马戍梁州”的意气。此时，他完全没有意识到踏进了一个历史的潮流，踏进了一个迎来中西融合的世界潮流。他还有漫长的学习和摸索、觉悟的路要走。

第五章

ABC与梵呗 诵经相应

同治五年十二月初一（1867年1月6日），节气小寒，于山白塔寺法雨堂前，热气腾腾。严复和他的同学在洋教习教导下，咿咿呀呀朗读英语，引起了众多国人关注。

“Good morning！”（早晨好！）

读起来语调铿锵，听来愉悦喜庆。

“I am captain of the ship.”（我是本舰舰长。）

读来不由得生起一种主宰全舰，无上权威的自信。

严复和同学随英文洋教习高声朗读，从ABC中读到了新奇，看到了一个前所未知的世界。

早晨，洋文教习站在讲台上朗声问候：“Good morning！”

严复和幼童会齐声回应：“Good morning！”

洋文教习很满意，说道：“在西方，人们一见面，问候的话就是‘Good morning！’”接着问道：“你们中国人，一见面是怎么样问候呢？”

幼童们笑嘻嘻回答说：“我们习惯说‘你吃过了吗？’”

洋教习笑着说："那用英语来说就是'Have you had your meal？'"

严复学说道："Have you had your meal？"

洋文教习立刻来到严复面前说道："啊，你邀请我一道去吃饭，谢谢你！我们去吃'佛跳墙'吗？那可是福州一道名菜啊，我很想吃。"

严复觉得很窘，连忙解释道："我的意思是'Good morning！'，不是真的要请你吃饭。"

洋文教习坚持说："可你明明问我吃过了没有？我理解是你有心请我吃饭，让我大快朵颐，到福州最好的饭馆大嚼一顿啊！"

幼童们哄地笑开了。

严复老实说："'佛跳墙'我请不起，我请你吃一碗福州鱼丸子和肉燕皮馄饨吧。这我请得起。"

洋文教习笑着说："Thank you. I really appreciate it.（谢谢你，我真的很感谢！）"接着说："我也并不是真要你请我吃饭啊。不过，我真的十分感谢，千恩万谢！用英语来说是 one hundred and one thanks！"

幼童们高声复诵："one hundred and one thanks！"

洋文教习高兴地点头说："你们注意没有，我在'谢谢'前面加了一个数字'一'：'one hundred'，'one thanks'。按照汉语习惯，这个'一'，毫无道理。但是，这是英语的习惯。你们中国人认为双数才吉利，总是说'双喜临门''六六大顺''十全十美'之类。而英语国家的人，正好相反，认为单数是吉利的字眼，往往在成百成千的偶数前面加上'一'，表示加强、加深和强调。"

严复和同学们纷纷点头。

洋文教习又说："不过，你们一定还要记住，有一个例外，就是西方人忌讳'十三'这个单数词，'十三'被看作凶数，避之唯恐不及。任何喜庆都会避开每月的'十三'这个日子，火车没有第'十三'车厢，剧院没有第'十三'排座位，任何街道都没有'十三'公寓，任何楼房都不标示'十三'层。"

严复和同学发出疑问："人们难道能够跳跃到十四层吗？"

洋文教习笑着说：“问得好。英国人的办法是用‘十二 A’来代替。”

幼童们发出“啊”的一声惊叹。

严复和同学们觉得真是见所未见闻所未闻，十分新鲜有趣。他们从语言的不同，发现不同国家、民族的文化差异，大大加强了学习和了解英语的兴趣。不过，从了解英语的表面意义，到深入理解英语所要传达的思想、文化内涵和深意，严复还要经过艰苦的学习和运用实践，还需假以时日。

严复成名以后，坊间曾经广为流传一个笑话，说是某一天，经李鸿章推荐，慈禧太后召见严复。严复在朝房里等候，等了又等，时间长了，竟然睡着了，做了一个梦。梦中慈禧问严复：“你在英国什么学校学习呀？”

严复恭敬地回答说：“臣在大不列颠帝国格林尼治皇家海军学院学习。”

慈禧没有听明白，说道：“怎么这么长的名字，啰里啰嗦。”

严复只得简单地说：“格林尼治。”

慈禧听成了“给你来去”，鄙夷地哼了一声说：“什么‘给你来去’？英国人连个学校都取不出个好名字。”

严复只能不置可否。

慈禧问道：“你在英国看到有什么新鲜事，说来我听听。”

严复趁机向慈禧进言，眉飞色舞地讲英国如何如何民主，如何如何强盛，中国也应该实行君主立宪之类。哪里知道慈禧全没有兴趣，只问英国皇室的穿戴等鸡毛蒜皮的小事。话不投机半句多，严复讲得舌干口燥，慈禧却直打哈欠。严复还在讲，慈禧不耐烦了，把手中的水烟袋往条几上一蹾，说道：“你既然会英国话，你说说这水烟袋用英国话怎么说？”

严复如实说：“英国人抽香烟和雪茄，不吃水烟，英语中没有水烟袋这个词。”

慈禧冷笑道：“胡说，朝廷花那么多银子，供你在英国学了那么多年，连个水烟袋的名字都没有学会，有什么用啊！给我下去！”

严复只能摇头感叹：老妇无知！莫可奈何。

这当然是演绎传说，是调侃，就像当前流行的段子。不过，也反映出民族文化、习俗的差异，不可避免地带来隔阂和难以沟通。

千百年来，这于山，这佛门宝地，只听木鱼钟磬，只听梵语诵经，几曾有过这夹杂着福州、广东方言音调，既显稚嫩，更显生机勃勃的英语？几曾有过中国的学堂用外国话教学？真可说是三皇五帝到如今，开天辟地头一遭。但是，这确实是中西文化交融的一个开始。一九一八年严复在为《海军大事记》撰写的“弁言”中说：

> 不佞年十有五，则应募为海军生。当是时，马江船政司空草创未就，借城南定光寺为学舍。同学仅百人，学旁行书算，其中晨夜伊毗之声与梵呗相答。

严复是敏感、颖悟的，随着对英语的掌握，感知英语不只是一门外国话，英语的语境、英语的思维也在潜移默化地浸染人们思想。此时，他再读左宗棠《试造轮船先陈大概情形折》，深深佩服左大人的远见卓识：“必开艺局，选少年颖悟子弟习其语言、文字，诵其书，通其算学，而后西法可衍于中国。”左宗棠奏折的要旨是“创始之意不重在造而重在学”，不仅如此，左宗棠更看重的是“而后西法可衍于中国”！左宗棠可说是得到林则徐“睁开眼睛看西方”的真谛啊，他比一般洋务派看得更深、更远。

一八九五年严复在他第一篇政治宣言《论世变之亟》中，即从西法随语言带来的浸染，比较中西文化、思维的差异，指出中国道理与西法相似，实际大有不同，实在不敢说中国道理和西法孰优孰绌。

一九○三年，严复接受弟子熊元锷的建议编著讲解英语语法的《英文汉诂》，在序言中说：“求西学而不由其文字语言，则终费时而无效……诚欲精通英文，则在博学多通，熟之而已。”这是他毕生努力学习英语的经验和体会，他由学习英语而有多方面的受益。

从学习和掌握英语切入，严复在不自觉中获得了一种世界眼光。超越了中国本土文化和区域背景，看到天外有天，海外有万国，由英吉利，而法兰西，而德意志；由亚洲，而欧洲，而美洲；由四海，而太平洋，而大西洋。各个国家，各个地方，山川不同，海洋各异。每个国家，各有自己的历史，独特的文化、习俗。他开始悟到必须跳出中国这个圈子，从一个新的高度和广度看中国和外国，看本土和世界。严复当时及以后，这种由英语切入，逐渐拓展知识，从了解，到认知，到实践，由对知识的感知，到内化成自身的能力，严复走在他的同学前面，走在国人的前面。这是他以后能够超越海军范畴，在中西文化交流上做出杰出贡献的重要原因之一。

第六章 但愿海波平

法雨堂前“南无阿弥陀佛”诵经声中，ABC 的琅琅书声，引发严复和他的同伴们对新世界的探索和孜孜以求；于山上的戚公祠，则将爱国主义思想、英雄主义精神植根于严复的灵魂。

戚公祠，为纪念明朝抗倭将领戚继光而建。严复肃立在戚继光塑像前，感慨不已：一个山东汉子，在他身后，能够在距离家乡万里之遥的福建被供奉敬仰，何等荣耀！

享堂的石碑上镌刻着五言律诗《韬钤深处》：

小筑惭高枕，忧时旧有盟。
呼樽来揖客，挥麈坐谈兵。
云护牙签满，星含宝剑横。
封侯非我意，但愿海波平。

自古英雄出少年！戚继光，山东武将后代，少年有志，十六岁就写下了如此豪情万丈的诗。严复反复吟诵，竟至高声大吼：“封侯非我意，但愿海波平！”他觉得是在替戚继光宣泄，他甚至觉得自己就是那个十六岁的山东少年。同是少年，惺惺相惜啊！

《明史·戚继光传》：戚继光，字元敬，“世登州卫（今山东蓬莱）指挥佥事，幼倜傥负奇气。家贫，好读书，通经史大义”。他的祖父曾经是登州卫指挥佥事，一方军事机构都督府下属的监察、巡视官员。明嘉靖二十三年（1544）戚继光十七岁，承袭了祖父的职务。“荐擢署都指挥佥事，备倭山东。”被推荐代理都指挥佥事，负责山东防御倭寇的事务。

严复由戚继光而关注中国沿海倭寇之害的来龙去脉。史籍为严复打开了中国与海外和平交往的画卷。

早在唐朝贞观二十一年（647），唐太宗李世民宣布：“自古皆贵中华，贱夷、狄，朕独爱之如一。”主张平等对待一切民族，各民族间包容、和谐相处。为促进中外贸易，中国沿海、沿江兴建了登州（今山东蓬莱）、扬州（今江苏扬州）、明州（今浙江宁波）、福州（今福建闽江口）、泉州（今福建泉州湾）、广州（今广东珠江口）、交州（今越南顺化临江口）等港口，专设“市舶司”进行管理，中外交流盛极一时。对外开放，睦邻友好，是唐王朝所以兴盛的重要原因，引发海外诸国“咸与来朝”。然而，唐高宗李治龙朔三年（663），日本天智天皇倾全国之兵侵入朝鲜半岛的百济。唐王朝派遣陆军和水师援助百济。八月，唐王朝水军与日本水军在白江口遭遇，发生战斗。北宋欧阳修著《新唐书》载：唐军“四战皆克，焚四百艘，海水为丹……倭人降”。日本水军覆灭，朝鲜半岛和东北亚地区海域得到安稳、平静。日本转而开始修好中国，不断派出“遣唐使”来往于两国之间。唐文宗大和八年（834），明令保护外商：“任其来往通流，自为交易，不得重加税率。”自那时以来到明朝初年，九百余年间中国没有海患。只是在元朝至元十一年（1274）和至元十八年（1281），忽必烈曾经两次发兵进攻日本，时间很短暂，都以失败告终。其余近千年间，中日相安无事。

明朝洪武元年（1368），明太祖朱元璋明白宣示：中国“与远迩相安于无事，以共享太平之福”，“海外蛮夷之国，有为患于中国者，不可不讨；不为患于中国者，不可辄自兴兵”，“阻山越海，僻在一隅，彼不为中国患者，朕决不伐之”。明朝实行“勘合贸易”，颁发给日本当局若干贸易许可执照，开放有一定额度的进口贸易。可是，日本的不法商人，欲壑难填，总是违背规定，夹带私货，非法贸易。朱元璋照会日本大封建主足利义等，要求他们禁止走私。此时，日本正陷于南北分裂，国内诸侯争雄，战乱纷起。北朝统一日本后，原南朝失意的贵族、名主、武士，流亡海上，与日本浪人结合，从日本山口、大隅、萨摩、博多湾等地成群结伙地向中国流窜，先是非法贩运，进而打家劫舍。“来若奔狼，去若惊鸟。”他们所到之处，“官庾民舍，焚掠一空”。“分掠村镇，杀人万计，掳巨艘载贿去。”更有甚者，掳掠中国平民当作奴隶贩卖。进而盘踞中国沿海小岛，四出劫掠。这些为非作歹的日本人，在中国沿海杀人放火，极其残暴，又生得矮丑，人们愤怒地斥之为倭寇。

中国史书《明实录·太祖实录》记载：洪武二年（1369）正月，“倭人入寇山东滨海郡县，掠居民男女而去”。春“倭寇出没海岛中，侵略苏州、崇明”。洪武三年（1370）夏“倭夷寇山东，转掠温（州）台（州）、明州（今宁波）傍海之民，遂寇福建沿海郡县”。洪武四年（1371）六月“倭夷寇胶州，劫掠沿海居民”。洪武五年（1372）五月“倭夷寇海盐（今浙江）之澉浦，杀掠人民”。八月“倭夷寇福州之福宁县，前后杀掠居民三百五十余人，焚烧庐舍千余家，劫掠官粮二百五十担”。即使如此，明朝仍然争取与日本友好相处，从洪武二年（1369）到洪武四年（1371），连续三年派人去日本劝谕，希望日本当局制止日本武士、浪人入寇中国[illegible]但是，倭寇为患，越演越烈，北起山东，南至广东沿海屡遭劫掠[illegible]是，朱元璋“怒日本特甚，决意绝之，专以防海为务”。构筑[illegible]陆具步兵，水具战舰”的海防体系，实行“海岸防御”“外海[illegible]”。明成祖朱棣永乐十七年（1419），倭寇大举袭扰辽东沿海，总兵[illegible]江在辽东金县附近的望海埚要塞，包围歼灭了来犯倭寇，史称“望海埚大捷”。经此打击，倭寇有所畏惧，开始收敛。此后近百年，中国沿海相对平静。

明朝中叶，明世宗朱厚熜嘉靖朝，奸相严嵩当道，把持朝纲，贿赂公行，政治腐败到了极点。倭寇与中国沿海地方恶势力、豪门大族勾结，到处剽掠，所至无阻，海防废弛。日本浪人、武士、不法商人，各成势力，常为争夺地盘，独占贸易权利，在中国土地上大打出手。嘉靖二年（1523），日本大内船队和细川船队先后到达中国宁波，为争夺优先入关，两派打斗，由宁波追杀到绍兴。趁机劫掠中国沿海居民财富，屠杀中国沿海居民，甚至公然杀害制止他们为非作歹的明朝官吏，发生了历史上被称为“争贡之役”的恶性事件，成为倭寇有组织进犯的先例。

明世宗竟“因噎废食”，下令“罢市舶司”，撤除管理对外贸易的机关，禁止正常的海内外贸易，甚至明令“寸板不许下海”。这样一来，限制了正常贸易，不但不能禁止非法贸易，反使走私猖獗。国人中的奸诈之徒，豪门之族，不顾民族大义，见利忘义，背叛家国，与倭寇相勾结，加剧了沿海形势的动荡。明朝初年逐步建立起来的卫、所海防制度，也几乎全部废弛了。倭寇肆无忌惮，大举侵袭。一时间，浙江沿海竟至“千里尽匪穴”。中国海防，如蚁穴溃堤，一泻千里，防不胜防。

明《嘉靖东南平倭通录》载：海防十大难处：“倭寇去来飘忽难测；海涯曼衍难守；水陆勾错难战；鬼蜮变诈难知；盘踞坚久难备；居民柔脆难使；土地泻卤难城；主客兵力难持；刍粮匮乏难措；将领骄懦难任。”

正是在此多事之秋，戚继光从海防前哨的山东登州开始了他保家卫国的战斗生涯。

严复流连在戚公祠的碑碣前，从碑文中想象、追踪戚继光的历史脚步。从戚继光的《纪效新书》《练兵实纪》认识戚继光因时而起的辉煌。戚继光先是在山东改善和加强备倭部署，随后在浙江、福建、广东沿海，与福建抗倭名将俞大猷一道，取得剿灭倭寇的台州大捷、横屿大捷、平海卫大捷、仙游大捷、南澳大捷。严复努力探寻着历次战斗经过和细节。

戚继光少年英俊，胸怀韬略。他看到倭寇频繁袭扰，去而复来，反复无常，提出务需“大创尽歼”，方能“杜其再至”。在沿海广造烽堠，巡哨预警。“遇有贼登，昼则摇旗放铳为号，夜则放起火、放铳为号，墩上即便接应。”如遇雾霾，即点燃预设的草屋示警。

明世宗嘉靖三十四年（1555），浙江倭患加剧。朝廷调戚继光去浙江，防守台州（今浙江临海）、婺州（今浙江金华）、严州（今福建建德）。戚继光看到原有的卫、所防军，军纪败坏，疏于训练，不习阵战，力主在沿海就地招募，训练成军，使之精于沿海地区陆战。

嘉靖三十八年（1559），浙江义乌八宝山银矿发生了一场矿工和当地农民的大规模械斗。打得你死我活，不可开交。双方都组织有序，行动划一，拼死效命，惊心动魄。械斗平息以后，戚继光从中招募剽悍的三千人，引导他们投身抗击倭寇。训练他们使用长短兵器，打击冲刺。又依据南方多薮泽，不利驰逐，因地制宜创造鸳鸯阵法。“一切战舰、火器、兵械精求而更置之。”戚继光创制了一种叫狼铣的武器，长杆，杆头是尖锐的带钩的刀具，专门用来对付倭寇，使倭寇望而生畏。戚继光尤其强调“练心则气自壮”，注重教育士兵“保障生民，悍御内地”，保家卫国。始终贯彻练为战的指导思想，注重战斗素质的养成，“操兵之道，不独执旗走阵于场肆，而后谓之操；虽闲居、坐睡、嬉戏亦操也”。终于锻炼成一支所向披靡的“戚家军”。戚继光从严治军，告诫这支新军“不患其不强，而患其不驯；不患其不胜，而患其骄”。

读至此，严复禁不住拍案击节赞叹。

戚继光率领戚家军转战浙江、福建，“飙发击电，屡挫大寇”。

严复追寻戚继光的同时，认识了福建抗倭名将俞大猷。

俞大猷的家乡福建晋江，正当泉州湾口。那是个美丽、安宁的地方。终年无霜，四时皆花。尤其是刺桐处处，树干上长满了刺颗，浓绿的阔叶，殷红的大花，花开时，“刺桐花开满郡霞”。

唐、宋以来，刺桐港、泉州，便是世界著名的贸易港，中外使节政治交往和文化交流的枢纽。与大食（阿拉伯）、三佛其（印尼）、波斯（伊朗）、高丽（朝鲜）、日本、印度、摩洛哥等三十多个国家和地区通航、通商。泉州街市上，各种肤色、各种服饰，多彩多姿，无奇不有。波斯人、叙利亚人、印度人、非洲人、意大利人，带着他们的奇珍异货来到这里，空气中弥漫着没药、乳香、豆蔻的浓烈香气。中国的丝绸、布匹、陶瓷器皿、铁锅等等，从这里装船运往海外，中国先进的纺织技术、陶瓷制造技艺、造船工艺，也随之输往海外。中国的物质文明和璀璨文化，由此蜚声海外。

俞大猷生长在一个中外融洽友好相处的地方。祖辈因军功授百户长，他刚一成年，便世袭为百户长。那是兵头将尾，一个微不足道的吏尉。尽管后来俞大猷贵为总兵，论地位是百户长无可比拟的，但是，他还是格外珍视那个“百户长”。因为那是祖上的荣耀，他一生都引以自豪。然而，令他锥心痛楚的是，他却曾经被剥夺了这一世袭的荣耀。

嘉靖三十三年（1554），兵部尚书张经总督军务，调集江苏、浙江、福建、山东、湖广诸军，起用俞大猷、戚继光等，在浙江大破倭寇。嘉靖三十四年（1555），严嵩利用身任宰相的权势，反诬张经“养寇失机”，将他逮捕下狱处死。俞大猷、戚继光都因此受到牵连，被罚降职，“戴罪立功”。俞大猷世袭百户长的荣耀就在这时被剥夺了。

倭寇再度猖獗，浙江、福建沿海“千里尽贼窟”。倭寇疯狂劫掠和烧杀，掳掠男子，“战则令先驱”，为他们当炮灰;掳掠妇女，“昼则缫茧，夜则聚而淫之”；掳掠婴儿，“沃以沸汤，视其啼号，拍手笑乐”。倭寇，是一群失去人性的恶魔。

嘉靖四十一年（1562），严嵩被罢职。俞大猷被任命为福建总兵，戚继光为副总兵，协同作战，扫荡入侵福建的倭寇。

嘉靖四十三年（1564）秋，倭寇流窜广东沿海，勾结潮汕巨匪吴平，建立巢穴，大肆劫掠。

俞大猷被调任广东总兵，率广东兵四万五千人和戚继光率领的福建兵一万五千人，共约六万人进入潮汕地区清剿倭寇。

严复注意到俞大猷亲率俞家军，驰骋在潮州至海丰沿海一带，反复清剿。俞大猷和士卒一道经历风簸浪颠，和士卒一样忍饥受渴，上下同心，努力作战。严复似乎听到俞大猷的铿锵话语：“威严不能自行永守，保无阻坏。而所以使威严之永行无阻坏者，恩与信也。”

俞大猷和戚继光最后把残余倭寇和巨匪吴平围困在南澳岛。

南澳岛，在福建、广东两省交界处，原是一个允许日本和其他外国商人合法贸易的地方，规定每年四月在南澳交易，为期一月，不论货物是否全部卖完，五月到期均必须离去。但是，日本浪人不但不肯遵守法度如期离开南澳，更与沿海豪强大户、海盗相勾结，营造巢穴，由商而盗。由是，南澳演变成非法贸易的场所，进而成为倭寇、海盗横行的地方。

吴平在南澳濒海险地，筑木堡，建木栅，日夜派出几十艘轻舟，四出海上拦截过往商船，杀人越货。

吴平窜至南澳，有如恶虎归山，不速加剿灭，必将继续勾结新旧倭寇，为害一方。

吴平原是饶平一个烂仔，倭寇袭扰中国，为吴平这样的奸徒提供了逞凶作恶的机会。《嘉靖东南平倭通录》中记载：“凶徒、逸囚、罢吏、黠僧及衣冠失职，书生不得志，群不逞者皆为倭奸细，为之响导。”

俞大猷、戚继光联合进剿盘踞在南澳岛的倭寇、吴平。嘉靖四十四年（1565）十月十六日（11月8日），大小战船三百艘，舟师三万，向南澳进发。

严复特别注意明代战船的火力配备。福船上装有大发贡一门，大佛朗机炮六门，碗口铳三个，飞天喷筒六十个，鸟嘴铳十把，烟罐一百个，药弩十张，火箭三百支，火砖一百块，火枪二十支……发贡用铜铸造，重五百斤，发射出去的铅弹每个重达四斤，石弹大小如斗；碗口铳也是用铜铸造，口径三寸四分七，在明太祖洪武年间就普遍用于水战了；火砖由两排纸炮组成，每个纸炮上下两节火药，五个连成一排，是专用于水战的火器；飞天喷筒，可以把“火饼”发送到三四十步远的十数丈的高处，焚毁敌船的风帆，“火饼”用“硝磺樟脑松脂雄黄砒霜”合制而成，“粘帆上如胶，立见帆燃莫救”；佛朗机炮，原是葡萄牙火炮，用铜铸造。经过改进仿制，长五六尺，巨腹长颈，“子铳五枚，贮药腹中，发及百余丈，最利水战”；鸟嘴铳原是缴获倭寇的，经过改进仿制，用熟铁打就，有准星、照门，射击精确。有的战船还装备有封锁航道的水雷。

期待未来成为水师舰长的严复，第一次探寻海上战斗，惊讶于炮火的威力。

戚继光率领三千精兵，乘大小战船从福建金门、浯屿出发，兵临南澳。

俞大猷换乘快船，来到戚继光的座舰，二人携手走进中舱，寒暄过后，戚继光说：“我从福建来，前天过潮州，口占一首歪诗，要请俞公见教。”

俞大猷赞道：“戚公儒将风范，雅兴不减啊！自当拜读。”

俞大猷接过诗签，只见上面写道：

汗血炎方七岁春，又随残月过江津；
行藏莫遣沙鸥识，一片浮云是此身。

俞大猷连声赞道：“好诗，好诗！好一个‘行藏莫遣沙鸥识’，绝妙好辞！”说着，心领神会地注视着戚继光。

戚继光也会意地点头，两人哈哈大笑起来。

俞大猷说：“如果老夫没领会错的话，戚公已是‘成竹在胸’了。”

戚继光说：“我正要就此向俞公请教啊。”

多年来，他们互相配合，协同作战，戚继光对俞大猷每战必“先计后攻”深为佩服，而俞大猷对戚继光主张“大创尽歼”“杜其再至”，屡出奇兵，“水陆兼司，陆战尤切”，也总是赞叹不已。

这时，俞大猷说：“我有一幅画，也要请戚公鉴赏。”

说着展开一幅画卷。只见钟馗虬髯豹眼，腰佩长剑，揎拳捋袖，探手入瓮，胜券在握。

戚继光也心领神会，赞道：“好一个‘钟馗捉鬼’图！”

俞大猷说：“潮州戏里有出‘钟馗捉鬼’的好戏，是一个名角演的，唱念做打俱佳，把‘钟馗捉鬼，手到擒来’的神情，表演得淋漓尽致。难得的是他还能画一手好丹青！他画了这幅画送我，我转赠给戚公。班师之日，一定要请你去看潮戏！”

戚继光说：“戏我是一定要去看的，只是这画，我怎好夺人之爱呢？”

俞大猷说：“俗话说：货卖与识家；画送与方家。这正是作画人的意思啊！”

戚继光也就不再推辞，说道：“那就多谢了。戚某当不辱使命！”

俞大猷说：“你我积多年剿倭征战的经验证明，对于倭寇，不能止于驱赶，诚如戚公所说，只有除恶务尽，才能断绝倭患回潮反复。目前，吴平和残余倭寇麇集南澳，凭险据守。尽管是‘若虎负隅’，终究是‘虎已入围’，万万不能纵虎归山。所以用战船团团围困，专等戚公前来，来一个‘瓮中捉鬼’啊。”

戚继光说：“南澳历来是海盗、倭寇的巢穴，吴平又刻意加强了防守，自以为万无一失，正好为我所用。”

俞大猷移座就教说：“愿闻其详。”

戚继光附耳如此如此，这般这般，俞大猷不断点头赞许。随后，两人又详细地研讨了细节，定下行动日期，俞大猷便告辞了。

俞大猷、戚继光的战船，突然集中进攻吴平坚守的深澳。

水兵擂鼓呐喊，火炮齐轰，战船向前推进，还没有靠近岛岸，便在巨石阻塞的港口前被阻，无法逼近海岛澳口。

吴平匪徒凭险据守，有恃无恐。

俞大猷、戚继光的船队，前赴后继进攻。但每到接近岛上火力射击范围，便逡巡不前。

吴平在澳关上狂笑。

傍晚，只见俞大猷的船队撤离岛岸，戚继光的船队，更是七零八落地撤到离岛岸很远的海中。

吴平匪徒越发骄狂。

入夜，台风突至，从岛上看去，海中的船队在风浪中颠簸、摇晃，几乎是溃不成军了。

大风一连刮了十多天，风总算停了，浪也稍微平息。

吴平来到澳关上，见戚继光的船队，散落不成队形，从深澳前的海面经过，迤逦向大陆的澄海方向航去。

吴平不解戚继光何以离去，派出小船绕道监视侦察。

侦察报告说，戚继光的船队已经航过莱芜岛，直奔澄海。

吴平放下心来，讥讽地笑道："料戚继光那些矿花子，经不起海上风浪，回澄海去修船避风了。"

吴平正在得意之际，俞大猷的舟师船队又开始进攻了。

吴平呵呵笑道："广东、福建两军都没奈我何，你俞大猷又有多大能耐？"

俞大猷的船队，一波又一波地发起攻击，逼近岛岸，用强烈的火炮、火铳，打得深澳处处着火。吴平不敢大意，亲自督阵，守在深澳，指挥匪徒顽抗。

海上，戚继光的船队在慢慢航行，天色渐渐暗了下来，船队驶过了莱芜岛，看得见不远处澄海城的灯光了。

戚继光突然一声令下："全队转向！"

船队突然转向，回头直返南澳岛。

午夜，戚继光率领三千精兵在南澳岛偏僻的隆澳登陆。这里远离深澳，远离吴平寨。戚继光命令不许停留，衔枚疾走，天明时，向东进到云澳，在烟礅湾隐蔽起来。

云澳，海边盐田里闪耀着晶莹的白色，四围青山深邃黝黑。

金山、果老山两座高山耸立在南澳岛中部，高近两千尺，阻断了云澳与深澳的交通。

樵夫引领戚继光向山中走去，但见林木森森，藤缠树绕，荆莽深密，插不进脚，他不由得深抽了一口气。

如何才能开辟从背面突然进攻深澳的通道呢？如何让将士们相信他的计划呢？

戚继光下得山来，只见山脚有一座小小的云盖寺，他踏进殿堂，抬头见关羽的神像端坐在上，身着金色铠甲，半披绣龙战袍，右手捧着一部《春秋》，左手抚着长长的美髯，既威风凛凛，又儒雅潇洒。虬须豹眼的周仓，手持青龙偃月大刀侍立在后，目光炯炯，忠心耿耿。戚继光不由得心中一动。

对于神佛，戚继光历来是“存而不论”的。但是，他知道在那些窑工出身的士卒心中，关羽是义结千秋、忠贞不贰的英雄好汉，是他们尊崇的偶像，景仰的楷模。关羽在蜀汉虽只不过是“前将军”“汉寿亭侯”，明朝却尊封他为“三界伏魔大帝神威远镇天尊关圣大帝”。人们相信他是万能的神，司命禄，佑科举，驱邪避恶，消病除灾，招财进宝，庇护商贾，几乎是无所不能，无所不管。各行各业，都对关公顶礼膜拜，奉为神明。全中国就数关帝庙最多，各州各县，到处都有关帝庙，香火极盛，连这个海中小岛，也敬奉着这位天神下凡的“武圣人”。

戚继光把队伍集合在云盖寺前，向将士们说：“弟兄们跟着我东征西讨，浴血奋战，把倭寇打得七零八落，滚下海去。眼下，就剩下最后一股，同吴平勾结，还盘踞在南澳岛。吴平是个不要祖宗、认贼作父、反复无常的恶棍，人人得而诛之！昨天夜里，关公显灵，给我托了一梦，告诫我们：最后消灭倭寇和吴平，在此一役！务必一鼓作气，不要松懈，以免功亏一篑。关公指给我一条取胜之道，要我们在三天之内，从云澳山中，砍出一条通道，在金山、果老山两山之间翻过山坳，从深澳的正背后，突然掩杀下去，可以夺得头功。我们突然杀下深澳，海上有俞大猷总兵的舟师堵截，一定会大获全胜！打了胜仗，我给大家请功行赏！”

士卒们信服戚继光，崇信关公，个个踊跃争先。

戚继光身先士卒，组织队伍，轮番砍除丛莽，披荆斩棘。经过三天三夜的努力，开辟出一条进攻的通道，队伍在深山密林中向前运动，神不知鬼不觉，天亮前在两座山峰接合部的马鞍形山隘间集结。

山隘里古榕参天，绿叶茂密，气根悬吊，遮天罩地，形成天然的屏幕，隐蔽了积蓄待发的勇士。

戚继光从树丛间鸟瞰深澳，五里开外，匪营尽收眼底。

海面上，俞大猷的舟师舰队，重又把南澳岛团团包围。

俞大猷部署了第一波冲击力量，又部署下第二波、第三波的冲击船队，单等时机一到，集中力量从吴平寨正面和吴平老巢两个方向突破。

等待，焦急地等待。

第四天凌晨，忽然，两山间升起了烟火。

望眼欲穿啊，烟火升起！一处，一处，又一处。

俞大猷命令船队冲向岛岸，佛朗机炮、火铳齐放，打得岸上一片火海。

吴平和倭寇急忙来到岛岸督战。

突然，身后山上，火光冲天，接着，一片锣声，喊杀声，动地惊天。

“咣咣——”，“咣咣——”，锣声不断，令人震悚。

锣声中，无数只角上燃着火把的山羊，从高山上向深澳直冲而下。随后，戚家军的藤牌手、狼铣手、长枪手、短刀手一齐杀向深澳。特别是狼铣手，手持狼铣，这种戚继光专为与倭寇直接搏杀而制造的武器，长大而锋利，杀得贼寇无还手之力。

戚家军直杀到吴平寨前。倭寇和匪徒们立时乱了阵脚，只恨少生了两只脚，慌忙丢下阵地，四散奔逃。

俞大猷指挥舟师逼靠上前，猛烈的炮火，打得倭寇和匪徒抬不起头来。官兵趁势杀上岛岸，摧毁了匪徒们的抵抗。

经一日一夜激战，倭寇、匪徒死伤无数，俞大猷、戚继光的军队“斩获三千级”，打了一个歼灭仗。

吴平和死党曾一本仗着熟悉的地形，带着倭寇首领登上早已准备好的小船，携带金银财宝，乘乱从海上逃逸。

嘉靖以来大规模的倭寇之患，从此消弭。

战斗结束，俞大猷、戚继光一起攀上金山、果老山的山隘，登高远眺。大海苍茫，波推浪涌。他们庆贺胜利之余，发出浩叹，俞大猷衷心赞扬戚继光说：“大将东南谁，戚公真鹰扬！”

后来，人们在山隘间建筑了雄镇关。

战斗取得胜利，但由于吴平脱逃，俞大猷再次被申斥，这次没有被撤职，而是命令他“戴罪办贼”。

从南澳岛向大陆看去，依稀想见近在咫尺的韩江、韩山，俞大猷记起了韩愈被贬潮州的故事。

韩愈迁谪出长安，几千里跋涉，路阻蓝关，漫天风雪，马不前行。他那个已经成仙的侄孙韩湘一心要度他出世，拦在马前劝他说：“您一片忠君爱民之心，换来的是贬谪南荒，应当知悔了！赶快抛开一切，从我游仙吧。”韩愈回答说：“谏迎佛骨，削减寺庙，上为社稷，下为黎民百姓，何悔之有！”

俞大猷反复吟诵韩愈那豪情不减的佳句：“风波无所苦，还作鲸鹏游！”

俞大猷虽然再遭贬责，但他“忠诚许国，老而弥笃”。不顾个人得失，派副总兵汤克宽率领舟师跟踪穷追吴平，一直追逐到雷州（今广东湛江），再追逐至廉州（今广西合浦），再追逐到钦州（今广西钦州），使吴平无处藏身，不得喘息，终于被消灭了。但又有一说，吴平只身逃至交趾（今越南），汤克宽仍然紧追不舍，把吴平击毙在交趾。另有一说，多年后，有人在某地发现一个商人，身携巨金，长袖善舞，富甲一方。原来此人就是吴平，只身逃脱，隐姓埋名，遁迹商贾。总之，灭倭寇易，清汉奸难啊！

大规模的倭寇入侵被阻止了，但是，倭患并没有就此终结。俞大猷、戚继光之后，直到明神宗万历十年（1582），经反复清剿，从元末、明初起，连绵三百年的大规模的倭寇之患，才基本平息。

倭患平息，带来了海上贸易发展。明万历二年（1574），福建巡抚向朝廷奏报：海上商贸增多，“洋税”增长。当时规定东去日本、西去南洋的商船、渔船，都要随着纳税数目，按一定比例负担军费，原来“岁以六千两为额”，“自万历四年，饷溢额至一万两，至十一年，累增至二万两有余”。由此可见海上贸易得到了相当发展。

戚继光，俞大猷，无疑在少年严复心目中，成为楷模，树起典范。从此，忧国忧民，保卫家国，民族正气，英雄胸怀，所向披靡，压倒一切，融入血脉，化作灵魂。

在倭寇袭扰中国沿海的同时，佛朗机（葡萄牙）人以印度和满剌加（今马来半岛）为基地，实行殖民扩张。明正德十二年（1517），佛朗机两艘机船侵入广东东莞，后被驱逐。嘉靖十九年（1540），中国内奸、走私团伙引佛朗机侵入浙江沿海。一时间，“官司禁之勿得，西洋船原回私澳，东洋船遍布海洋，而向之商船悉变为寇船”。“地方绅士，利其互市，阴与之通。”

西方殖民主义东来，既有灾难，也有东西方思想、文化融合，对中国的影响，比之倭寇袭扰要复杂得多。

严复常常掩卷长思，太息久之：明朝有郑和七下西洋的辉煌，也有三百年倭寇祸害。西方人接踵而来，也是闯海而入，亦商亦盗。中国的海洋，不再祥和宁静，风波迭起，血火交迸。天朝没有了往日的尊荣，反而有了许多无奈和屈辱，为什么？中国本身有什么失算？严复还要和全民族经历更多苦难，用更多的时间积淀沉思，一步步走向觉醒。

第七章

期西法行于中国

同治六年（1867），五月初五（6月6日）端阳节，严复和一百多个幼童，从船政学堂寄居的法雨堂、仙塔街和亚伯尔顺洋行迁往马尾。上年，同治五年（1866）十一月，左宗棠、沈葆桢选址马尾，购地二百亩，立下“船政官界”的界石，十七日（12月23日），福建船政主体工程即开工兴建。半年多工夫，福建船政求是堂艺局校舍便先行落成。

沈葆桢让学童徒步行进，走向福州城外闽江口马限山麓。

严复和后学堂驾驶班的刘步蟾、邓世昌、林泰曾、林永升、林国祥、叶祖珪、方伯谦等三十三名同学兴高采烈，欢天喜地，迤逦而行。

严复傍着刘步蟾走在队伍的最前面，问刘步蟾说：“新学堂是什么样？”

刘步蟾老实说：“不知道。”

“你猜是什么样呀？”

刘步蟾反问道：“你说是什么样？”

严复也老实回答说：“不知道，猜不出。”

严复又向紧跟其后的林泰曾问道：“你猜会是什么样？”

林泰曾也摇摇头说:“我也猜不出什么样。”

严复发挥想象,向往说:“既然是新学堂,就不会再是在菩萨庙里和祠堂里开课堂,一定是洋楼洋房子!”

刘步蟾也说:“嗯,一定还会有操场!”

“近乡情更怯”,说的是久别家乡的游子回家乡时那种微妙的情愫,而此时的严复和他的同学是“近家情更切”。半年来,他们习惯了船政学堂,亲近了船政大臣沈葆桢,都把船政学堂看作家了,他们急着想看看新家是什么样。

走近马尾,地势开阔,沙石铺路,宽敞豁亮。背山临江,万绿丛中,白墙乌瓦,一片新屋。啊!这就是马尾船政学堂,这就是新家。

严复和同学们三步并作两步,争先恐后地奔向学堂大门。

门前,两株新叶茂盛的榕树,生机盎然。门楣上一方立匾,“船政学堂”,四个大字,十分醒目。大门两侧是沈葆桢大人亲自撰写的对联:

以一篑为始基,从古天下无难事;
致九译之新法,于今中国有圣人。

严复反复朗读,激情如火。

进到门里,来到大堂,迎面又见沈葆桢大人撰写的对联:

且漫道见所未见闻所未闻,此即是格致关头认真下手处;
何以能精益求精密益求密,定须从鬼神屋漏仔细扪心来。

严复心中叹道:有勉励,有期盼,有教诲,有章法!

严复再三咀嚼沈葆桢大人的话:“船政的根本在于学堂,希望数十年后,人才蒸蒸日上,无求于西人矣。”那个已经离开福建远去新疆的左宗棠大人是首倡举办船政学堂的,他提出办学目的在于“欲广其传,使中国人艺日进,制造驾驶辗转援受,传飞无穷耳”。严复和同学们领悟到左宗棠、沈葆桢大人办学树人、只争朝夕的良苦用心。

严复在以后的日子里，知道了左宗棠和沈葆桢更多的故事，备受感动、浸润。

同治元年（1862），左宗棠在与太平天国军队作战中，进入水网密布、海汊纵横的浙江，“使用了向外国人借用的轮船”，直接感受到“轮船尤为横海下濑所未有之奇”，于同治二年（1863）三月，上书总理衙门：“当图仿制轮船，庶为海疆长久之计。”同治四年（1865）正月，左宗棠《上总理各国事务衙门》书中明确提出：“中国自强之策，除修明政事、精练兵勇外，必应仿造轮船，以夺彼族之所恃。此项人断不可不罗致，此项钱断不可不打算。”“海禁开，非制备船械不能图自强。”

其时，法国、英国为保护在华既得利益，深深介入中国事务，法国驻宁波舰队司令勒伯勒东（德碑尔）和法国前水师军官、宁波税务司普罗斯贝尔佩·日意格，组建了“常捷军”，与清廷合力镇压太平天国运动。左宗棠进入浙江后，与他们既有勾结利用，也时怀警惕。他在上朝廷的奏折中指出：“外国助剿非由义愤所激，虽可偶用其长，未可常恃其助也。”“若不稍加裁禁，予以限制，则客日强而主日弱……终恐非计。”

同治三年（1864），左宗棠要求勒伯勒东和日意格指导中国工匠仿制一艘小轮船。轮船下水，在杭州西湖试航，左宗棠比较满意，但感到不足，他说：“形模初具，试之西湖，驶行不速。”勒伯勒东和日意格则说：“大致不差，还需从西洋购买轮机，才能提高航速。”从那时以来，左宗棠经过多年考察，深思熟虑，于同治五年五月十三日（1866 年 6 月 25 日），以闽浙总督身份在同一天接连上了《拟购机器雇洋匠试造轮船先陈大概情形折》等四道奏折，慷慨陈言：“东南大利，在水而不在陆。”他从海防、沿海经济、沿海运输等几个方面剖析利害：“自海上用兵以来，泰西各国火轮兵船直达天津，藩篱竟成虚设，星驰飙举，无足当之”，海防不固；“自洋船准载北货行销各口，北地货价腾贵。江浙大商以海船为业者……不能减价以敌洋商，日久消耗愈甚，不唯亏折货本，浸至歇其旧业”，中国经济受损；“目前江浙海运即有无船之虑，而漕政益难措手”，粮食、税收运输困难。左宗棠更针对有关争论指出：“就局势而言，借不如雇，雇不如买，买不如造。”左宗棠比较了欧美各国造船日益精进，日本仿造跟进很有成效，明确提出：“泰西巧而中国不必安于拙也，泰西有而中国不能傲以无也。”“欲防海之害而收其利，非整理水师不可；欲整理水师，非设局监造轮船不可。”“天下事，始有所损者，终必有所益。轮船成，则漕政兴，军政举，商民之困纾，海关之税旺，一时之费，数世之利也。”

利害、是非、曲直，显而易见，但是，一件新事物的出现，总不免有许多争议。当时上海《申报》披露：“福建议造大船，朝野舆论大起，誉之者：兴家爱国，匹夫有责；毁之者：忧其难于有成，议其靡费甚多。”

严复和他的同学关注朝野辩论，他对于左宗棠一篇慷慨陈词的奏折，击节赞赏：

> 西洋各国与俄罗斯、咪（美）利坚，数十年来讲求轮船之制，互相师法，制作日精。东洋日本始购轮船，拆视仿造未成，近乃遣人赴英吉利学其文字，究其象数，为仿制轮船张本，不数年后，东洋轮船亦必有成。独中国因频年军务繁兴，未暇议及。虽前此有代造之举，近复奉谕购雇轮船，然皆未为了局。彼此同以大海为利，彼有所挟，我独无之。譬犹渡河，人操舟而我结筏；譬犹使马，人跨骏而我骑驴，可乎？

左宗棠的至诚为国，明白剖析，精彩譬喻，终于打动了清廷当权的军机大臣文祥和握有最终决定权的慈禧太后，二十天后，同治五年六月初三（1866 年 7 月 14 日）发出谕旨：

> 左宗棠现拟试造轮船……中国自强之道，全在振奋精神，破除耳目近习，讲求利用实际。该督现拟于闽省择地设厂，购买机器，募雇洋匠，试造火轮船只，实系当今应办急务……所

陈各条，均着照议办理。

于是，有了马尾造船厂，有了马尾船政学堂。左宗棠如此谋划，起源还要回溯到更远。左宗棠一以贯之要整建水师，制造轮船，不是偶然。历史，孕育着必然。

道光十三年（1833），左宗棠还是一介布衣，赴京赶考，前后三次，三次落第不中。蜗居在湖南湘阴老家白水洞左家塅，以教书授徒为生。二十六岁时，一个偶然机会，得到两江总督陶澍的赏识，才有了转机。据左宗棠儿子左孝同在《先考事略》记载，湖南安化人陶澍在任两江总督时，巡视江西，请假顺道经醴陵回老家扫墓。这醴陵在湖南中部渌水之滨，以出产瓷器闻名，名气仅次于江西景德镇。陶澍在接待他的醴陵会馆门前，看到迎面张挂一副楹联：

春殿语从容，廿载家山，印心石在；
大江流日夜，八州子弟，翘首公归。

上联写了陶澍引以为旷世殊荣的故事。道光十五年（1835）十一月，道光皇帝第十四次在乾清宫召见陶澍，垂问政事，慰勉有加，听说他幼年读书的地方叫“印心石屋”，一时大发雅兴，立即为之题写了“印心石屋”四个大字匾额。这迎来送往的应景之联，描述了这个故事，正好点到被欢迎者的心痒之处。下联则写了家乡父老欢迎游子衣锦荣归，崇敬而深情。陶澍深受感动，格外激赏。一问，说是渌江书院的教习左宗棠所写，立即邀来一见。谈得十分投机，留宿一夜，纵论古今。陶澍连声叹赏左宗棠：“奇才！奇才！”便延请他到陶家坐馆教授他的儿子。左宗棠二十九岁时曾吟诗自况：

犹作儿童句读师，生平至此乍堪思。
学之为利我何有？壮不如人他可知。

蚕已过眼应作茧，鹊虽绕树未依枝。
回头廿九年间事，零落而今又一时。

道光二十四年（1844），左宗棠以教书所得的九百两白银，在湘阴柳家冲置办了七十二亩田产。九月，迁居柳家冲，遍植柳树，夯土筑墙，围绕屋场一周，围墙东南开一朝门，在门上手书“柳庄”二字，自号“湘上农人”。道光二十九年（1849），左宗棠三十八岁，年届不惑，依然布衣。尽管心有不甘，但已打算接受现实，躬耕垄亩，隐居泉下。他自书门联：

要大门闾，积德累善；
是好子弟，耕田读书。

左宗棠少年时曾经说大话明志：“身无半亩，心忧天下；读破万卷，神交古人。”“行无愧事，读有用书。”此时，他在《题家塾壁》上书此以教育后人，说道：“三十年前作此语以自夸，只今犹时往来胸中，试为儿辈诵之，颇不免惭赧之意，然志趣固不妨高也。安得以德薄能鲜，谓子弟不可学老夫之少年狂哉？”

此时，一个人的到来，再度唤起左宗棠那从来没有泯灭的雄心，改变了他人生的轨迹。

道光二十九年十一月二十三日（1850年1月5日），在湘江上发生了一件大事，两个对于晚清以至中华民族有重大影响的人物——林则徐和左宗棠会面了。

对于林则徐和左宗棠的这次会面，至少有三个不同版本。哪一个更接近“实有其事”，还是“实事或无，情理必有”？

《清史列传·林则徐传》：“道光二十七年，（林则徐）升云贵总督。”二十九年，“上嘉其远振军威，又安边地。六月，因病请假。七月，复奏请开缺，允之”。“自沅湘泛大江东归。”林则徐在云贵总督任上，因疝气严重请求免职治病，由水路经贵州、湖南、江西回福建，按照路程，无需经过长沙，但他特意绕行至长沙，约会左宗棠。

这一年，中国东南大水成灾，洞庭湖滨受灾尤重，洪水冲决围垦的堤垸，倒了“围子”，汪洋一片，颗粒无收。左宗棠罄其所有，开仓赈济灾民，他亦空无所有了，为稻粱谋，仍然到长沙借朱文公（朱熹）祠开馆教书授徒，赚取“束脩”以维持一家生计。其子左孝同在《先考事略》中记载：“府君移居省城假馆徽国文公祠。”十一月，左宗棠从官家“邸报”中得知林则徐将过长沙回福建，不禁怦然心动。

左宗棠对林则徐久怀敬仰。林则徐禁烟和抗击英国入侵，让他赞叹。左宗棠在道光十三年（1833）去北京赶考时，即结识了同在京城赴试的湖南邵阳的魏源和浙江仁和（今杭州）的龚自珍，互相仰慕，志同道合。而魏源、龚自珍都是林则徐的挚友，左宗棠自也受到影响；以后，左宗棠在陶澍家中坐馆教书的时候，有机会读到陶澍与林则徐往来书信，对林则徐有了更深的了解。道光二十八年（1848），左宗棠的朋友胡林翼任贵州安顺知府时，一再向他的上司云贵总督林则徐推荐左宗棠，林则徐于当年十二月十六日（1849年1月10日）给胡林翼回信：

> 承示贵友左孝廉既有过人才分，又喜经世文章，如其噬肯来游，实所深愿。即望加函敦订，期于早得回音。其馆谷舟资，应如何致送，亦希代为酌定。以执事之聆音识曲，当能相与有成。

以林则徐一个总督之尊，如此礼贤下士，热切邀请，又如此周到、细致，甚至从湖南到云南旅途费用的安排都一一关照，左宗棠大为感动。而且，这是多年来他所盼望的出山机遇，他多么想立即前去昆明应聘。只是，他已经答应陶澍临终前的嘱托，要把他的孩子教育成材，他不能够辜负故人，况且，他的寡嫂要求他为侄儿左世延主持完婚。左宗棠一时无法脱身，他十分遗憾，又十分诚恳地给胡林翼回信：

得执事岁杪急步所递书，敬悉一切，少穆宫保爱士之盛心，执事推荐之雅谊，非复寻常所有……仆久蛰狭乡，颇厌声闻，宫保固无从知仆。然自十数年来闻诸师友所称述，暨观宫保与陶文毅往复书疏，仆则实有以知公之深。海上用兵以后，行河、出关、入关诸役，仆之心如日在公左右也。忽而悲，忽而喜，尝自笑耳！尔来公行踪所至，而西北，而东南，计程且数万里。海波沙碛，旌节弓刀，客之能从公游者，知复几人？乌知心神依倚，惘惘相随者，尚有山林枯槁，未著客籍之一士哉？

……事固未能如吾意者：孤侄年已十七，家嫂欲为之授室，期在今年。又陶婿去冬书来，预订长沙读书之约，仆以小女故，未能恝然。且此子从学八年，资识尚正，冀有所就，以延文毅（陶澍）之泽。渠夫妇现来山中，不数日当偕之长沙。前书具陈大略，想已得览。坐此羁累，致乖夙心，西望滇池，孤怀怅结，耿耿此心，云何能已！

左宗棠倾诉多年来，心随林则徐东南抵御来自海上的侵略，西北抵御对新疆的颠覆分裂，时时刻刻，似乎都随侍林则徐左右。长久以来，他盼望真正追随在林则徐的鞍前马后，现在，林则徐亲笔书信邀请，他恨不得立即前去应召。可是为了寡嫂孤侄，为了报答陶澍的知遇之恩，践行自己的承诺，只能婉谢林则徐和胡林翼的美意。当左宗棠得知林则徐将要过长沙回福建时，他时时注意邸报消息，计算林则徐自贵州入湖南的行程，多次去湘江边上张望，等候林则徐官船的到来。

长沙城南有著名的城南书院（即今湖南第一师范学校，毛泽东青年时期就读的学校），最早为宋代理学名儒张栻创建，并担任学院山长（相当于今天的校长），邀请了著名学者朱熹来学院并在湘江对岸的岳麓书院讲学，声望远播四方，全国各地前来求学的士子络绎于途，一时间，“马饮则池水立涸，舆止则冠冕塞途”，文风大盛。连附近张栻、朱熹来往于城南书院和岳麓书院讲学的码头也叫朱张渡。左宗棠借此地课读教书，希望子弟秉承优良学风，励志成才。

道光二十九年（1849）十一月，小寒刚过，正是年末最冷的日子，“小寒大寒又一年”，冰凌冻断树枝，屋檐悬挂着冰溜子，哈气成雾，滴水成冰。左宗棠根据邸报的消息，估算林则徐的航程，他希望今天能够接到林则徐。他正准备赶往长沙大西门河码头，还没有出门，长沙县署的人领着林则徐的家人林忠来到书馆。左宗棠看了林则徐邀他一见的拜帖，激动不已，问道：“林公旅途劳累，贵体可好？何时到达长沙的？”

林忠回答说：“有劳左先生挂念。今天刚到。我们家老爷还要赶路去治病，所以请左先生今天就过去。”

左宗棠说：“好，请你回去告诉林公，左某随后就到。”

左宗棠急忙由城南书院赶到林则徐官船停泊的河码头，拜会林则徐。

后来，左宗棠屡屡回忆那次湘江夜话，在《唁林镜帆》中写道：

> 是晚乱流而西，维舟岳麓山下，同贤昆季（林则徐的儿子林汝舟、林聪彝）侍公饮，抗谈今昔。江风吹浪，柁楼竟夕有声，与船窗人语互相响答。曙鼓欲严，始各别去。

左宗棠还在《与贺仲肃》信中写道：

> 宫保固天人……江中宴谈达曙，无所不及，其钦服耦丈及吾师，尤为肫（纯）挚。

后来，左宗棠在军旅中回忆起往事，写有《林文忠公政书叙》：

> 忆道光己酉（1849），公由滇解钮归闽，扁舟迂道访宗棠于星沙（长沙别称）旅次，略分倾接，期许良厚……军事旁午，心绪茫然，刁斗严更，枕戈不寐，展卷数行，犹仿佛湘江夜话时也。

许多年以后，左宗棠在忙于新疆事务时，仍然对湘江夜话念兹在兹。

直至光绪九年（1883），左宗棠任两江总督时，特别奏请在江宁（今南京）建祠合祀陶澍和林则徐，亲撰楹联：

> 三吴颂遗爱，鲸浪初平，治水行盐，如公皆不朽；
> 卅载接音尘，鸿泥偶踏，湘间邗上[①]，今我复重来。

陶澍是林则徐的老师，对左宗棠更有知遇之恩，左宗棠视他为老师，因之也把林则徐视为老师。左宗棠继承和弘扬了他们的思想和功业。林则徐视左宗棠为旷世奇才，左宗棠视林则徐为天人。清《续稗传集·林文忠公传》记述：林则徐“身体不逾中人，端凝严重，行止如载华岳，眉目疏朗，光奕奕出数步外，神采威秀，顾盼风生。与人和易温粹，虽卑官下僚，辄与坐论终日，鲜惰容骄色，能使人尽言”。这正是左宗棠心仪已久的人。

林则徐次子林聪彝的后人林岷在《林则徐与左宗棠》中写道：

> 林则徐在途经长沙时，将小船停泊在岳麓山下的湘江中，特派人请年仅三十七岁的左宗棠来舟中相见。当时湖南的文武官员正在等待接见，当左宗棠递上帖子时，先祖立即辞谢各官员，独召左宗棠入见。左在登舟时不慎落水，林则徐立即把他扶起，沐浴更衣，然后主客畅谈，一直谈到翌晨。在这次长谈中，他们对政务、治国等根本大计，特别对西北边境的事，都不谋而合。林则徐立即把自己在新疆整理的宝贵资料……全部交给了左宗棠，说：“吾老矣，空有御俄之志，终无成就之日。数年来留心人才，欲将此重任托付。东南洋夷，能御之者或有

① 邗上：指江苏扬州。

人；西定新疆，舍君莫属。此吾数载心血，献给足下，或许将来治疆用得着。”

严复慨叹：一代重臣与一介布衣神交已久，舟中一见，秉烛夜谈，纵论国是，把臂之间，引为知音。他想起李白曾经吟叹：“天地者，万物之逆旅；光阴者，百代之过客，而浮生若梦，为欢几何？”严复反其意而用之：天地者，风云际会之所；光阴者，建功立业之机，戮力而为，必有所成。

关于林则徐与左宗棠湘江晤谈，还另有版本，《左宗棠年谱》载：

道光二十九年己酉，公三十八岁。

公假馆会城朱文公祠，婿陶桄仍受学……

冬十一月，侯官林文忠公自云南引疾还闽。道湖（似应为“湘”）上，遣人至柳庄招公。公谒之长沙舟中。一见诧为绝世奇才，宴谈达曙乃别。

今人据此演绎成故事。只是有一点质疑。长沙至湘阴的距离为一百二十华里。笔者故里湘阴，深知旧时候交通工具多为划桨、摇橹、张帆的木划子，由长沙至湘阴，顺北去的湘江顺流而下，需行驶十几小时。由湘阴至长沙，逆流而上，费时更多。左宗棠居住的柳家冲在长沙至湘阴半途的樟树港附近，距离长沙约六十华里。以当时的交通工具，即使乘车、骑马，也需四小时。据此推算，林则徐到达长沙当天召请左宗棠，左宗棠于当晚急驰来见，似乎都难。而有记载，当时左宗棠在长沙设馆教书，似应在长沙，而不在柳庄。

还有一个版本：《清稗类钞》卷三十载：

林过湘，使县令觅左。是岁晚，（左）将归家，系舟江岸，县吏从小舟中大索得之。与共登林舟，忽失足落水，衣履尽湿……

不论哪个版本，都强调林则徐会见左宗棠的意义和两人“心有灵犀一点通”。

林则徐、左宗棠会见后不到一年的时间，道光三十年（1850），刚过立冬，天气异乎寻常的寒冷，左宗棠忽得噩耗：林则徐应召去广西赴任途中，于十月十六日（1850年11月19日）在广东流沙（今普宁）突然患病去世。左宗棠顿时觉得天崩地裂，痛彻心肺，泣血哀号，含悲忍泪给林则徐的长子林汝舟写信：

忆去年此日，谒公湘水舟次，何图三百余日，便成千古。人之云亡，百身莫赎，悠悠苍天，此恨何极！

左宗棠又撰写挽联，悼念林则徐：

附公者不皆君子，间公者必是小人，忧国如家，二百余年遗直在；

庙堂倚之为长城，草野望之若时雨，出师未捷，八千里路大星颓。

严复钦佩“清室中兴”名臣左宗棠，对左宗棠与林则徐的交往，心向往之。一天，严复专诚去福州的湖南会馆，探访左宗棠的胜迹，仰视左宗棠当年亲笔写下的楹联：

瓯浙越梅循，海国仍持使者节；

陇秦指疏勒，榕园还作故乡看。

这可说是概括了左宗棠和湘军“百二关河，十年征戍；八千子弟，九塞声名”的辉煌啊！尤其是左宗棠任闽浙总督，驻节福州三年，好评如潮。他“榕园还作故乡看”的那份感情，使严复这个福建人也要把左宗棠看作老乡，而引以为荣了。

严复记得左宗棠离开福建去西北平定边疆时，他也随着人流，涌上前去送别。

同治初年，捻军席卷西北。与此同时，英国和沙俄勾结民族分裂势力为乱新疆。同治五年八月十七日（1866 年 9 月 25 日），清廷谕令左宗棠改任陕甘总督，授钦差大臣，急赴西北。可是左宗棠放心不下福建、台湾的事情，他担心“台湾远隔大洋，声气间隔”，列强虎视眈眈，“设我弃而人取之，尤于事体非宜”。他原打算亲自去台湾巡视，部署防务和治理，现在不能亲去了，他举荐刘明镫、吴大廷办理台湾的事情，希望他们“必能绸缪未雨，为东南奠此岩疆”。左宗棠更有一事，放心不下。筹划中设厂造船的事刚有眉目，不可半途而废，轻易放弃。于是，上奏请求暂缓一些时日去西北。清廷应允，上谕：“创立船政，实为自强之计。若为浮言摇撼，则事何由成？左宗棠大臣谋国，所见远大，自当坚定，以期有效也。”“所议各条亦属妥协，并着照所议办理。”左宗棠加紧安排马尾船政事宜。

同治五年十一月初三（1866 年 12 月 9 日），节令大雪，一向和煦如春的福州城，显得清冷肃杀。左宗棠向福建官员和百姓辞行。消息传开，官民万人空巷前来挽留，“士民攀留者，填塞衢巷”。严复也随人流涌到左宗棠的跟前，看到这位总督大人情动于衷，应允再留数日。严复觉得官儿当到这个份儿上，难能可贵！左宗棠推迟到初十（1866 年 12 月 16 日）才离开福建西征。

严复读左宗棠在学人士子中流传的奏折，喜他的立论和气魄，也赞赏他的文词，鞭辟入里，铿锵有声。他几乎能够默诵那些精彩的段落：

窃维东南大利，在水而不在陆。在广东、福建而浙江、江南、山东、直隶、盛京，以迄东北，大海环其三面，江河而外，万水朝宗。无事之时，以筹转漕，则千里犹在户庭；以筹懋迁，则百货萃诸廛肆，匪独鱼盐蒲蛤足业贫民，舵艄水手足安游众也。有事之时，以筹调拨，则百粤之旅可集三韩；以筹车输，则七省之储可通一水。匪特巡洋有必设之防，用兵有必争之道也……自海上用兵以来，泰西各国火轮兵船直达天津，藩篱竟成虚设……臣愚以为欲防海之害而收其利，非整理水师不可。欲整理水师，非设局监造轮船不可……成一船，即练一船之兵，化一为百，比及五年，成船稍多，可以布置沿海各省。

严复为左宗棠那种明析道理的奏折所鼓舞：

聪明睿智，相近者性，而所习不能无殊。中国之睿智运于虚，外国之聪明寄于实。中国以理义为本，艺事为末。外国以艺事为重，义理为轻。彼此各是其是，两不相喻，姑置弗论可耳。谓执艺事者必舍其精，讲义理者必遗其粗，不可也。谓我之长不如外国，藉外国导其先，可也。谓我之长不如外国，让外国擅其能，不可也。

严复击节叹赏左宗棠所作的精彩剖析：

臣维西洋各国向以船炮雄视海上，然贪贸易之利，仰中国之威，未敢妄逞。其时，各国未造火轮船，尚无所挟也。道光十九年海上事起，适火轮兵船已成，英吉利遂以入犯……陆地之战，彼之所长，皆我所长，有其过之无不及也。若纵横海上，彼有轮船，我尚无之，形无与格，势无与禁，将若之何？微臣所为鳃鳃拟习造轮船兼习驾驶，怀之三年，乃有此请也。

严复领悟到左宗棠设船政局，开造船厂，办马尾船政学堂，挑选能工巧匠，跟随聘请来的外国师匠学习仿造轮船；遴选聪颖孩童从小随洋教习攻读数学、英语和驾驶、造船，苦心孤诣，神人可鉴。也使严复对于“士”与“艺”，对于被儒家一向鄙视的“奇技淫巧”开始新的思考。沈葆桢应左宗棠的敦请出山主持船政的故事，尤其促严复深思。

第八章 重在于学

左宗棠将要西去陕西、甘肃，但是，闽浙总督治下的台湾府，存在“我弃之而人取之”的危机，特别是日本人蠢蠢欲动，图谋侵占，不能不备；而马尾船政，规模粗定，如若中止，则前功尽弃。这两件事都必须有得力的能臣主持操办。左宗棠考虑再三，推荐沈葆桢出任福建船政大臣。

早在同治元年（1862），左宗棠率领军队在江西镇压太平天国时，沈葆桢在江西巡抚任上，积极予以支持，给左宗棠以深刻印象。同治四年（1865），沈葆桢因为母亲逝世“丁忧”在福州老家，又积极支持左宗棠创办马尾船厂。八月十七日（1865年10月6日），清廷谕令左宗棠改任陕西、甘肃总督，沈葆桢当即领衔具名联合福州士绅上书挽留左宗棠，强调船政不能离开左宗棠，请求暂缓西征。

两天后，突然爆发了一件大事。八月十九日（1865年10月8日），一直反对兴办造船厂的官绅，以为左宗棠将被调离，有机可乘，唆使马尾中岐、罗星塔等十三乡的部分乡民，包围船厂预购的工地，反对圈地建厂。群情汹汹，不可收拾。沈葆桢闻讯赶往马尾，以福州人的身份，劝谕民众说："左大人兴办船厂，造福乡梓，于国有利。而且，在中岐办船厂，不是白占田土，是出资购买，白洋换田土，两不吃亏。"可是，被煽动的乡民不知就里，抛掷石头，肆意围攻，沈葆桢的脚踝被石头击中受伤。

第二天一早，沈葆桢和数百兵丁威临中岐，唯反对办船厂的乡绅是问，迫使他们交出带头闹事的十八人，平息了反对圈地事件。随后，在所购土地周边，立下"船政官界"的界碑。

马尾造船厂二百亩征地顺利界定。

左宗棠大加赞赏，认定沈葆桢正是兴办船政可以信托的人。

左宗棠知道沈葆桢是个孝子，他的母亲逝世了，按照陈例和习俗，要辞官在家伴守母亲的墓庐三年，他已经开始这样做了。此时让他夺情出山，主持船政，不近情理，很难取得沈葆桢的应允。但是，主持船政不是随便什么人可以委任的，此事非沈葆桢莫属。左宗棠亲自到文藻山沈家敦请沈葆桢出山。可是，不论怎样左劝右说，苦口婆心，沈葆桢横竖不答应。左宗棠前脚刚走，他就具函婉言谢绝："以丁忧人员，不应与闻政事，具呈固辞。"信里也透露了沈葆桢的顾虑：当今许多人视船政为畏途，"咸有戒心"，"相顾瞠目，惧不克终事"。

左宗棠能够理解沈葆桢的顾虑，也从中看到沈葆桢任事细心，越发一心恳请沈葆桢出山。左宗棠再次竭诚造访沈葆桢家，无奈沈葆桢仍然不肯答应。

左宗棠第三次造访沈葆桢家。尽管他年纪大沈葆桢八岁，而且贵为总督，仍然屈尊就驾，再三到沈葆桢家请他出山。左宗棠以湖南人那种既"霸蛮"又"灵泛"的秉性，针对沈葆桢的顾虑和托词，反复劝说道："福建船政，非君莫属。就是你了！总理船政究与服官不同，在籍监造不为夺情，不但不违背孝心，久司船政正可就近侍候令尊，于忠于孝两全无害。"左宗棠进而说道："你看到办船政的困难，我也深有所知，但是，事有必为，事有可为，总有办法。我当尽力安排妥帖，你不必顾虑！"

沈葆桢无言，但仍然不肯松口答应。

左宗棠有备而来，岂肯罢手而归。他坐下来，转过话题，深情地说：“这几年我在福建，无时无刻不想念令岳林则徐大人，见到你，我尤其想起林公在湘江舟中与我竟夕深谈，他目光如炬，声亮音洪，从黄昏到黎明，毫无倦意。我谨领教诲，铭刻在心。多年来，对于林公的嘱托，左某岂敢须臾有忘？我是时时刻刻想做而没有做起来，今日要远赴西北，这件事仍然没有着落，我能撒手吗？你能够看着这件事功亏一篑吗？”

左宗棠情真意切，将十六年前湘江上的一切，从家国大事，到细枝末节，娓娓道来。沈葆桢仔细听着，感受到左宗棠对林则徐的敬仰，深为感激。左宗棠最后说：“我清楚地记得，林公所忧者二，一是东南沿海时刻面临的危殆，二是西北边陲的危机。说起来惭愧，在我将要离开福建的时候，这两件事，都还没有办好。台湾，是我最忧心的，西洋列强虎视眈眈，东邻日本久怀觊觎，一旦有事，日本人必定与我兵戎相见，不能不未雨绸缪。凡事预则立，我一直认为，欲防海之害而收其利，非整理水师不可。欲整理水师，非设局监造轮船不可。这并非是我个人愚见，我也是秉承林公的主张，遵循他的教诲行事，丝毫不敢有违啊！当今，朝廷已经恩准开办船厂，机不可失，时不再来。如何不负朝廷，无愧于先辈前贤，我日夜不安啊！痛怛之深，此何可言？何去何从？君其三思！”

沈葆桢陷于深深的思考中，待他回过神来的时候，竟不知道左宗棠什么时候已经告辞，飘然离去了。

林则徐既是沈葆桢的岳父，又是沈葆桢的舅父。沈葆桢的母亲林蕙芳是林则徐的六妹。她与家境贫寒的沈廷枫结缡，生育的第一个孩子幼年夭折。清嘉庆二十五年（1820）生育了第二个孩子沈葆桢。父母疼爱不说，外公、外婆更视如宝贝，舅父也珍爱有加。真如俗话说：“姥姥疼，舅舅爱”。道光四年（1824）、道光七年（1827），沈葆桢的外婆、外公先后去世，舅舅林则徐两次守制回福州老家居丧，沈葆桢更是常去看望。他一进舅父家，进入楼上的书屋，便如入宝山，流连忘返，直到表妹林普晴上楼来催他吃饭。

以后，林则徐担任江宁(今江苏南京）布政使。道光十一年(1831)，沈廷枫去京城赶考，带着十二岁的沈葆桢来到林则徐任所，他便留在舅父身边学习。林则徐教沈葆桢抄写奏折、书信，要求极其严格，稍有瑕疵，必须一再重抄，通宵达旦，直到完美无疵为止。经此锻炼，沈葆桢得益匪浅。后人评价沈葆桢:“书法出自颜平原（颜真卿），殆欲与何道州（何绍基，清书法家，湖南道州人）分席。骨气雄劲，别具一格。间作小品山水，笔意苍劲，法度谨严，一如其人。”称赞他的书法源于书法大家颜真卿，可以与当时书法名家何道州比肩，可见评价之高。

林则徐很喜欢聪颖好学、锐意精进的沈葆桢。道光十二年（1832)，便将十二岁的次女林普晴许配给十三岁的外甥沈葆桢。沈葆桢与林普晴青梅竹马，两小无猜，情投意合。道光十九年（1839)，沈葆桢满二十岁，秋闱乡试高中第三名，成为少年举人，两家才为他和林普晴完婚。

道光十八年（1838）十月，林则徐任钦差大臣、广东总督，驰赴广东查禁鸦片。随后，被贬，遣戍新疆。沈葆桢在道光二十年（1840)、道光二十一年（1841)、道光二十四年（1844）连续三次参加京师会考，三次名落孙山。直到道光二十五年（1845)，林则徐被从新疆召回，代理陕甘总督，道光二十六年（1846）出任陕西巡抚，道光二十七年（1847）升迁云贵总督。这一年，沈葆桢第四次进京会考，才高中了三甲进士。

笔者所以如此不厌其烦，按年记述沈葆桢应试的坎坷经历，因为以后严复也曾经苦苦追求科举功名和出身，也是屡试屡败。严复死不甘心，时人也替他惋惜和不平。历史不会重复，但有惊人的相似和巧合。人们从中不难看出沈葆桢和严复的经历，似有同样的奥秘。为什么沈葆桢的岳父倒霉的时候，他屡试屡败，而林则徐时来运转，沈葆桢就能够高中三甲？“朝中有人好做官”“一荣俱荣，一损俱损”，千年封建的潜规则有迹可寻，奥妙无穷。今人或还能从中管窥那已经逝去的封建遗传，至今阴魂犹未完全散去。

左宗棠已经离去，而他的那些话，却令沈葆桢盘亘在心，挥之不去。沈葆桢深深体会到左宗棠那颗感时忧国的热心，这不是书生空自咨嗟，坐而论道，而是明确意识到肩上的责任，深思熟虑的谋划。左宗棠，林则徐，一生为国，至死不渝，声气相通，血脉与共啊！

在沈葆桢感叹之际，左宗棠丝毫也没有放松。他懂得抓而不紧，等于不抓，他一抓到底，务求必成。同治五年（1866）九月十三日（10月21日），左宗棠上奏《请简派重臣接管轮船局务折》，再次郑重推荐沈葆桢：

> 臣曾三次造庐商请，沈葆桢始终逊谢不遑。可否仰恳皇上天恩，俯念事关至要，局在垂成，温谕沈葆桢勉以大义，特命总理船政，由部颁发关防，凡事涉船政，由其专奏请旨，以防牵制。

为解除对船政的干扰，左宗棠要为沈葆桢请得"专旨请奏"的权力，以便他能够放开手脚，减少掣肘，施展才能。不仅如此，左宗棠还为自己立下了终身追责的"军令状"：

> 倘思虑未周，致多疏漏，将来察出，仍请旨将臣交部议处，以为始事不慎者戒。

清廷原打算要接任闽浙总督的吴棠兼管船政，接到左宗棠奏折后，最终接受了左宗棠的建议，于同治五年（1866）十月十三日（11月19日）下达谕令嘉许左宗棠，并授予沈葆桢以全权：

> （左宗棠）以轮船事在必行，不以去闽在迩，遽行搁置，实属沉毅有为，能见其大……（沈葆桢）办事素来认真，所有船政事务，即着该前抚总司其事，并准其专折奏事，先刻木质关防印用，以昭信守。

同治六年六月十六日（1867年7月17日），沈葆桢母丧假期已满，除去孝服，正式接任船政钦差大臣。三天后，六月十九日（7月20日），沈葆桢身着朝服，登上大堂，召集船政官员、教习和学生，郑重地开宗明义训谕说："我们办船厂，办学堂，目的何在？'创始之意，不重在造，而重在学。'就是要向洋人讨教，把洋人造船的本领、驾驶军舰的本领学到手。我们福建先贤林公则徐早就昭示我们要'尽得西人之长技，为中国之长技'。俗话说：'到手为财'。不抓到自己手里的东西不能够算是自己的，所以，诸君要老老实实跟从洋教习学习。孔子曰：'知之为知之，不知为不知，是知也。'中国过去没有，我们不会，就要承认我们不会，承认我们没有。但是，今天不会，经过学习，我们能够学会；今天没有，经过努力，我们明天会有！要以'能者为师'，迎头赶上。"

人群中引起反响，沈葆桢略微停顿，待人们领会其中意味，接着进一步说："不仅要把制造兵船、驾驶军舰的技艺学到手，而且要学会制造兵船、驾驶军舰的原理、规矩。'不识规矩，不成方圆。'只有懂得其中的道理、奥秘，才能够举一反三。所以我们开设前学堂，学习造船；开设后学堂，学习驾驶。设置中国过去没有，而为西洋普遍施教的英文、法文课程。前学堂学习造船需要的算术、基础数学、物理、解析几何、微积分、机械学；后学堂学习驾驶需要的算术、代数、三角、航海天文、航海、地理。将来，我们还要开办绘事院，学习制图。还要开设艺圃，训练造船的技工。诸君要用心体会，虚心跟随洋教习刻苦学习。"

严复、刘步蟾等有了一种"升堂入室"的感觉，开始了解这所学堂的根本，"不重在造而重在学"，明白自己肩上的责任。

沈葆桢要进一步推动人们的认识继续向前，接着说："学会造船、驾驶的技艺，也学会了造船和驾驶的道理，是不是就算是完成了学业呢？还没有。诸君务须明了，我们所以花大力气学习洋文、数学，最终是要西法能够'衍于中国'，致使中国臻于富强。这才是船政的根本目的。"

人群中再次发出顿悟的喟叹。

严复佩服沈葆桢大人用层层剥笋的方法，一步步引人入胜，剖析明白、透彻，直到让人对船政学堂的办学目的、方法了然于胸。这令他想起王安石《游褒禅山记》结尾时所发感慨："世之奇伟瑰怪非常之观，常在于险远，而人之所罕至"，只有那些有志，而且不懈、不惰、不半途而废的人，才能够到达险远之处，尽情领略其中奥妙。他心中感叹：听沈葆桢大人一席话，如入宝山，也如醍醐灌顶，了释于心啊。

只听沈葆桢总结说："'船政根本，在于学堂。希望数十年后，人才蒸蒸日上，无求于西人矣。'期望几年、十几年后，中国人能够制造出兵船、军舰，中国人能够自己驾驭军舰航行于巨浸汪洋之上，洋人所以恃傲于我们的，我们中国人亦有，从此不再受制于人！自从道光二十年以来，西洋挟铁甲舰和洋枪、洋炮，破室而入，迫我于兵临城下，欺凌、傲慢，无所不用其极。'来而不往非礼也'，林公则徐和前贤魏源提出'调夷之仇国以攻夷，师夷之长技以制夷'。说到底，就是'以其人之道，还治其人之身'，岂有他哉！"

沈葆桢转向在座的船政学堂监督、法国人日意格、副监督法国人德克碑和所有洋教习说："诸位先生是中国的客人，是请来教导我们学生的老师。我们都是朋友，朋友待人以诚。我们按照西洋的办法，签订了合约，规定了彼此的责任和义务。我很高兴地得知，法国政府已经明白表示，嘉许和允准德克碑先生'来中国开厂造船，教导监造、驾驶事务，须教中国员匠技艺精娴，力图报效'的意愿。法国政府驻上海领事白罗尼先生画押具保：'保证在蒸汽机车间投产后的五年内，由我方（法方）雇用的工程师和工作人员教会中国职员和工人按照图纸建造船只，并用该厂设备生产车床，并由我方开办一所使用法语授课的学校，教授英语和航海学。我方以信誉保证实行上述任务。'当然，中国也承诺给予诸位以可观的报酬。举例说，日意格、德克碑两位先生，每人月薪各一千两。比本大臣月薪六百两还高四百两。其他外国教习、员工平均月薪每人约三百两。约相当于中国员工月薪的五倍到十倍！马尾船政每月经费预算为五万两银子，每月支付诸位洋教习的薪金约七千三百多两银子，约占总预算的七分之一。”

人群中发出“哦哟”一声惊叹。

沈葆桢强调说：“我们期待外国朋友履行合约，我们还将论功行赏。诸君中只要有贡献的，我都将报请中国政府给予奖掖。不过，我也把丑话说在前面，凡不履行或违背合约的，要按照合约的规定，追究责任和赔偿。”

沈葆桢继而转向学生，笑着说：“开学近半年，诸君努力学习，有许多前所未有的进步，十分可喜！办学之初，左宗棠大人即明文规定《艺局章程八条》，现在依据‘八条’补充拟定出《学堂章程十条》。按照规定，学生诸君，‘伙食及医药费用，包括书籍、纸张等读书用具，概由局发给。另，每月给银四两以赡养其家属’。这就解除了诸君后顾之忧，利于专心攻读学业。按照规定，‘子弟到局，即住宿局中，不能随便离局’；规定‘每天晨起后至夜眠前，上课听教习训课，不准在外惰游’。按照规定，严格奖勤罚懒，对所有生员，实行‘考其勤惰，分别升降’，入学后三个月考试一次，凡考得‘一等奖者，赏洋银十元，二等者，无赏无罚，三等者记惰一次’，‘两次连考三等者戒责，三次连考三等者斥出’。‘其三连考一等者，于照章奖掖外，另赏衣料，以示鼓舞。’今天，我们要给连考获得一等的严宗光（严复）、刘步蟾、魏瀚、林泰曾、萨镇冰、叶祖珪等各赏银十两、衣料一件！大家欢迎他们上来领奖。”

至此，严复、刘步蟾和少年们对马尾船政学堂完全认同，有了一种依附感，归属感。

第九章

马尾江与莱茵河

严复和同学们登上马尾罂脰山上的天后宫。

从天后宫高处，俯瞰船政学堂校园，依次展现出船政衙门、船政前学堂（管轮）、船政后学堂（驾驶）、船政绘事院（船舶设计）、船政十三厂（转锯、铜厂、模具、锅炉、合拢、轮机、拉铁、铸铁、钟表、帆缆、舢板、火砖、打铁）、船坞，等等，错落有致，生机盎然。这崛起于马江畔上的一片洋建筑，亘古未曾有过，让青山绿水平添了异样色彩。

严复到工厂，就近站在从法国买来的五个三百至六百公斤的大汽锤下面，他不由得惊叹一声：“啊哟！”

看到七千公斤的大汽锤，十六个高大的锻铁炉，一百马力的发动机，他大为震撼了。

在这些力大无比的大机器面前，人显得多么渺小。但看到外国工匠驾驭机器，心灵手巧，操纵自如，终又悟到，机器靠人操作，“人定胜天”，颠扑不破。

笔者在上世纪五十年代，曾经来此追寻马尾船政学堂的踪迹，抚触沈葆桢当年栽植的榕树，探访严复“向西方寻找真理”的轨迹，不由得发出“人杰地灵”的感叹。以后，每有机会来福州，马尾是必到之地，一次一次，感慨更深。马尾，中国海军的摇篮，中国近代造船工业的发轫。这里曾经是远东近代最大的造船厂，制造出中国第一艘千吨级军舰、第一艘中国铁甲舰、第一艘中国水上飞艇；这里曾经是第一所中国近代海军学校，从这里走出了严复、邓世昌、刘步蟾、林泰曾、萨镇冰、魏瀚、詹天佑……汇成了中国近代海军杰出的将领群，汇成了中国向近代化摸索前进的中坚。今人有《马尾颂》，读者或可从中领略马尾的传奇和壮美：

马尾北接瓯越，东控台澎，内涵三江，外通四海。当福州门户，号东南明珠。三冬不冻，四季长青。外蹲五虎，波涛汹涌，雄奇并称于北海；内守双龟，群山环秀，风物媲美乎莱茵。莲花上山，山添妩媚；宝马下水，水涌波澜。有磨溪绝胜：山涧片流，崖壑声蜚海外；湍推石碓，漕运利薄闽中。濑浅鱼悠，雾绕烟笼幽涧；鸟啼花发，鸡鸣狗吠人家。明代以还，雄师驱虏，倭寇丧胆于马渎；铁索横江，海盗俯首于闽安。郑成功之城寨，屡阻旗兵；林则徐之炮台，频惊法将。洎乎近世，万国之舰船来朝，八方之商旅咸聚。飞箭船竞渡，越三洋而驰名中外；中国塔高标，安万舶而享誉古今。一塔凌霄，忽讶空中人语；百舸争流，喧传水面笛声。礼炮鸣空，山灵偕猛兽共震；巨轮击水，海鸥与浪花争飞。

建厂师夷，左宗棠首创伟业；兴学育才，沈葆桢继展鸿图。两艘三艘之船下水，千吨万吨之货来仪。船政学堂步汉唐而后，开风气之先；日习格致之学，代出不世之才。学子心娴韬略，志挽狂澜，既文既武，亦外亦中。有风流彦士，折冲樽俎；慷慨英烈，驰骋战场。沟通中西文化，陈季同之功不泯；谱写古今语法，马建忠之业远传。储材馆里，扬《茶花女遗事》；京张线上，颂“詹天佑挂钩”。魏瀚造“龙威”，四海安澜砥柱；严复宣《天演》，九州变革维新。电缆横海，东西早成一体，水师巡台，两岸再展三通。人文交流于八表，科技辐射于四方。晚清学术之最，多尊船政；人才之盛，独步南疆。存历史化石之陈迹，茁中华文化之新枝……

有一个人的到来，使中西文化互相撞击，给严复以前所未有的冲击，推动他走上中国知识分子的新路。

同治六年(1867)七月，沈葆桢聘请英国人嘉乐尔为后学堂监督(校长)，德勒塞等为教习。增设航海专业，采用英语教学，增开算术、几何、代数、直线三角、球面三角、地理、航海、天文气象、航海数学等科目。当时的英国，是世界屈指数一的海军强国，向英国海军学习，是最佳选择。

德勒塞，英国海军军官。出色的Captain，最棒的舰长；训练有素的Seaman，久经风浪的水兵；典型的English gentleman，举止优雅的英国绅士；可敬的Teacher，循循善诱的导师。他和许多英国海军军官一样，向皇家海军请假，按照与中国政府签订的合约，自愿来中国服务。德勒塞在长达六年的时间里，带领严复和他的同学完成了海军入门教育。他要求任何时候都要保持良好的军人姿态；要求按部就班地完成课业；要求严格遵守作息时间；要求行动举止一丝不苟，合乎规范和标准；他建议树立桅桁训练设施，开展中国从来没有的体育教学。在严复眼中，这位洋教习，是唐人韩愈《师说》“传道、授业、解惑”的楷模。严复决心像韩愈所褒奖的十七岁的李蟠那样从师问道求学，虚心向德勒塞请教。德勒塞也认为严复等“孺子可教”，要使他们成为不逊于英国皇家海军军官的出色军人。

严复和几个同伴，随德勒塞来到罗星塔下的码头。

白龙江、乌龙江和琴江在这里汇合，水势苍茫。江心沙洲上，罗星塔巍峨耸立。德勒塞称叹道：“啊，中国塔！”

清康熙五年（1666），荷兰旅行家彼得·范万伦（Pietey Van Hoom）乘船进入中国闽江，看到罗星塔，欣喜地脱口而出喊道："中国，中国塔！"从此，外国人开始知道了中国塔。世界上许多航海图，都把罗星塔标为中国塔。

严复告诉德勒塞说："这是罗星塔，已经建立有七百多年了。这里有一个哀婉动人的故事，是一个美丽的妇女的故事。"

德勒塞饶有兴趣道："啊，我很想知道。"

严复绘声绘色地说："那是中国宋朝，十一世纪时候，广东岭南有一对年轻夫妇，相依为命。可是，丈夫被征召来到福建服役，他的妻子柳七娘，翻山越岭寻找丈夫。她千里奔波，几经辗转，来到马尾，满心以为可以见到亲人，可是，她看到的只是黄土一抔，丈夫已经在劳役中累死了。她哭倒在丈夫坟前，悲痛欲绝。柳七娘决心建一座塔，超度死去的丈夫，为亲人祈福。经过千辛万苦，终于建成了一座高七层的八角木塔。后来，便成了引导航行的灯塔。"

德勒塞说："这个故事很动人！"

德勒塞眺望马尾江，说道："我在英国就听说，马尾江，中国塔，闽安镇，很美丽，像仙境一样，是中国的莱茵河。怪不得一年前，一次飞剪船竞渡，要以罗星塔为起点。"

严复提出一个盘桓在心里很久的疑问说："德勒塞先生，什么是'飞剪船'？"

德勒塞自豪地回答说："这是经我们英国人改进的一种木帆船，像箭一样在海上飞快地航行。"

严复说："老师，请您告诉我们飞剪船越洋竞渡的事情。"

整整一年前，同治五年四月十五日（1866年5月28日），罗星塔前的水域，有"羚羊""火十字""缓利加""太平""太清""齐巴""黑太子""中国人""飞刺""阿达""鹰"等十一艘飞剪船参加竞渡。英国威廉·乌克斯在《茶叶全书》中引当时一位参赛船长的话说："时闽江江面似此宏伟壮丽的船队集合，在全世界其他港口均无从看到。"

这是全球第一次跨越三大洋的大竞渡。

德勒塞说："这不是一次体育运动意义上的竞渡，这是一次商业竞争。你们可能难以想象，飞剪船竞渡的终点是英国伦敦。由中国马尾江到英国泰晤士河，航程八千五百英里，大约合二万六千华里哩。"

严复更想一穷其究竟了。

德勒塞娓娓道来："你们知道英语 China，是由瓷器和茶转化来的，在英语中，瓷器和中国，是同一个词，都叫 China。中国最早发明了瓷器和茶，而且，把它们输送到英国、美国、非洲和世界各地。英国女王和欧洲许多王公贵族都以饮用福建武夷茶为荣。据我所知，武夷茶就是在马尾集散，由此运往世界各地的。这次参加马尾江竞渡的都是运载茶叶的飞剪船。从马尾江罗星塔下起航，最快的飞剪船需要航行八十一天，慢的需要航行一百零一天，而茶叶在海上运输时间太久，受潮容易变质，商业的利润要求人们缩短航运的时间，才有了那次竞渡。"

茶叶，原产于中国，十六世纪初，荷兰人东来，经海运把茶叶输入欧洲。认真考据，茶叶由中国扩散四方，应该是从丝绸之路，从郑和下西洋就已经开始了。有资料显示，清康熙三年（1664）中国输入英国的茶叶仅二磅二盎司，约相当于二市斤。当作药品，要用天平来称量，可见其稀少而贵重。不过一百年时间，到清乾隆时，中国输入英国的茶叶已达上千万磅。英伦三岛几乎无人不喝茶了。茶叶，原本是中国文化的一个载体，竟然成为引发掠夺和战争的因素。英国商人纷纷来到中国贩运茶叶，英国东印度公司更把在印度土地上种植的鸦片向中国倾销，换取白银，换取茶叶。英国不法商人还把中国茶树的树苗偷偷私运出中国，在由英国东印度公司占领的印度土地上推广种植。中国人对此毫无警觉。到严复出生后的清末，由中国茶树在印度、孟加拉等地繁殖而生产的茶叶，已经与中国茶叶形成竞争之势了。清道光二十年（1840），林则徐收缴鸦片时，还仁至义尽地规定每箱鸦片，给予相应数量的茶叶作为鼓励和补偿。英国人为了攫取巨大的商业利润，无所不用其极，遇到清政府限制时，便以海盗逻辑和他们在拉丁美洲、非洲插剑占地，自封为“总督”“国王”的经验，公然派兵到中国发动鸦片战争。

德勒塞引严复来到海图前，让严复看到了前所未见的大海远洋。

德勒塞就着海图指点说：“十一艘飞剪船驶出闽江口后，不舍昼夜，全速航行。经东海，过南海，穿过太平洋，出马六甲海峡，横渡印度洋，南下好望角，北上大西洋，通过英伦海峡，进入泰晤士河，抵达伦敦造船厂，‘太平’号首先到达终点。那一天，伦敦万人空巷，庆祝飞剪船越洋竞渡成功。马尾江——中国的莱茵河，也更叫人向往了。”

德勒塞笑着宣布说：“今天我们一同去游览中国的莱茵河，‘航渡’目的‘港’：闽安镇。”

德勒塞总是随时随地使用军舰水兵的用语，要让他的学生习惯海上生活。

夹岸石壁，重岩叠嶂。榕树丛生，气根悬挂，翠竹成林，郁郁芊芊。天空中飘洒着水珠，雨非雨，雾非雾，雨雾夹带湿气，山石滴水，山林散溢着浓郁的清香。

由马尾至闽江口，八十华里水程，奇山异水，天下独绝。入海口，长门要塞，岛屿错列，砂礁纵横，航道险窄。龙头山麓，炮垒森然。波翻浪卷，夺人心魄。严复想起明代袁宏道面对五泄溪水时的感慨：“但恨无青莲（李白）之诗，子瞻（苏东坡）之文，描写其高古喷薄之势。”

船近闽安镇，看岸上，茂林修竹，屋舍俨然，炊烟袅袅，鸡犬相闻，严复脱口吟诵出唐代杜牧的《山行》诗句：“远上寒山石径斜，白云生处有人家！”

小船来到金刚腿下，但见大山高耸，林木苍莽，一条巨石，直插江岸水中，人们说这是护法金刚的巨腿。严复久久仰望，心想，这不过只是一条巨腿，便上接天，下踏地，那隐身而没有完全显现的金刚，当是顶破云天之外，法力无边，无量大佛了！万千百年，无论是海水大潮涌进闽江，或是台风巨浪冲击闽江，大水总也涨不过金刚腿。人们信以为是这如山一般的金刚腿护法安澜，保一境平安。

严复从来就爱盘根究底，想着何以称金刚腿？何以叫金刚？何以受供奉？

金刚，梵文 Vajra 的意译，本是印度佛教传说中的护法尊神，叫作“护世四天王”。佛教东来中国以后，有了中国式的衍变。如今的寺庙，一进山门，左右便是护法二天神，左面的叫密执金刚，右面的叫那罗延金刚。中国俗称“哼哈二将”者是也。严复记起福州鼓山涌泉寺的山门，左右各一尊两丈多高的力士神像，上身裸露，体魄雄壮。一个怒目鼓鼻，一个张开大口，威慑震撼。在印度佛教传说中，他们是卫护佛祖的五百罗汉之一，均手执金刚杵，所以叫金刚。不过，严复印象更深的还是神怪小说《封神演义》。在中国故事里，哼将名叫郑伦，本是商纣王的大将，得神人真传，授他窍中二气，打仗时，鼻子一哼，响若洪钟，喷出两道白光，吸人魂魄，打败强敌；哈将名叫陈奇，原也是商纣王的大将，得异人奇术，炼成腹内一股黄气，打仗时，张嘴一哈，便使对手化作青烟一缕。这两位当时都曾助纣为虐，后来，投降了周武王。姜子牙帮助周武王消灭商纣王后，论功行赏、封神，封郑伦、陈奇镇守佛寺山门。于是，在中国人心目中，哼、哈二将取代了印度神密执金刚、那罗延金刚。

中国人还把佛教中的护世四大天王称作四大金刚。佛教传说中，这四位最受尊崇的四大天王，住在须弥山，高三百三十六万里，“东面黄金，西面白银，南面琉璃，北面玛瑙，天王各居一山。”东方天王多罗吒，梵文意思为持国。身穿白色甲胄，手持琵琶，以音乐感化众生皈依佛教；南方天王毗琉璃，梵文意思为增长。身穿青色甲胄，手握宝剑，以剑护法，劝说众生增长善根；西方天王毗留博义，梵文意思为广目。身穿红色甲胄，手持一龙，或赤绳。明察人世善恶，捉拿丑类；北方天王毗沙门，梵文意思为多闻。身穿绿色甲胄，右手持宝伞，或宝幡，左手握神鼠，用以降魔和保护众生财富。

严复看到，这些印度神东来中国后，都衍变成中国神祇，在神魔小说《西游记》中，四大天王被玉皇大帝派去镇守南天门。在《封神演义》里，四大天王原本也是商纣王的魔道将军，拿琵琶的叫魔礼海，只要拨动琴弦，就能够使对方尸横遍野；拿宝剑的叫魔礼青，他的剑锋能够把人斩成齑粉；拿锦囊的叫魔礼寿。囊中有只两胁生翅的花狐貂，一旦放出，能“食尽世人”；拿宝幡的叫魔礼红，撑开手中的混元伞，就能使“天昏地暗，日月无光”。这四个魔头，后来都被姜子牙降伏，封为“四大天王”，守护佛地。还有一说，姜子牙封四大天王掌风调雨顺之权：增长天王魔礼青掌青光宝剑一口，寓意为风；广目天王魔礼红掌碧玉琵琶一面，寓意为调；多闻天王魔礼海掌管混元珍珠伞，寓意为雨；持国天王魔礼寿掌紫金龙花狐貂，寓意为顺。俗称“风调雨顺”。

横眉怒目的金刚，被中国老百姓化作了改恶从善的勇士。尤其是毗沙门天王被尊为财神，千百年来更是香火不断，格外享受优厚的供奉。

金刚腿周围，榕树匝地，树枝上，绿叶丛中，挂满了鲜红布条，信男信女祈求神灵保佑，虔诚备至，无以复加。

小船渐渐离开，严复留恋不舍地回看那擎天而立的金刚腿。山体挂着水珠，湿润有光泽，云雾缭绕，森严肃穆，十分壮观。这尊佛像，仅现一腿，已见宏伟。这是天造地设，非人工雕琢所可比拟！福建，向来以石刻著名，泉州开元寺的雕塑，堪称瑰丽雄奇，但是，同这天生的奇山异景相比，天壤之别啊！

这山，这水，这闽安小镇，这金刚腿，这绿荫一方的古榕，这如璎如珞的红布条，点点滴滴，融入心头，成了不灭的记忆。这是比阳岐的家更大的家，叫家乡，连同那江口外的浩淼波涛，比家乡更大，那便是家国！只有在遭到外人的欺凌或是称赞的时候，人们对家国才会生出一种生死与共的情怀。

“啊！”严复感叹了。继而问道：“为什么说马尾江是中国的莱茵河？莱茵河，那是一条怎么样的河？”

德勒塞笑着说：“莱茵河是欧洲一条美丽的河，但不在英国，不过它和英国的泰晤士河一样有名。我曾经去过那条河。为什么来到中国的外国人会把马尾江比作莱茵河，此话说来便长了。”

严复说：“请您说，我洗耳恭听。”

德勒塞讲了他以为真实的故事。

清道光十二年（1832）四月，英国飞剪船“阿美士德”号来到中国福建海面，驶进闽江。船长胡夏米和德国人郭士立及船上的七十多人都被眼前的景色惊呆了。胡夏米后来在他写的《阿美士德号在中国北部口岸航行的报告》和《中国沿海三次航行记》中写道：“闽江水道窄不及一英里的四分之一。两岸峰峦矗立，高达几千英尺。风光旖旎，俨如莱茵河畔。”“闽安镇坐落在一座具有浪漫色彩的小山之麓。我们刚越过一个台地，又有一片诱人的风光在面前展开，惊喜之情非笔墨所能形容。”因为胡夏米的报告，欧洲人开始知道闽江，知道马尾江。

其实，这艘船颇有来历，它以英国阿美士德勋爵名字命名。清嘉庆二十一年（1816），阿美士德作为英国国王特使，经过六个月二十天的航行，从英国来到北京，嘉庆皇帝赏赐酒宴，但他不肯按照中国礼节领谢，以致连英国国王签署的国书都没有递交的机会，便被驱逐。他悻悻地回到伦敦，向英国国王提出三条决策建议：“武力强迫中国依据合理的条件管理贸易；或绝对服从中国所制定的一切制度；或根本放弃交往。”后来，英国政府采用了第一项决策建议，发动鸦片战争。一八三二年这艘以他的名字命名的英国武装商船，由胡夏米率领来到中国，先是在长江口非法测绘，进行走私活动。时任两江总督的陶澍和江苏巡抚林则徐主张搜查和驱逐。于是，“阿美士德”号离开长江口，进入闽江。其目的自然也大可考究。对此，德勒塞没有涉及，少年严复自然还没有见识去加以考究。

德勒塞引严复看欧洲地图说：“我们现在来看莱茵河。这是欧洲中部一条最长的河流，发源于瑞士格劳宾登州的阿尔卑斯山北麓，流经列支敦士登、奥地利、德国和法国，最终经荷兰流入北海。全长约一千二百三十二千米。因为流经多个国家，于是，德国人叫它 Hein，瑞士人叫它 Rhy，法语国人叫它 Rhin，荷兰人叫它 Rijn。这是一条多国共有的河流。沿岸风景迷人，上游瑞士北部与德国交界的地方，有宽达一百一十米的莱茵河瀑布。中游，从德国美因茨到科布伦茨的莱茵河段，峡谷幽深险峻，河道蜿蜒曲折，河水清澈见底，景色十分壮丽，莱茵河的许多古老传说，都发生在这一河段。这里夹岸散落着珍珠般的古老城堡、关卡。橡树擎天而立，葡萄种植园漫山遍野，空气中弥漫着醉人的酒香。这里有德国著名的‘葡萄酒之路’。这里被称作浪漫的莱茵河。”

严复听得十分专注，德勒塞则几乎是以布道者的热情继续讲述莱茵河的美丽，他说："莱茵中部河谷，右岸巨石突兀而起，这就是罗蕾莱峭岩，直刺云天，崖高百米。陡峭的岩壁像一个美丽的少女，亭亭玉立于莱茵河的拐弯处。每当河水下降时，人们还可以清楚地看到‘七少女’礁。河道狭窄，漩涡四起，有无数船只被卷入河底。德国著名的诗人海涅，根据莱茵河的民间传说，写了著名的诗篇《女妖罗蕾莱》（Loreley）。那是一个爱情悲剧故事。诗中叙述美女罗蕾莱因遭魔咒，被迫用她美丽的容颜与动人的歌声吸引往来河上的船夫，导致许多船夫船毁人亡。为摆脱魔咒，罗蕾莱最终从悬崖跳入莱茵河。从此，每逢清晨和黄昏，人们总能看到罗蕾莱坐在山崖上的飘渺身影，一边梳理着长长的头发，一边唱着歌，低回婉转，如泣如诉。当地也由此出产一种名为‘罗蕾莱眼泪’的葡萄酒。”

严复听得如痴如醉。

德勒塞继续说："在莱茵河心的莱茵岛上，还有一座‘鼠塔’。相传公元十世纪时，美因茨主教哈托二世吝啬残暴，把征收来的粮食藏在塔里，囤积居奇。当时，发生了天灾，但他不顾百姓的饥苦，宁可让粮食发霉腐烂，也不拿出来救济百姓。百姓终于忍无可忍，把他禁锢在塔中。这个主教最终被塔里成群的老鼠咬死了。”

严复不由得发出“啊”的一声惊叹，世界很大，这从来没有听说过的“外面世界果然很精彩”。他由此生出许多联想，说道："德勒塞老师，中国故事里没有女妖，却有林默娘，也就是妈祖，而且，就发生在福建，在本地。我们船政学堂后山上的天后宫就供奉着妈祖。”

德勒塞也怀着极大的兴趣，听严复讲妈祖的故事。

传说中的妈祖，名叫林默娘，是人们心目中大慈大悲、救灾救难的护航女神。她原本是福建莆田湄洲湾贤良港的民间女子。《显圣录》《天后志》记载，她父亲林惟悫是宋太祖乾德年间的都巡检，专司海上巡查。她从小便随父亲出海，驾舟在海上救助遇难的船只和渔民，施药治病。宋雍熙四年（987）九月初九，她被海上风浪卷走。死后显灵，每有船只海上遇险，她踏波平浪而至，引导船只避风避险，平安回到岸上。千百年来，人们崇奉这位“天妃”“天后”，老百姓亲热地叫她为“姑妈”。中国沿海各地都有奉祀她的妈祖庙，许多到海外讨生活的人，抱着妈祖神像，在海外建立妈祖庙。如今，海外凡是有华人的地方，无不有妈祖庙，无不供奉妈祖。中国各地渔船和商船开航前，都要焚香，放鞭炮，祈求妈祖保佑平安。明朝初年郑和下西洋，每次起航前，都要隆重祭拜妈祖。可见人们对妈祖是多么爱戴、信奉。

严复继续讲他的思考和发现，向德勒塞说：“‘鼠塔’的故事，是中国所缺乏的。中国《诗经》把贪官污吏比作‘硕鼠’，‘硕鼠硕鼠，无食我黍！’莱茵河的人也把作恶的主教比作老鼠。中外是相通的。唐人曹邺有诗：‘官仓老鼠大如斗，见人开仓亦不走。健儿无粮百姓饥，谁遣朝朝入君口？’可是，莱茵河的人可以把主教关起来，让老鼠吃掉，而中国老百姓遭到不公，只是指望来一个清官，执尚方宝剑除恶安良。所以，中国只有包公，包文拯的故事。”

这是严复一次下意识的中外文化比较，是一次尝试，是他以后向西方追寻真理的发轫。

德勒塞十分欣赏这个出类拔萃的少年。

第十章

心时际多艰，力任其难

"疾风知劲草，板荡识诚臣。"（李世民《赐萧瑀》）马尾船政遭到来自朝中和闽浙总督衙门的质疑、责难，马尾船政在狂风暴雨中奋力前行。严复从中体认到什么？

还在船政兴办之初，左宗棠就曾预料："非常之举，谤议易兴，始则忧其无成，继则议其多费，或更讥其失体，皆意中必有之事。"果然如此。顽固守旧的士大夫和握有重权的王公大臣摇头晃脑地说梦话，鼓噪以"忠信为甲胄"便足以抵御外国入侵，何必师事夷人？

最直接的破坏和阻难，来自新任闽浙总督吴棠。吴棠何许人，凭什么膺此重任？据说，当慈禧还没有入宫的时候，她父亲死在任所，家人经苏北运河扶柩北上，恰巧吴棠管理这一带漕运，给予了方便。当慈禧垂帘听政后，便任命吴棠为江宁布政使兼漕运总督。左宗棠西去陕西、甘肃，吴棠便被任命为闽浙总督。左宗棠有先见之明，离开福建前，请求清廷降旨明令沈葆桢专主船政，以避免掣肘干扰。但是，吴棠是一个颟顸自负的人。作为一方封疆大吏，统辖福建、浙江、台湾事务，马尾船政正在闽浙总督管辖地域，却无权插足，如何能够容忍？况且，船政每年有大把银子进出，无缘分一杯羹，又如何甘心？于是，吴棠处心积虑，使出“釜底抽薪”的狠招，必破坏船政而后快。直接出面制造舆论，大放厥词：“船政未必成，虽成也何益？”继而编造谎言，攻击船政“用钱失当”。一时间谣言四起，吴棠反手趁势利用谣言，以匿名揭帖为依据，把支持船政的布政司周开锡予以免职，强令病休；又指使和纵容讼棍陈永禄诬赖、构陷船政所委派的总监工叶文澜；吴棠更以“著名巧滑，专事趋奉”等莫须有的罪名，将精通洋务的船政委员李庆霖“即行革职，勒令回籍”。如此一来，“裁撤各局，湖南人均无所归”，全盘打乱左宗棠的安排，砍断沈葆桢坚持船政的左右手，使船政人人自危，濒于夭折。

沈葆桢忍无可忍，拍案而起，愤慨地指出：“若人人自危，将事事皆废！”他于九月二十三日（1866 年 10 月 31 日）上书清廷，坦陈利害，揭露吴棠的图谋：“国家之任事在人，人之虑事在心。”船政“事关创始，尤藉群策群力”，“宜固人心，以全大局”。否则，“不特事废，半途抑且为远人所笑”。沈葆桢据实指证吴棠处处掣肘的行径，要求秉公判断周开锡、叶文澜的冤案，有力地为李庆霖辩诬，直至祭出“尚方宝剑”，掷地有声发出誓言：“船政系臣专责，死生以之！”

沈葆桢更加紧造船厂的建设，兴建第一座船台。

面对沈葆桢这样一个“强项令”，清廷权衡家国利害，明确谕示：“周开锡专意从公，毋得畏难退阻”，着准李庆霖“暂留船政局差遣”。但对叶文澜则迟迟不表态。而船厂建设不能等待和延耽，沈葆桢不顾可能招来非议，果断决定立即任命叶文澜为总监工，“饬其先行到工，遇有传质之时，不难上省”。

左宗棠始终坚定地支持马尾船政建设，当他知道由于吴棠掣肘，阻扰拨付经费，船政建设难以为继的时候，他从同样拮据的西征军费中，紧急转拨五万两银子，缓解马尾船政的燃眉之急。他更直接上书清廷，历数吴棠的劣迹。沈葆桢也上书清廷，一桩桩、一件件揭露吴棠阻扰船政建设的事实，有理有据，无可辩驳。

左宗棠身为清廷信赖的重臣，慈禧正期望他平定西北，巩固大清社稷，尽管她要回报和施恩于吴棠，两相比较，孰重孰轻？慈禧作为一个在颓势中维持王朝的决策者，她做出了一个精明妇人的正确抉择，支持左宗棠和沈葆桢。清廷先是要求左宗棠和福州将军英桂居中调解，没有结果，最终于同治六年七月初九（1867 年 8 月 8 日），将吴棠调离福建，改任四川总督。至此，马尾船政前进道路上的一块绊脚石，被艰难地挪开了。

严复和他的同学们，与沈葆桢一样，如释重负，互相庆贺。

沈葆桢语重心长地说："成大事需要勇气和坚定，只有'毁誉听之人，祸福听之天'的意志，才能够在选择的道路上前行。"

严复深为敬佩，深为感动，这影响了他以后的人生道路。

然而，马尾船政诞生的阵痛和成长的磨难，还只是开始。马尾船政不只是造几艘军舰，培养几许人才，它是中国洋务运动的聚焦所在，是当时中国进行改革的试点，涉及清王朝以后的走向，必然引发内外激烈反应。打一个不很贴切的比喻，有点儿类似当今中国上世纪八十年代开始的改革开放的特区，其困难可想而知。首当其冲承受磨难的是沈葆桢等当权人物，严复作为参与实践的试水人，也当是"春江水暖鸭先知"，甘苦备尝。

果然，接着跳出来发难的是内阁学士宋晋，此人是道光年间进士，以一年中向皇帝上疏数十章而获得虚名。一个空谈误国的典型。

同治十一年（1872），宋晋上疏反对造船，奏道："闽省连年制造轮船，闻经费已拨用至四五百万，未免糜费太重。此项轮船将谓用以制夷，则早经议和，不必为此猜嫌之举。且用之外洋交锋，断不能如各国轮船之利便，名为远谋，实同虚耗。"请旨饬令闽浙、两江督臣，两处轮船局暂行停办。

宋晋跳出来带头发难，自源于其保守顽固本性，呼应清王朝守旧的王公贵族一贯反对洋务、反对造船的主张。同时，也是宋晋投机献计，以便省下造船银两用于慈禧享乐。清廷迅速批转他的奏折，谕令代理闽浙总督文煜、两江总督曾国藩“通盘筹画，应否将轮船局暂行停止之处，酌量情形，奏明办理”。

严复十分敏感，着实感到新兴造船工业刚刚起航，又面临一场惊涛骇浪，筚路蓝缕，创业何其艰难！他密切关注着这一场与国家和个人命运攸关的论战。

清朝倚重的曾国藩明白，对于天朝而言，造船重于造游乐园子。同时，他也明白这道上谕的来头。他洞若观火，于同治十一年（1872）正月二十八日（3月7日）致信总理衙门，委婉陈辞：船政有利无害，不应停办。“刻下只宜自咎成船之未精，似不能谓造船之失计；只宜因费多而筹省，似不能因费绌而中止。”他特别提到，日本为加紧制造轮船，正在不惜投入资金。当此时刻，中国“急谋备御外侮，非好动也，仇不可忘，气不可懈，必常常有设备之实，而后一朝决裂，不至仓皇失措”。

二月间，曾国藩去世。对于清朝而言，他可是一言九鼎的人物。他去世了，少了一个支持船政的关键人物。

二月二十八日（4月5日），上谕命李鸿章、左宗棠、沈葆桢等人回奏：造船“应否裁撤”？

三月初一（4月8日），军机处竟匆忙提出：“即将闽省轮船局暂行停止，以节帑金。”

一场关系造船，关系国运的争论展开了。

左宗棠时刻关注天朝安危，此时正在陕甘总督任上，虽身处边陲，却时时关注福建船政学堂和造船工程的进展。接旨后，即于三月二十五日（1872年5月2日）率先上疏，旗帜鲜明地表示：船政有利无害，不可裁撤。制造轮船“实以西洋各国持其船炮横行海上，每以其所有傲我所无，不得不师其长技以制之”。“此举为沿海断不容已之举，此事实国家断不可少之事。若如言者所云，即行停止，彼族得据购雇之永利，国家旋失自强之远图，隳军实而长寇仇，殊为失算。”左宗棠明白剖析，不自行建造轮船，就只能向外国购买或雇用，将永远受制于人。

李鸿章本是江南制造局的开创人，忽然间，态度却变得暧昧起来。

他明知“闽船创自左公，沪船创议曾相”，他也曾经积极参与其事，此时竟然说“鄙人早知不足御侮，徒添糜费”。正月二十六日（3月5日）更在回复曾国藩的信中说：“兴造轮船虽为自强一策，但因造船花费大，一时尚不能御侮，易遭人口舌。”“今吾师与左公尚存，异议已多，再数十年后，更当如何？”

李鸿章态度的反复，他的顾虑、犹豫、摇摆和退缩，更可看出船政事业的艰难。

沈葆桢极为愤慨，于五月初七（6月12日）上疏，拿宋晋说事，以宋晋为靶子，一一批驳说：“查宋晋原奏称‘此项轮船将谓以之制夷，则早经议和，不必为此猜疑之举’。果如所言，则道光年间已议和矣，此数十年来列圣所宵旰焦劳者何事？天下臣民所痛心疾首不忍言者何事？夫恣其要挟，为抱薪救火之计者，非也；激于义愤，为孤注一掷之计者，亦非也。所恃者，未雨绸缪，有莫敢侮予之一日耳。”道光以来，皇上和臣民的努力，就是为了有备无患，赢得外人不敢欺负天朝的一天啊！

沈葆桢接着痛驳说：“原奏称‘用之外洋交锋，断不能如各国轮船之利便，名为远谋，实同虚耗’。夫以数年草创伊始之船比诸百数十年孜孜矻矻、精益求精之船，是诚不待较量可悬揣而断其不逮。旋亦思彼之擅是利者，果安坐而得之耶，抑亦苦心孤诣不胜糜费而得之耶？”中国仿制轮船，刚刚起步，肯定不及外国积累数十年努力达到的精益求精。可是，外国人所以能够船坚炮利，并不是坐等来的，而是花费了无数银两和功夫得来的啊。

沈葆桢进一步分析：“外人之垂涎船厂非一日矣，我朝弃则彼夕取。……今无故而废之，一则谓中国办事毫无把握，益启其轻视之心；一则谓中国帑项不支，益张其要索之焰。”

沈葆桢鲜明地提出：造船不但不能停办，而且要持久、永远地办下去。“不特不能即时裁撤，即五年后亦无可停，所当与我国家亿万年有道之长永垂不朽者也。”

沈葆桢不止于反对宋晋之流“糜费太重”的谎言，而是大声疾呼，

“兵船为御侮之资，不容因惜费而过少耳”。不是“糜费太重”，而是必须增加投入，进一步发展造船事业。所需银子“海关五万，按月解给，且恐万万不敷”，应再增加。五年之后，将按约遣散外聘洋人，辞退洋员所省下的经费，还应当用于人才培育。一方面要派遣人员去外国学习，“以中国已成之技，求外国益精之学，较诸平地为山者又事半功倍矣”。另一方面要增加成船后的海军训练，“否则士卒不习，虽极精之船炮，亦块然一物耳”。应当“按月筹解五百金，为……出洋操费”。

沈葆桢力陈制造轮船不可停办，更加紧制造轮船的速度，用行动支持造船。一时间，在建轮船或开工，或下水，马尾港几可说沉浸在节日般的兴奋里。

建造中的“扬武”号军舰，比计划提前半年下水。

马尾船厂一号船坞，彩旗飘飞，鼓乐齐鸣。沈葆桢焚香祷祝，举斧砍断缆绳，“扬武”号军舰从船台上徐徐滑入水中。

好一艘威武的军舰！船身全长一百九十尺，宽三十六尺，深二十一尺，排水量一千九百三十九吨，吃水十七点九尺，四百五十四马力，航速十二节，舰载火炮十三门。

中国建造成第一艘近代军舰，在当时的亚洲，也前所未有。

沈葆桢和马尾船政用实际行动证明了它的成功和辉煌。

四月二十八日（6 月 3 日），马尾船政制造的第八号轮船“飞云”号下水。

这艘木质运输舰排水量一千二百五十八吨，吃水十三尺，船身全长一百尺，宽二尺，深十六点二尺，一百五十四马力，航速十节，舰载火炮五门。

五月十九日（6 月 24 日），马尾船政制造的第十号“振威”号木质炮舰开工，安上龙骨。

六月二十日（7 月 25 日），马尾船政制造的第十一号“济安”号运输舰开工，安上龙骨。

七月十八日（8 月 21 日），马尾船政制造的“靖远”号军舰下水。

九月二十二日（10 月 23 日），马尾船政制造的第十二号“永保”号军舰开工，安上龙骨。

此前，五月十五日（1872 年 6 月 20 日），李鸿章上奏《筹议制造轮船未可裁撤》折，一变前些时的言论，批驳宋晋，明确支持造船：“士大夫囿于章句之学，而昧于数千年来一大变局，狃于目前苟安，而遂忘前二三十年之何以创巨而深痛，后千百年之何以安内而制外。”“国家诸费皆可省，惟养兵设防、练习枪炮、制造兵轮船之费万不可省。求省费则必屏除一切，国无与立，终不得强矣。”如果裁撤，“前功尽弃，后效难图”，“不独贻笑外人，亦且浸长寇志”。

六月二十八日（8 月 2 日），总署大臣恭亲王奕䜣上奏《船政事宜未可停止折》，总结说：“造船虽费多而艰难，成效一时也难显见。”“虽将来能否临敌制胜未敢预期，惟时际艰难，只有弃我之短，取彼之长；精益求精，以冀渐有进境，不可惑于浮言浅尝辄止。”

奕䜣还格外说明：“臣等于船厂未经亲历，实不知其详，惟李鸿章、左宗棠、沈葆桢诸臣虑事周详，任事果毅，意见现已相同，持论各有定识，且皆身在局中，力任其难，自必确有把握。”

一场由宋晋挑起的大争论，因为曾国藩、左宗棠、沈葆桢，以至李鸿章，诸多重臣力陈利害，得以平息，中国造船工业再次冲过激流险滩，继续前行。

同治十三年（1874）正月，严复读到上海《申报》刊载的一篇文章：《论福建制造轮船事》。文章概述西洋各国用了无数银两，花了无数时间，才在制造轮船技术上“臻于极精”。可见其事之不易。而“中国仅以数十万银之费，六七年久之时，而泰西历年之学已能习悉，宜非大利乎？奈何犹谓其糜耗巨费也？”文章热情称赞福建造船，使严复加深了对制造轮船的认识，触摸到这场大讨论的真谛和历史缘由。

中国近代工业，以造船为先导，以其独特的发展历程，成为中国近代改革开放的先导。严复，一个敏感的少年，在朝野风潮激荡中，逐步开拓视野，“不畏浮云遮望眼”，随着沈葆桢的脚步前行。他看到沈葆桢上一年父亲刚刚去世，仍在依制守孝之中，面对事关家国安危的大事，不计利害，挺身而出，三番五次上疏力陈造船断不可停；他看到沈葆桢用加紧制造轮船的行动，为船政做出最有力的说明。而那一个李鸿章，明知他的恩师曾国藩主张制造轮船，却还讲出那样一番不分是非的混账话来。可以想见李鸿章揣摩上意，不得不然，自有其苦衷，不必苛求。但与沈葆桢对比，思想境界、人格魅力的高下，在严复心中，自有比较，截然不同。

严复还看到，左宗棠于十月十五日（11 月 15 日）从朝廷拨付的西征军费中，又慷慨拿出两万两银子支持马尾船政，以免废辍。左宗棠正在新疆进行平定阿古柏叛乱的作战，无疑迫切需要大量钱、粮，而左宗棠说："缘西事安危，尚不过一时之计；而轮船则控驭东南，实为国家久远之规。"这种顾大局、有远见的作为，尤其使严复佩服之至，从而深切感到前辈对他们的期望，鞭策自己努力学习。严复也自然会拿左宗棠与李鸿章作比较，而得出相应的结论，做出相应的评价。人们知道，一个人幼年、少年时期所获印象，对于人生道路影响极大。几十年后，尽管李鸿章对严复青睐有加，严复却没有热情回应。或许可以从这场造船争论中找到纠结的缘起。

第十一章

必能以巨舰争雄于海上

严复没有停止自己探索的脚步。

一部奇书《圣武记》，一个奇人、《圣武记》的作者魏源，出现在严复的视野。

严复翻开《圣武记》，看到序言中说：此书"告成于海夷就款于江宁之月"。因为"海警飙忽，军问沓至，忾然触其中之所积，乃尽发其椟藏，排比经纬，驰骋往复"而写出来。严复随着魏源的叙述，与他一道沉浸在三十年前家国的"创深巨痛"中，更为他力图振兴的自信和远见所鼓舞。

魏源，林则徐的好朋友，"第一个睁开眼睛看外国"的中国人。

道光二十二年七月二十四日（1842 年 8 月 29 日），英国人逼迫清廷在南京长江江面的英国军舰上，签订丧权辱国的《南京条约》。此时，魏源正居住在他扬州的寓所"絜园"。魏源曾经是两江总督陶澍的幕僚，协助改革盐政，取得成功。他也因经营票盐获得丰厚的利润，买下了这座园子。他正沉浸于园中的眠桐、凉松、池鱼、羽鹤、藤萝、紫荆，安享"使婢烹晨汲，呼儿课夜更"的闲适自在。但是，英国人发动鸦片战争，打到南京，兵临城下。与南京近在咫尺的扬州，又何得安宁？

当英国军队入侵江苏、浙江时，魏源也曾应邀成为两江总督裕谦的幕僚，“计议天下大事”。英军攻陷定海，魏源力促裕谦亲赴宝山加强防务，英军不敢进犯。英军一度被迫从定海撤走。裕谦率军前出至浙江镇海，在奏折中说：“敌焰愈张，兵心愈怯，沿海一带，必将全行震动，非此不能团结兵心，灭此朝食，更非此不能挽回瞻顾徘徊之积习，故保镇海，即所以全大局也。”“躬率文武官弁誓于神前，城存俱存，以尽臣职。”魏源作为幕僚，对于清朝统治者在和与战中摇摆徘徊，洞若观火，非常失望。俗话说，“五心不定，输得干净”，魏源觉得所提建议，裕谦也难以实行，事无可为，莫如归去退而著书立说。他在《自定海归扬州舟中》写道：

到此便筹归，应知与愿违。
狼烟横岛峤，鬼火接旌旗。
猾虏云翻覆，骄兵气指挥。
战和谁定算，回首钓鱼矶。

严复想见魏源的处境，“识时务者为俊杰”，知形势，识进退，作幕僚，无所作为，则著书立说，是可行的抉择。

恩格斯曾经说：历史不会重复，但有许多惊人的相似。冥冥中似乎有一只看不见的手，操纵着这些历史人物的命运，左右着他们的人生轨迹。今天，严复肯定和赞赏魏源，预伏着他年步魏源后尘，走一条相似的路。

九月，英军再度大举进犯，攻陷镇海县城，裕谦苦战，城终不得保。裕谦投水尽节，殉难死国。

多年来，魏源目睹清朝统治危机四伏，对于亲身经历的大事，对于清王朝兴盛衰落，“磊落乎耳目，旁薄乎胸臆”，一直在酝酿一部巨著。由于鸦片战争失败，民族遭受空前屈辱，魏源“感激而悲”，对于裕谦殉难，更是愤慨莫名。他疾书直呼：“夫不借外洋之战舰，可也；不师外洋之长技，使兵威远见轻岛夷（指英国），近见轻属国（指朝鲜、越南等），不可也。国初征荷兰板艘以攻台湾，命西洋南怀仁造火炮以剿叛藩。先朝兵事，典在册府，扩而推之，敢告御侮。”为了反对外来侵略，魏源将酝酿的巨著中有关清朝征战武功，先写了出来。十二卷洋洋四十万言，在极短时间里成书。严复想见，魏源在酷暑中，夜以继日，伏案疾书，何等悲愤！何等急切！他要唤起人们的警觉，他要传达他经世致用的思想，他要贡献他抵御外来侵略的策略。那是一颗热血喷涌的爱国之心啊！

魏源热情记述清代开国、平定三藩叛乱、收复台湾的诸多战事，武功赫赫。康熙、雍正、乾隆三朝为巩固国家统一而进行征伐，所向披靡。特别是康熙皇帝在十分复杂的情势中，镇定指挥，坚忍不拔，终于扭转战争的严重局势，取得平定三藩、对噶尔丹作战的胜利。魏源欢呼：国家“极盛于乾隆之六十年，版舆生齿倍雍正，四夷宾服逾康熙”。

严复深切体会到，当着鸦片战争失败，被迫订立“城下之盟”，举国弥漫着沮丧、失败的情绪，多么需要振奋民心。魏源的文章是及时之作，一扫阴霾，大长中国人的志气。魏源是第一个，也是唯一一个如此鲜明、如此热烈清醒的智者。严复更体会到魏源的苦心和用意，他铺陈往事，详细记述清朝前期康熙、雍正、乾隆开国的建树，为的是反衬今朝的懦弱，警示当今，国难当头，务须奋起，改弦更张，承继先人的伟业，挽救危亡。

中国曾经是天朝上国，曾经在战争中完胜西方入侵军队。

明末清初，清太宗皇太极天聪七年、明崇祯六年（1633），郑芝龙指挥的中国舰队与东来的荷兰夹板船舰队激战海上，最终在金门料罗湾全歼了号称海上霸主的荷兰舰队，“生擒夷酋一伪王、夷党数头目，烧沉夷众数千计，生擒夷众一百一十八名，馘斩夷级二十颗，焚夷甲板巨舰五只，夺夷甲板巨舰一只，击破夷贼小舟五十余只……闽粤自有红夷以来，数十年间，此捷创闻”。

过了六年，清太宗崇德四年、明崇祯十二年（1639），荷兰舰队重组力量再度侵扰中国沿海，再次被郑氏舰队击败。荷兰人不得不就此认输，向郑芝龙进贡纳税。西班牙人帕拉福在《鞑靼征服中国史》中记载："这个海盗（指郑芝龙）烧毁了八艘他们（指荷兰人）最好的海船，一次三艘，另一次五艘。他们最后被迫向郑芝龙纳税，每年三万埃库斯。"后来，英国历史学家李约瑟甚至认为："同时代的任何欧洲国家，以至所有欧洲国家联合起来，可以说都无法与明代海军匹敌。"

曾几何时，中国却被英国在鸦片战争中打败了，"天朝上国"的威严不复存在。

清道光二十年（1840）六月末，英国第一批远征军七千人（海军三千人，陆军四千人）侵入中国，在广州遭到林则徐等的抵抗，便转而向防守空虚的浙江进犯，不过十天，便占领定海，并封锁了长江入海口。英国罔顾与清朝达成的停火默契，悄悄增兵至一万余人，到了一八四一年一月，再次挑起战事。中国军队英勇抵抗，两江总督裕谦、江南提督陈化成、定海总兵葛云飞等壮烈殉国。一八四二年七月，英军占领上海、镇江，控制了关系清朝经济和政治命脉的南北漕运，清王朝被迫签订《南京条约》。

中国军队曾经是所向无敌的貔貅之旅。明末清初，中国的军事水平并不落后，当时也曾经引进西方先进火器，也曾经引进西方近代科学制造方法。左宗棠西征新疆时，在陕西凤翔就发现了明末存留下来的"开花炮弹"（榴弹炮），不禁感慨万千："利器之入中国三百余年矣，使当时有人留心及此，何至岛族纵横海上，数十年挟此傲我？"

缺少热兵器，缺少洋枪洋炮，军事技术不如人，并非清朝军队所短，为什么中国几十万军队竟败于远道劳师而来的区区一万多人的英国军队？为什么原本是世界一流强国的中国，败在了岛国英吉利手下？

严复从魏源的另一部著作《海国图志》中，寻找答案。

道光二十一年（1841年）五月初十日（6月28日），道光皇帝将鸦片战争的失败归咎于林则徐，革去林则徐四品卿衔，从重处分，发往新疆伊犁“效力赎罪”。林则徐远戍边疆，路经京口（今镇江），魏源专程赶去相晤。“万感苍茫日，相逢一语无。”老朋友见面，百感交集，相对无言，却又有无尽的衷肠需要倾诉，有刻不容缓的要事相托，唯独没有怨怼，没有颓丧。林则徐深沉地说：“知己知彼，百战不殆。而此番战事，所以失利，一个重要缘由是不明了夷人的情形。对英国，对所有西洋夷敌，我们不只是若明若暗，极而言之，是一无所知，焉得不败？”

魏源深有同感说：“同一御敌，而知其形与不知其形，利害相百焉。当务之急，是要洞察夷情，方能制胜。可惜呀，我们既不知彼，也不知己。‘寰海蚨飞尚未知，江河蚁溃起何时？’既不知道夷人情形，而国力式微，边防形同虚设，也已经不是一天两天的事情了，可是，世人不察，仍然沉睡不醒，如何得了啊！我虽不才，正在整理、撰写从顺治起的兵事记述，康熙、雍正、乾隆三朝国土广袤达两万六千里以上，万国来朝，四海宾服，多有煌煌武功，近世却只有叫人丧气的记录。然而，气可鼓，不可泄。当前举国士气低迷，尤其需要振奋精神。”

林则徐击节赞赏，说道：“老夫此去边疆，百无记挂，唯有一事放心不下，想来想去，此事关系家国天下，非君莫属，只有郑重拜托足下。”说着，捧出他多年搜集的《四洲志》书稿交与魏源说：“我在广东任上，拜托通晓西洋事务的人，收集西洋各国资料，将欧罗巴人所编撰的《四洲志》，又将《澳门月报》所载的海洋资料，就地翻译成中国文字。多年来，我一直想编一部《海国图志》，以便师夷长技以制之，务请你玉成其事，编一部经世致用的书，上报国家，下惠黎民百姓。拜托拜托！”

魏源郑重地接过书稿，慨然应允道：“是呀，筹办国事，反对外人侵略，必须早做准备，常做准备。要使中国立于不败，首先要去掉人心之积，要发愤，要有忧患意识，要有长久的谋划。‘凡有血气者所宜愤悱，凡有心智者所宜讲划’。古人为治七年之病，早积蓄三年之艾以备用。不能临渊才去结网，不能遇到虎狼才想起枪棒，不能直到要涉水过河才想起造船。要从长计议，一点一点做起，先强国而后才有兵强，国家才有安宁。受人之托，忠人之事，我谨领所托，一定不负故人的瞩望！”

道光五年（1825）当陶澍还是江苏巡抚时，三十一岁的魏源便是陶澍的幕僚。他与陶澍是湖南同乡，更是忘年交。在整修东南杭州、嘉兴、湖州、苏州、松江、常州、太湖七州水利中，多有可行的建议和贡献，“使吴之水利大治矣”。魏源很为陶澍赏识。林则徐也曾经受教于陶澍，自谓是陶澍的学生，自然也熟悉和敬重魏源。彼此引为知己。道光十四年（1834），林则徐任江苏巡抚，魏源常与林则徐来往，成为莫逆之交。此时，魏源为林则徐的遭遇愤懑不平，但他不向朋友表示廉价的同情，而是慨然承诺朋友的重托。

魏源写下《江口晤林少穆制府》以抒情怀：

万感苍茫日，相逢一语无。
风雷憎蠖屈，岁月笑龙屠。
方术三年艾，河山两戒图。
乘槎天上事，商略到鸥凫。

魏源再接再厉，继《圣武记》后，以最快速度编写《海国图志》。他以林则徐原稿为基础，根据自己考证的书籍、长期积累的资料，广征博引，考其沿革，绘制地图，区分海洋、海岸、海岛，于道光二十二年（1842）九月完成《海国图志》五十卷本。道光二十七年（1847）增补为六十卷本。咸丰二年（1852）重补为《增广海国图志》一百卷本。

魏源在《海国图志》原序中说：

《海国图志》六十卷，何所据？一据前两广总督林尚书所译西夷之《四国志》，再据历代史志，及明以来岛志，及近日夷图、夷语，钩稽贯串，创榛辟莽，前驱先路。大都东南洋、西南洋，增于原书者十之八；大小西洋、北洋、外大西洋，增于原书者十之六。又图以经之，表以纬之，博参群议以发挥之。

何以异于昔人海图之书？曰：彼皆以中土人谈西洋，此则以西洋人谈西洋也。是书何以作？曰：为以夷攻夷而作，为以夷款夷而作，为师夷长技以制夷而作。

英国的入侵，使中国人震惊，发出疑问，他们从哪里来？竟然如入无人之境？

道光二十二年（1842），道光皇帝提出了一连串问号，尽管许多问号显得可笑，但总算是开始思考了。

英吉利距内地水程，据称有七万里，其至内地者，经过者几国？克食米尔（今克什米尔）距该国若干路程，是否有水路可通？该国与英吉利有无往来，此次何以相从至浙？其余来浙之孟加利（今孟加拉）、大、小吕宋（指今西班牙、菲律宾）、双鹰国（今奥地利）夷众，系带兵头目私相号召，抑由该国王招之使来？是否被其裹胁，抑或许以重利？该女主年甫二十二岁，何以推为一国之主？有无匹配？其夫何名何处人？在该国现何职？又所称钦差、提督各名号，是否系女主所授，抑系该头目人等私立名色？至逆夷在浙鸱张，所有一切调度伪兵及占据郡县，搜刮民财，系何人主持其事？义律（英国对华商务监督）现已回国，是否确实？回国后作何营谋？有无信息到浙？该国制造鸦片烟卖与中国，其但欲图财，抑或另有诡谋？

中国皇帝尚且如此，一般中国人对于洋人更是看作异类。严复生长在福建，比较早接触洋人，但到他懂事的时候，即便是进入船政学堂后，对于西洋也还只是一个概念，一个名词，没有实际的了解，仍然需要启蒙。由此，可见《海国图志》问世，有何等振聋发聩的意义。

魏源异乎常人的见解，超乎常人的思想，使严复大受启迪，原来事情还可以这样看，这样认识啊！

林则徐、魏源等一批有识之士，最早睁开眼睛认真地看外部世界。《海国图志》，涵盖世界各国政治、经济、军事、历史、地理诸多方面的知识，是中国人编辑的，着眼于全球的第一部百科全书。

咸丰二年（1852）《增广海国图志》本一百卷，分为七部分。第一部分为全书总论《筹海篇》，魏源从守、战、款三个方面，系统总结鸦片战争失败的教训，痛定思痛，提出在当时具有反潮流精神的新鲜见解："欲利外夷者，必先悉夷情。""未款之前，则宜以夷攻夷；既款之后，则宜师夷长技以制夷。夷之长技三：一战舰，二火器，三养兵练兵之法。""人但知船炮为西夷之长技，而不知西夷之所长不徒船炮也。"严复读此书时，时时刻刻感到魏源笔下所指，切中时弊，有的放矢。

《增广海国图志》第二部分为各国之地图。魏源加以说明："古有表沿革，无图沿革者。图经表纬，图横表纵，左之右之，互相体用。"用地图把整个世界展现在中国人面前，这是破天荒第一次。中国人第一次看到中国并非"中央之国"，并非天下的中心。也颠覆了"天圆地方"之说，原来地球是圆的，大陆被海洋围裹，广袤无际。严复看后大开眼界，对于魏源所说"纵横九万里，上下数千年者，惜乎未之闻焉"深有同感，不禁慨叹：坐井观天，无异于画地为牢，自我囚禁！

其他部分，涉及各国历史、经济、文化、宗教、风俗、机械制造等知识，见所未见闻所未闻，强烈而鲜明的近代意识充塞全书，令人震撼。

《海国图志》中说："绕地一周，皆有英夷市埠，则筹夷必悉地球全形。"严复体认到，魏源以一种全新的视角看待中国，以一个整体的观念来审视世界。把握世界，把握中国，强烈地期待中国富强起来，这成了以后多少代人的中国情结，中国梦！

严复对于《增广海国图志》中的"议战"一节，捧读再三再四，手不释卷，百读不厌。严复体认到这一节可说是全书精髓，集中阐释强兵之道和反对外来侵略的方略。魏源根据鸦片战争的实际情况，大声疾呼必须造兵舰、制火器；必须借鉴"夷敌"经验，改进养兵、练兵的方法和制度。魏源洞悉中国之积弊，在结束语中痛彻心肺地连声呼唤：要富国强兵，“在得人而已！在得人而已！”

那些时候，严复几乎无日不反复阅读《筹海篇》“议战”中的精彩论述，忘情处，时时吟诵出声：

> 问曰：既款之后，如之何？曰：武备之当振，不系乎夷之款与不款。既款以后，夷瞰我虚实，藐我废弛，其所以严武备、绝狡启者，尤当倍急于未款之时。所以惩具文、饰善后者，尤当倍甚于承平之日。未款之前，则宜以夷攻夷；既款之后，则宜师夷长技以制夷。……必使中国水师可以驶楼船于海外，可以战洋夷于海中。

魏源热情洋溢，令人信服地叙述中国之长。严复读来，大长志气，提振民族信心：

> 中国智慧，无所不有，历算则日月薄蚀、闰馀消息，不爽秒毫；仪器则钟表晷刻，不亚西土；至罗针、壶漏，则创自中国而后西行；（罗针始自中国，见《华事夷言》）穿札扛鼎，则无论水陆，皆擅勇力，是人才非不足，明矣。船桅船舵所需铁力之木，油木、櫘木、梻木，皆产自两广；篷帆浸以晋石，火不能焚，出自山西；火药配以石油，得水愈炽，出自甘肃；（关外玉门县赤金卫迤南之石油河，本年二月陕、甘总督解至石油三千六百斤。）火箭参以江豚油，逆风更猛，出自四川；军符所下，旦夕可至。硝提数次而烟白，铁经百炼而钢纯，皆与西洋无异。则材料又非不足，明矣。飞炮、火器，皆创自法兰西，而英夷效之。以及船械相等之葡萄牙、荷兰、吕宋、美利坚等国，皆仰我茶、黄（指大黄，泛指中药材），贪我互市。欲集众长以成一长，则人争效力；欲合各国以制一国，则如臂使指。

诚欲整我戎行，但得一边才之两广总督，何事不可为哉！

魏源雄辩地批驳了造船不如买船等谬论，而且，进一步指出，造船厂不只可以制造军舰，“凡有益民用者，皆可于此造之”。颇类今天的军民两用的主张，足见其远见智慧。魏源更明确指出了海军作为国家机动战略力量的作用和优越性：

或曰：粤洋绵长三千余里，水师数万尚虞不周，今裁汰大半，不弥形单寡乎？曰：水师多而不敷，以无战舰也。无战舰出洋，则口岸处处设防，以水师当陆师之用，故兵以分而见寡。今以精兵驾坚舰，昼夜千里，朝发夕至，东西巡哨，何患不周？是兵以聚而见多。

魏源批驳了历来分兵把口的陆战观念，深刻论述海军作为机动战略力量的作用和优势，即使在今天也没有过时。

魏源记述了鸦片战争中广东、福建水师反击侵略的战斗，严复读来，荡气回肠：

惟水师则必以闽、广为主，而江、浙为辅，何则？福建之役（一八四〇年六月英军进犯厦门），夷船泊于南澳港，邓制军（闽、浙总督邓廷桢）所募水勇，佯作商舟，乘无风攻之，夷船甫觉，我水勇已逼其后艄，焚其帆索，伤其柁师、水手。夷船无风不能起碇，逼近不能开炮，且小舟外障湿幔，铳弹不能入，良久风起，夷船始遁，此江浙水勇所不能也。粤东之役，官军方失利于城外，而我武举梁体群，夜以火舟三队，从穿鼻洋截攻其后，乘潮至虎门横档，夷船甫开一炮，而我火舟已逼其后艄，火药枪轰发，两桅飞起空中，全艘俱毁。佛山义勇又围截夷兵于龟冈炮台，绕出上风，纵毒烟以眯夷目，尽歼夷兵，并击破其应援之杉板舟，此江、浙水勇所不能也。靖逆将军奏言：粤中水勇以小舟八人荡桨，旋折如飞，将近夷炮所近之处，即覆舟入水，戴之而行，及至夷船，仍翻舟而上，以火球、喷筒焚其帆索，得势即跃上夷船，不得势即仍下水覆舟而行，铳炮皆不能及……

魏源精辟地分析英军远来的利弊，提出战而胜之的建议：

客兵利速战，主兵利持重，不与相战而惟与相持，行与同行，止与同止，无淡水可汲，无牛羊可掠，无硝药可配，无铁物可购，无篷缆可补，烟土货物无处可售，柁枪无处可修，又有水勇潜攻暗袭，不能安泊，放一弹即少一弹，杀一夷即少一夷，破一船即少一船。而我之沿海腹地既有战舰为外卫，则内河近岸高枕无虞，所至接济策应，逸待劳，饱待饥，众待寡，是数十艘可当数百艘之用。况夷兵以大艘为身，以杉板小舟为四足，但多募渔舟、快艇，专毁其杉板小舟，小舟尽，则大舟亦可为我所有。

魏源的这些真知灼见，可行建议，如能实行，战争结局可能完全不同。然而，他深知中国积弊太深，他的主张很难得到昏庸的当权者的肯定，很难再有林则徐那样“苟利国家生死以”的人来加以实施，连声发出喟叹：“在得人而已！在得人而已！”

严复读着魏源“群飞海水怒闻雷”，听他怒斥面对外来侵略举棋不定，惋惜不能信用林则徐这样的英才，不禁拍案而起。严复反复读魏源的诗作：

争战争和各党魁，忽盟忽叛若棋枚。
浪攻浪款何如守，筹饷筹兵贵用才。

惊笑天公频闪电，群飞海水怒闻雷。
漫言孤注投壶易，万古澶渊几寇莱！

魏源呼唤有宋朝那样善于用人的宰相寇准！

严复看到在魏源之后，左宗棠、沈葆桢把造船、训练新的海军实实在在做起来了。严复体认到，林则徐、魏源、左宗棠、沈葆桢一脉相承，薪火相传。严复记得魏源那热切的期待："中国必能以巨舰争雄于海上，而后有自全之势！" 严复憧憬这一天的到来。

严复景仰魏源，追踪魏源的足迹。清乾隆五十九年（1794），魏源出生于湖南宝庆（今邵阳），咸丰七年（1857）去世。魏源去世前三年，咸丰四年（1854），严复出生。严复虽然无缘得见魏源，但是，透过魏源的《圣武记》《海国图志》，深受魏源"经世以谋富强，张掌故以明国是，崇今文以谈变法，究舆地以筹边防"的启迪和影响，受其指引，致力于中国的富强。他们是中国近代启蒙的先觉先行者，对中国近代历史进程发生过重大影响。今天，有学者把严复和魏源相比较，从中看到那一时代知识分子前行的轨迹。

魏源曾经参加科举考试，得中进士，也做过两任县官，但仕途不顺，长期做幕僚，最后，退而著书，达到从未有过的高度。许多年后，严复走的路，几乎和魏源亦步亦趋。细想起来，是那个时代决定了他们的不得志，促使他们转向另一个高度攀登。这是历史的必然。个人的不得意，却是民族之幸。

第十二章

心用洋人，不为洋人所用

严复踏进马尾船政学堂，刚刚脱出世事不知的懵懂少年，开始有了家国观念，从入门逐渐深入堂奥，“国家兴亡，匹夫有责！”时刻萦回耳际。在于山，由戚公祠联想起戚继光、俞大猷，在马尾船政学堂，联想起林则徐、魏源、左宗棠、沈葆桢，他们的家国情怀，民族气节，气贯长虹！几千年来，中国安于东方，从来没有遭受过外敌入侵，而他们终其一生却要抵御外敌入侵。特别是林则徐、魏源、左宗棠、沈葆桢经历了道光二十年（1840）第一次鸦片战争时英国入侵，创巨痛深。接踵而来的咸丰十年（1860）第二次鸦片战争，英国、法国侵略军竟然攻破北京，国人感受到亘古以来所没有的屈辱和沮丧。严复隐约感到，随鸦片烟土而来的，除了洋枪洋炮，更有一种说不清楚的力量动摇了中国根基。严复目前还不能完全说明白这是什么，他还要等待，才能够明白原来是中西文化的碰撞，是封建帝制与资本主义制度两种制度的矛盾和斗争，是两个世界的冲突。眼下，严复的探寻还在造船，建立中国近代海军的范畴。不久前发生的“阿思本舰队”事件，给严复以深深刺激。

早在道光二十年（1840），林则徐在广东查禁鸦片，曾经向美国商人购买了一艘一千零八十吨的英国制造的轮船，改装为兵船。这可以说是中国购买近代军舰的开始。在镇压太平天国的战事中，曾国藩、左宗棠、李鸿章都曾经租用洋人的船炮。

咸丰十一年（1861），太平天国军队进攻上海，传言“发逆汇银五十万两向美国购买船炮”，代理海关总税务司的英国人赫德趁机游说清廷向英国购买兵舰。此时，曾国藩也提出购买洋船，组建三支新式水师，以便进攻太平天国心脏地区苏州、常州、南京。总理各国事务衙门即委托中国海关总税务司、英国人李泰国代办购买。同治元年（1862），李泰国在英国订购了三艘中型兵船、四艘小型兵船。英国人索银六十万两，后来，李泰国又要求追加十五万两，直至高达八十万两。

一八六二年六月十六日，李泰国向英国外交大臣报告，要求由他在英国购船、募兵“成立一支中英联合海军舰队”。“这支部队不会在任何方面妨碍女王陛下政府，反而会使它在没有进行直接援助，省却那些烦恼的情况下享有一切好处。”“这支部队将使英国免于担负它在目前为了维持我国现驻中国海军舰队所担负的一大笔经费”，而且，“使海关能以脱离地方官员的羁绊而取得独立”。李泰国找来一个叫阿思本的英国人做他的经纪人，上下其手，假中国之名，大谋私利。

清廷完全被蒙在鼓里，一厢情愿地确定由提督衔的总兵官蔡国祥统率这支舰队，并且预派了七名管带（舰长）。然而，李泰国却与阿思本沆瀣一气，私相授受，由阿思本自封为舰队司令，擅自招募英国海军军官、水手等六百多人，并向中国政府要求追加二十七万两白银。未经清政府授权，李泰国于一八六三年八月五日擅自以清政府名义与阿思本订立合同十三条：一、必须任命阿思本为舰队司令，任期四年；二、中国兵船和民用轮船雇用洋员需由阿思本管辖、调度；三、由清政府具文明确阿思本的职权；四、阿思本只接受由李泰国传达的清政府指令；五、凡阿思本不同意的，即使是清朝皇帝的旨意，李泰国不予传达；六、这支舰队人员的选定和任用由阿思本、李泰国裁定；七、李泰国所管辖的海关人员需要这支舰队帮助时，需经阿思本同意；八、如这支舰队兵员被中国官员指告，只能由阿思本、李泰国查办；九、这支舰队的旗号应具有欧洲特征；十、清政府一次预付这支舰队四年经费，交李泰国存储待用；十一、合同有效的四年期间，无论李泰国、阿思本是否死亡，合同依然有效；十二、如阿思本在任期病故，清政府应赐恤及其妻子；十三、清政府批准本合同后，阿思本方带船为中国办事。

如此一个合同，旷世未有，普天下找不出第二份，明摆着“事事皆由阿思本专主，不听命于中国”。于是，朝野大哗。

一八六三年七月，清廷总理各国事务衙门另行提出《轮船规章五条》：一、由清廷派任汉总统（舰队司令），聘请阿思本为帮同总统（副司令），任期四年；舰队受清廷指挥，并接受沿海地方长官的节制和调遣；二、舰队的兵员由阿思本负责管理，如发生不法事由，按中国法律严办；三、随时挑选中国官兵上舰训练，由阿思本负责，尽力教练；四、清廷按月给付经费七万五千两，三个月向总理衙门结算一次；五、自八月开始给舰队发饷。

一八六三年十月，阿思本率领七艘舰船来到上海，李泰国、阿思本向清廷提出，必须按照合同十三条办，否则拒绝为中国服务，要挟说：“如果在四十八小时之内，我收不到一种有希望的答复，那就必须将这支部队解散。”

此时，太平天国运动已成强弩之末，不构成对请廷的严重威胁，而这样一支由洋人把持的舰队，势将后患无穷。总理衙门权衡利害，决定遣散这支舰队，由阿思本带回英国变卖，然后将银两缴还中国。清廷发给阿思本和官兵九个月的薪金和回国路费三十七万五千两银子，另赏阿思本一万两银子“酬劳”费。随后革去李泰国总税务司职务。

破财免灾，送瘟神走路！清廷不得不吞下苦果。

严复深切感到依靠外人建立舰队，实属荒唐。由此，对马尾船政有了更深一层的认识。

在西方，工业革命正蒸蒸日上。十七世纪到十八世纪，英国、法国资产阶级革命取得胜利，为生产力的发展扫清了道路。一七九三年，英国发明家瓦特，在原始蒸汽机基础上，改进和发明蒸汽机和新技术，首先在纺织业广泛应用，标志着产业革命的开始。随后，法国、德国、美国也完成了产业革命。生产发展了，利润追逐市场。当时有英国工厂主曾经说，如果中国人的衣摆增加一寸，英国纺织厂就能够无限生产。

其实，蒸汽机的应用，不只是增加了生产力，更在于为资本主义制度奠定了物质技术基础，导致资本主义制度能够最后战胜封建制度。这才是英国、法国在两次鸦片战争中打败清朝的根本原因。不过，林则徐、魏源、左宗棠、沈葆桢当时还不可能认识到这一点。即使严复，那时也没有可能有完全的、深刻的认识。

左宗棠倒是看到了轮船发展前景，不因中国几千年贬斥“奇技淫巧”的观念而避讳，主张中国也制造轮船。同治二年十二月（1864 年 1 月至 2 月），左宗棠提出：“轮舟为海战利器，岛人每以此傲我，将来必须仿制，以防洋缉盗之用。”“十年之后，彼人所以傲我者，我亦有以应之矣。”同治三年（1864），由左宗棠主持，在浙江仿制出一艘小蒸汽轮船。法国人趁机向左宗棠兜售在宁波设立的船厂以及所生产的四艘炮船。法国远东舰队司令提出的条件是：“由中国人永久地使用、管理这个船厂，但法国人在需要时也可以使用”。鉴于“阿思本舰队”的教训，左宗棠认为“自强运动的方法，应由我们自己去寻找，而不是向别人寻求。寻求别人的帮助就会受制于人，依靠自己才能控制局面”。他向曾经在浙江帮助他镇压太平天国的法国参将日意格和德克碑提出，请他们在法国代为购买制造轮船的母机和聘请若干技术人员来中国指导中国工人制造轮船。随后，左宗棠由浙江转来福建，始终在谋划建立造船厂。这就是马尾船政的缘起。

左宗棠秉承林则徐、魏源的思想，沈葆桢更因为与林则徐的亲情而热心参与建造轮船的创举，他们苦心孤诣，谋求自强中国！沈葆桢强调“用洋人而不为洋人所用”，既发挥洋人的长处，又坚持“权操诸己”。按照左宗棠既定办法，聘请日意格、德克碑为福建船政正、副监督，任期五年，主持造船管理，并负责代雇外国技术员工三十九人（最多时曾经达到五十二人），担任监工、矿师、匠首、绘图员、教习等，责成他们“包制包教”，订立合同，明确责任：“开设学堂教习法国语言文字，俾通算法，均能按图自造；教习英国语言文字，俾通一切船主之学，能自监造、驾驶，方为教有成效。”所有造船机器、工具和材料，也都从法国采购。对于从法国及以后陆续从德国、英国聘请的军官、工程师、技工，中国人尊他们为教师，恭谨地向他们学习。

正是在这样的情势中，严复逐渐跳出视技艺为末流的守旧观念，珍惜当前大好机会，以马尾船政为光荣，认真学习，锐意进取。

今天，还原当年历史资料看，这些洋教师个人，大多怀着对中国友好的感情，表示要“报效中国”。在以后长时间里，也真心实意地帮助中国人学习和掌握制造轮船的技术，学习和掌握航海操船的知识。当时的法国、德国、英国政府和他们的驻华使馆，也都乐意促成此事，批准在职军官请假来为中国服务，鼓励他们参与中国事务。

西方各国当时所注重的是开辟中国市场，似乎并无占领中国土地的打算。帮助中国发展近代工业，对于西方新兴的工业而言，是新的广阔市场，有利可图。自然不必去做“竭泽而渔”的蠢事。另一方面，中国为购买所需的机器、原材料，支付了高于一般国际市场的价格。中国支付洋教师、技工的工资，远远高于他们原在国内的收入。此外，中国政府为请来的洋教习、工匠，免费提供良好的公寓住宅和医疗。

沈葆桢反复强调，坚持“船政为中国工程，中国有大臣主之”，“非监督所能专擅”。与日意格等约定：五年内保证教会中国工匠制造轮船；教会船政学堂学生操船、航海、使用枪炮。“与监督日意格约限满之日，洋匠必尽数遣散，不得以船工未毕，酌留数人。”“倘洋匠西归，中国匠徒仍复茫然……则调度无方，教导无力，该监督均难辞其咎。”遵守合同者予以奖励；不服从局规，“办事迟缓”，“负气凌人”，刁难工程者一律辞退，而且，扣发两个月工资，不给路费。

福建船政得到法国、德国、英国军官、工程技术人员的支持、帮助，仅用两年时间，建造成第一艘木质轮船“万年清”号。

同治八年（1869）五月初一6月10日，“万年清”号下水试航。

同治十三年（1874），福建船政与日意格等合同期满，陆续制造出炮船九艘、运船六艘。随后，福建船政在已有基础上，先后独立制造出炮船、运船、猎舰、碰船、练船、鱼雷艇等二十六艘，共计四十一艘舰船。

福建船政的创办和惊人的进步，也引起了外国帝国主义势力侧目。首先是英国当局进行阻扰。早在一八六六年，福建船政兴办之初，英国驻中国领事威妥玛，便与中国海关总税务司赫德连续向清廷送交《局外旁观论》《新议论略》，以教师爷的口吻说教道：“中国自强当求法于外洋轮船器械，以购雇为便。”当中国已经决定聘请法国人担任福建船政监督时，英国当局竟然无理地向中国政府提出“抗议”。

福州税务司、法国人美理登看到福建船政是一个大把花银子的所在，也想分一杯羹。先是受总税务司、英国人赫德指使，千方百计钻营，力图插手福建船政，遭到沈葆桢坚决拒绝。美理登便诋毁破坏，四出鼓噪“制造耗费，购雇省事”。“事之成否尚未可知，目前浪费可惜。”直至公然提出要求派他出任福建船政正监督，改日意格、德克碑为左右副监督。沈葆桢据理驳斥，坚决拒绝，向总理事务衙门报告：“美理登百计钻营入局，葆桢固却之。近复造作谣言，谓得到总税务司赫德信，已承总理衙门允准会办……万一赫德有所希冀，务恳据理折之，以杜其摇撼全局之端。”总理衙门支持沈葆桢的处置，赫德不得不表示已经多次告诉美理登不要干预福建船政。至此，英国插手福建船政暂且收敛。

英国人一计不成，又施一计。同治九年（1870），英国驻福州副领事贾禄先指使英国洋商天裕行在马尾山上租地，在福建船政区域内混插界碑，接着要求在马尾山上修建副领事衙门。沈葆桢识破这一阴谋，揭露说：“其命意所在，不问可知。盖逼处则有交涉，有交涉则有是非，有是非则有调停，而船政可得干预矣。”年底，沈葆桢筹款买回天裕洋行在马尾山顶的“永租地”和与福建船政交错的土地，英国力图插手福建船政的图谋再次遭到挫折。

同治八年（1869），法国驻福州副领事巴士栋严重干涉福建船政挑起风波。二月，法国驻福州领事馆要求受聘于福建船政的法国员工到领事馆登记，由领事馆管辖。沈葆桢识破法国领事别有用心，坚决予以拒绝。法国领事煽动受雇于福建船政的铁匠、法国人博士巴不听匠头博士芒的安排和调遣，屡屡哄闹，出言不逊，辱骂匠头，甚至随意不上工，严重干扰生产秩序。匠头博士芒和总监督日意格要求解雇博士巴。福建船政根据博士巴的行为和合同规定，决定解雇博士巴。法国驻福州副领事借机挑衅，干涉中国内政，无理要求福建船政改变对博士巴的处理，交由法国驻福州领事馆调查审理，以福州税务司、法国人美理登参加“会审”。甚至要求由领事馆“审讯”匠头博士芒和有关的六名中国工人，公然要求领事裁判权。此可忍，孰不可忍？

消息传开，严复和同学们十分愤慨，福建船政工人群情汹汹。沈葆桢义正词严地知会法国驻福州领事馆，斩钉截铁地批驳法国驻福州副领事巴士栋：“船政与通商两不相涉，领事为通商而设，不应干预船政。”而且，进一步要求撤销法国驻福州领事，“闽省向无法国洋商，领事之设，本属赘疣。巴士栋领事以此阻扰船政，簸弄是非，更不能不撤”。

沈葆桢据实指出，博士巴长时间以来，“构煽洋匠”，干扰造船工程，不予处罚，“不特此风一启，洋匠可以挟制匠头，匠头可以挟制监督，上下威令不行，合同置为无用”。决定依据合同规定，“照章办事”，解雇博士巴，限令返回法国。

法国驻福州领事巴士栋理屈词穷，仍然不甘心失败，扬言要挟。沈葆桢当即正告法国当局：福建船政的处分决定不容改变，如果法国借此撤走法国员匠，中国将谋求与其他国家合作办船政。

法国政府感到事态严重，派远东舰队韦尔隆舰长到福州调查日意格与巴士栋的矛盾。日意格向韦尔隆说明事情真相，指出只有继续“合作”，才能给法国带来更大利益。法国驻中国公使罗歇指示驻福州领事回避危及福建船政的所有纠纷。法国人的干扰暂时缩手。

法国人之间，矛盾冲突时有发生，特别是德克碑与日意格之间关系紧张，愈演愈烈。原来德克碑的军衔比日意格要高，而左宗棠、沈葆桢量才录用，任命日意格为福建船政正监督，德克碑不甘屈居为副监督，便与法国驻福州副领事巴士栋和税务司美理登沆瀣一气，多次构陷日意格，干涉船政。随着对博士巴的处理，两人的矛盾冲突日益显露，沈葆桢明确是非，妥为处理，坚持“权操于我”，有效地制止了法国领事馆对中国事务的干预。

严复关注朝廷与地方官府对福建船政的阻扰，也亲历了洋人的干预，尽管他只是一个学生，由于置身于事件之中，自有切身体会，自有“人情练达即文章”的领悟。他的成长道路显示出别样的丰富和精彩。

第十三章

『万年清』首舰首航

同治六年（1867），小寒已过，大寒将至，人们欢欢喜喜筹备过年，福建船政迎来一个喜庆的日子。十二月二十四（1868 年 1 月 18 日），“万年清”号安放龙骨，这是船厂开工建造的第一艘运输舰。

龙骨，是一艘船的主心骨，安放在船底中线。一根完整的坚韧的木材，纵连船艏、船艉。然后，以龙骨为中轴，开始前后、左右、上下施工，最终把船舶建造起来。龙骨决定着整艘船舶的成败和质量。无论是老百姓建造帆船，还是官家建造巨舶，安放龙骨都是头等大事，喜事。

清晨，严复、船政学堂的学生和船厂的工人，集聚在崭新的船台周围，翘首等待。

三声铳响，鼓乐齐鸣，香烟缭绕，鞭炮闪炸。四周红、黄色的三角彩旗飘舞。华盖宝伞下，专程从湄洲恭请来的妈祖神像，慈眉善目，庄严妙相。沈葆桢由众多官员和日意格、德克碑等洋员陪同，恭备三牲祭醴，虔诚祭告天后，禀报新舰开工，祈求保佑赐福。

沈葆桢礼拜如仪，随后亲捧龙骨安放在船台。鼓乐应声而起，欢声雷动，预示吉祥。

接着，沈葆桢又到铁厂亲自拽绳下石，完成了“万年清”的奠基典礼。

严复和同学们沉浸在喜悦兴奋里，体会到置身于家国大事的庄严肃穆，心中充满期待和向往。

严复看到，沈葆桢是力主洋务的新派人物，也对神祇如此虔诚，敬礼有加。这是从俗、从礼，依从千百年来的成例。如此一来，可以动员起福建船政所有人齐心合力，积极从事造船。

次年开春，又在马尾罂脰山兴建天后宫。

课余，严复和同学们常常登上山顶，来到工地。好奇，虔敬，兼而有之。

千百年来，妈祖供奉，蔚然成风，形成民间信仰。特别是传说中妈祖的故乡，产生了妈祖神话的湄洲岛，邻近福州，此地老百姓、渔民对妈祖敬仰，更是无比虔诚。如今，马尾山下，船政学堂一片工厂，一片洋楼之后，兴盖起古色古香的庙宇，耸立山巅。中国传统习俗，讲究通神，人们在高处建庙以观天敬神。闰四月，同治皇帝恩赐御匾，由北京运来，上书四个大字：“德施功溥”，加盖了“同治御笔之宝”印章。

天后宫的施工，和“万年清”的建造同步，正在赶工，加快进度。新船下水时要迎天后进庙归位。严复和同学们看着军舰工程一步一步建造，几乎是计日以待军舰落成。

天后宫建成了，沈葆桢亲拟一副楹联：

惟神天亶聪明，愿千秋灵爽式凭，俾倕巧班公同成宝筏；
此地海疆门户，看万顷沧波不动，有冰夷洛水虔拜云旗。

上联赞颂千百年来福建湄洲妈祖，祈求她显灵护佑，使像尧帝时的巧匠倕和传说中的鲁班一样的洋技师，与中国人一道努力造成宝筏轮船；下联宣示培养人才、制造兵船，以保障海疆门户屹立于惊涛骇浪不动，以致洛神仙女也都虔诚来拜。

严复和同学们随沈葆桢一道向妈祖祈祷，仰仗天佑神助，建成航海宝筏，铁甲战舰成伍，战旗高扬。到那时万里海疆，将是海不扬波，国泰民安。

同治八年五月初一（1869 年 6 月 10 日），“万年清”号下水。

从同治六年十二月二十四日（1868 年 1 月 18 日）起，经过一年零五个月，中外工人齐心合力建造的中国近代第一艘千吨以上木质军舰建成。

船体全长二百三十八尺，宽二十七点八尺，高十六尺，前后甲板上装配六门火炮，排水量一千四百五十吨，一百五十匹马力，航速十节，修长俊美，气势巍峨。

当时，船台简陋，没有法国、英国那样的工程技术设备和条件，千吨巨轮，如何顺利、安全下水？不少人提出疑虑和担心。沈葆桢采用当地渔民造船的经验，预先用大锅熬煮牛骨头、猪油、肥皂数十斛，灌入船底的凹槽，冷却凝固，积一寸多厚，将船台上原来所垫之木，节节撤出，另垫入圆木，以利船体滑动。

五月初一（6 月 10 日），吉时一到，鼓乐、鞭炮声起。随后，鼓乐声停。肃穆中，沈葆桢和船政官员、学生如礼如仪，祭告天后、江神、土地和船神。祭毕，正是潮平时候，沈葆桢一声令下，尽数拔除军舰两舷的撑柱，几把大斧一齐砍断船头木楔，紧接着锯断船头的托钢，锯到多半的时候，舰体顺势而下，砉然自动滑行，瞬间，告别船台，离岸数十丈，平稳地入水。微波不溅，江岸无声。接着，欢声雷动，鼓乐大作。中国自己建成第一艘近代军舰，福建船政建造的舰船首舰宣告完工。

五月十二日（6 月 21 日），沈葆桢经过慎重遴选，决定任用渔民出身的副将贝锦泉为管驾（舰长），精心招募八十名通晓轮机的舵工为首舰舰员。沈葆桢在《第一号轮船下水并续办各情形折》中，向同治皇帝报告：第一艘轮船建成下水，拟名为“万年清”号，并将继续建造第二艘轮船“湄云”号。

人们欢欣鼓舞，准备试航，却意外地忽起波折。福建船政船厂总监工、法国人达士博横生枝节，坚持必须“用洋人领港”，反对沈葆桢招募中国员工驾驶，否则拒绝试航。此人应聘前期，工作积极负责，沈葆桢曾经给过他奖励，为他请赏三品衔。但是，此时达士博与法国驻福州副领事巴士栋和税务司美理登等人相互勾连，心怀叵测。沈葆桢念其曾经努力工作，耐心给他讲道理，反复说明闽江口航道复杂多变，非熟悉附近航道的渔民很难掌握。而且，中国军舰自当由中国人驾驶，希望他继续恪尽职守，为“万年清”的试航做出努力。

然而，达士博不听劝谕，变本加厉，凡事处处刁难，进而煽动洋匠罢工，公然实行要挟。沈葆桢不为所动，按部就班积极准备试航。

八月十三日（9 月 18 日），“万年清”号由贝锦泉驾驶，平顺地驶经闽安、琯头、壶江，试航成功。

八月二十日（9 月 25 日），沈葆桢和日意格登上“万年清”号，亲自试航至熨头岛。航行，试炮，沈葆桢都非常满意，称赞说：“船身尚称坚固，机器运转尚称灵便。”“掌舵、管轮、炮手等亦尚进退合度。”沈葆桢的喜悦溢于言表：“轮机船身既已并试，驾驶也渐纯熟，可以远出重洋。”

八月二十六日（10 月 1 日），沈葆桢奏报《轮船监驶入津静候派验折》，“万年清”号驶往天津，接受清廷验收。

“万年清”号由马尾起航，贝锦泉驾驶，九十八名中国舵工、水手通力合作，于九月二十一日（10 月 25 日）航抵天津大沽。九月二十七日（10 月 31 日），清廷派三口通商大臣崇厚验收。十月初五（11 月 8 日），清廷批准“万年清”验收合格报告和“万年清”舰的命名。十月二十九日（12 月 2 日），贝锦泉等驾驶“万年清”号生火返航。十二月初七（1870 年 1 月 8 日），返抵马尾。

马尾，万人空巷，欢迎马尾船政建造的首舰、首航顺利返港。严复看着千万人群涌向码头，鼻子发酸，热泪盈眶。中国，多么需要有自己的军舰啊！

随后，第二艘轮船“湄云”号建成下水，比第一艘军舰“万年清”号的工期缩短了九个月。十二月初九（1月10日），沈葆桢由日意格等陪同，登上“湄云”号试航，当晚停泊马祖澳。第二天，驶往外海，午后返航。

远在新疆的左宗棠闻讯，高兴地说：“东南之有船局，惟沪与闽，沪非洋匠、洋人不可，闽则可不用洋匠而能造，不用洋人而能驾。”欣慰自豪之情，溢于言表。

九月初四（1869年10月8日），沈葆桢奏请批准日意格的报告：总监工达士博居奇挟制，拒不参加“万年清”轮试航，将其撤职。

至此，坚持“权操诸己”的独立自主方针，对严重违反合同与约定，以及蓄意干预和破坏船政的洋匠，严格按照规定办法实行处罚，先后开除了带头不服管理的博士巴、达士博和布爱德、格里那等人，赏罚严明、公道，“所有洋员、洋匠咸恪守约束”。“赏必信，罚必行，故能使（洋员洋匠）群相信服，乐事赴工之心久且益坚。”

对于真诚帮助中国建造舰船的外国朋友，按约定付给优厚报酬，更给予奖励。沈葆桢迭次上书恳请对“中外出力人员择优奖励，以资鼓励”，奖励宝星或奖章。鉴于日意格“自入闽以来，殚精竭思，孜孜焉如置其家事”，恳请破格封提督衔，赏戴花翎；为德克碑请赐赏戴花翎。主持后学堂（驾驶）的英国人嘉乐尔等因教学卓有成效，合同满期后，继续留任，每月加薪五十两。

清同治十二年（1873），六月起，在多次由中国工人自行试制轮船的基础上，日意格负责逐厂考核，挑选出技艺精熟、通晓制船设计图纸的中国工匠、艺徒，担任正、副匠头，负责自行按照图纸建造轮船。规定洋员、洋匠一律不再进厂指导。

福建船政在造船和培养人才两方面达到预期效果，十月十八日（12月7日），沈葆桢上《船政教导功成吁恳奖励折》，奏请对洋员进行奖励：“合同内约明，五年限满，中国船匠能自造驾驶，应嘉奖两监督（日意格、德克碑）银各两万四千两，奖外国员匠银六万两。又约明五年竣工，每名各给薪工两月，并匀给回（国车旅）费三百七十八两。”清廷批准赏日意格一品衔、一等宝星、准穿黄马褂。德克碑后期虽然与法国驻福州副领事巴士栋等勾结，给福建船政造成许多干扰，但念及他曾经做过的贡献，仍然给予他和日意格同样的奖赏。其他五十一名洋员、洋匠也都获得赏金。

“万年清”号建造成功，表明中国人开始初步学会和掌握西方近代轮船制造和驾驶技术。福建船政从一八六九至一八七四年共建造了十五艘舰船：“万年清”“湄云”“福星”“伏波”“安澜”“镇海”“扬武”“飞云”“靖远”“振威”“永保”“海镜”“济安”“琛航”“大雁”。其中，十艘军舰，五艘商船。“琛航”“济安”“大雁”是由中国工人引领建造的。同治十年（1871）五月建成的“安澜”号的轮机、一百五十匹马力的气炉，也由福建船政工厂制造，试航达到“逆风逆水时速六十余里，顺风顺水时速约八十里。船极灵捷平稳，机器配搭亦均合宜，与购自外洋者无异”。英国海军军官寿尔参观福建船厂后，评价中国工人制造的一百五十匹马力蒸汽机组说：“它们的技艺与最后的细工可以和我们英国自己的机械工厂的任何产品相媲美而无愧色。”

至此，福建船政初步实现了“尽得西人之长技，为中国之长技”。通过学习、建造实践，到一八六八年，培养出中国近代工业工人已达两千多人，到一八七四年已达三千多人，这是熟练的造船技术工人，是中国最早的工人阶级。

严复与福建船政命运与共，竭诚拥护沈葆桢的主张，对于吴棠、宋晋等一方大吏和朝廷重臣的阻扰，对于外人不友好的行径，亲历亲见，感受颇深，十分愤慨。军舰建造成功，人才脱颖而出，他亦如左宗棠、沈葆桢一样体验到“购者权操于人，何如制造者权操诸己”！

严复在这场争斗中经受了最初的政治锻炼。

严复遥念左宗棠，倡议兴办船政，殚精竭虑；支持船政，不遗余力。此时，左宗棠远在新疆的战场上，反对俄国、英国的侵略，讨伐民族分裂的阿古柏匪帮，誓死战斗，以七十岁高龄，抬着棺材进军，收复乌鲁木齐、和阗（今和田），平定天山南北两路，维护中国统一。严复重温左宗棠那些火炽的语言，越发体会到左宗棠对福建船政的期待，怦然心动："兹局（船政）之设，所重在学造西洋机器以成轮船，俾中国得转相授受，为永远之利。""人才蒸蒸日上，无求于西人矣。"

严复深信，左宗棠的远见卓识，可以计日程功，左宗棠的设想，一定会在严复这一代人的手中得以实现。

第十四章 能否成材，必亲试风涛

福建船政“原议学堂两所，艺童六十名，后添绘事院（船舶设计）、驾驶学堂、管轮学堂、艺圃（技工学校）四所，艺童徒共三百余名”。

日意格建议:“建船之枢纽，不在于运凿挥椎，而且画图定式非心通其理，所学仍属皮毛。中国匠人多目不知书，且各事其事……故特开画馆二处，择聪颖少年通绘事者教之，一学船图，一学机器图。”

沈葆桢采纳了他的建议，于同治六年十二月初一（1867 年 12 月 26 日）设立绘事院（船舶设计院）。沈葆桢还采纳了他的建议，于同治七年正月二十四日（1868 年 2 月 17 日），开设艺圃，招艺徒一百多人，学习算术、几何、代数、图形几何学等自然科学课程和轮机管理。成为中国第一所船舶专业技工学校。

同治六年（1867）七月，由曾在英国格林尼治皇家海军学院任教的嘉乐尔主持后学堂（驾驶）教学，德勒塞、仕季、阿务德、儒昂索等担任教习。后学堂增设航海专业，采用英文教材，增开驾驶船舶所需要的算术、几何、代数、直线三角、球面三角、地理、航海、天文气象、航海等科目。十九世纪时，英国海军无可置疑地被认为是世界第一海军，马尾船政，中国近代海军选择向英国海军学习，奉英国海军为圭臬，是正确的选择。

沈葆桢强调："以中国之心思通外国技巧可也，以外国之习气变中国之性情不可也。"担心那些"易入奇邪""浮浇险薄之子"，"必无持久之功，他日于天文、算法等事，安能精益求精，密益求密？"于是，"谨始慎微"，专选"文理明通"纯厚淳朴、遵守规矩的聪颖子弟入学。严格执行奖勤罚懒，褒优汰劣。前学堂"开办以后入学的一百零五名学生中，在一八七三年底前仅剩下三十九名"。除六名因病死亡，其他由于这样那样的原因被开除。淘汰率很高。严复在这种严酷的教学环境中锤炼成才。

一八七四年秋，英国军舰"田凫"号访问马尾。舰上一个名叫寿尔的军官记下了他所看到的船政学堂的情形：

> 我访问学校那天，学生大约五十人，第一班在做代数作业、简单的方程式。第二班正在一位本校训练出来的教师的指导下，研习欧几里德几何学。两班都用英语进行教学。命题是先写黑板上，然后连续指定学生去演算推证各阶段。例题作业完成后，便抄在一本美好的本子上，以备将来参考。我查看了其中几本，它们的整洁给我很深刻的印象。有的口授的题目是用大写的。当我们想到用毛笔缮写的中国文字和用钢笔横书的拼音语言间的区别时，便更知道这是一件非凡的事。学生每天上课六个小时，但课外许多作业是在他们自己的房间里做的。星期六休假。学生们一部分来自广州和香港，一部分来自福州。这些从南方来的，常是最伶俐的青年，但是他们劳作上不利之处是不懂官话。不懂官话在政府工作便没有升迁的希望。因此他们每天花一些时间同一位合格的本地老师学官话……海军学校招收学生的方法是在福州城区遍贴告示。规定年龄为十六岁以下，但这项并未很严格执行，因为有一些由香港方面

的广告招收来的学生是在二十岁以上。报名学生，给以中国经典知识的考试。直到最近，学校未曾录取过对自己国家的经典与文献没有相当知识的学生。……嘉乐尔先生的职务并不伸展到学生们的私人住宿区去，那是由一位官吏管理的。广州和福州的学生分开住，用不同的厨师。嘉乐尔先生称赞这些学生，说他们勤勉与专心工作，也许超过英国的学生。因为他们不管他在场不在场，都坚毅地工作，未曾给他麻烦。从智力来说，他们和西方的学生不相上下，不过在其他各方面则远不如后者。他们是虚弱孱小的角色，一点精神或雄心也没有，在某种程度上有些巾帼气味。这自然是由抚育的方式所造成的。上完课，他们只是各处走走发呆，或是做他们的功课，从来不运动，而且不懂得娱乐。大体说来，在佛龛里呆着，要比在海上作警戒工作更适合他们的脾胃。

这位英国军官的观察，给我们留下了马尾船政学堂一些可考的资料，但是，他只是看到一些表面现象，对于寄托着中国海军未来希望的严复们，他作了片面的估计。这也难怪，那时的西方人看中国，大多居高临下，带有某些偏见。尽管偏颇，但从中可以看到严复那一代人夜以继日、废寝忘食地努力学习，力图改变中国的落后面貌，缩短和西方文明的差距，张扬着中国青年的锐气。就在这位先生到访马尾船政之前，这里曾经发生了一宗使一些洋教习深为震动，从而对中国学生改容相待的事件。

同治十年（1871）十一月，后学堂洋教习逊顺谩骂刘步蟾等学生，肆意侮辱，甚至加以无理处罚和虐待。而刘步蟾从入学以来，一直和严复名列前茅，是后学堂公认的优秀学生，竟然遭到逊顺如此非礼对待，同学们愤愤不平。当逊顺在课堂上再次肆无忌惮、横蛮无理斥骂的时候，严复等忍无可忍，拍案而起，哄堂罢课。逊顺恼羞成怒，气急败坏地高声宣布责罚刘步蟾、邱宝仁，罚他们到船厂挑土做小工以示惩戒。

而负责管理学生的提调夏献纶，竟顺从洋教习的无理要求，学生们更加愤怒了。严复和同学们同声一气，支持刘步蟾，拒绝逊顺授课。

当时，沈葆桢因为父亲去世，丁忧在家，按照规定不理政事。然而，兹事体大，沈葆桢当即亲自过问，调查事实，决定解雇逊顺的职务，支持刘步蟾、严复等学生维护尊严的行为。这是中国近代第一次学生运动，或是中国学生民主运动的发端。

从赫德、巴士栋从上层发难，到博士达、逊顺等在下层刁难，甚至原本支持中国造船的副总监德克碑的变脸，这些个人行为，为什么在一八六八至一八七一年间集中爆发？表面看去，这些零星事件，似乎没有关联，真的如此吗？它发生在中国船政刚有一点进步，一些洋人就感到不安了。赫德、巴士栋的作为，对德克碑、博士达、逊顺的暗示和推波助澜，不言而喻。我们是不是可以从研究历史事件中得出一点什么启示呢？从严复们开始，中国人为挣脱枷锁，谋求独立的命运途中，总也脱不开帝国主义的那只手啊！孙中山的话“革命尚未成功，同志仍须努力”，历久弥新。

中国保守势力害怕“以夷变夏”，竭力阻扰；外国势力担心中国这头“沉睡的狮子惊醒过来”，合力遏制，但是，福建船政仍然在艰难前进。造船既然有了眉目，精通驾驶就是当务之急了。沈葆桢“重德选材”，十分注重学生的实践锻炼：

> 船成之后，以驾驶为急务……而出自学堂者，则未敢信其能否成材，必亲试之风涛，乃足以觇其胆智。否则实心讲究，譬之谈兵纸上，临阵不免张皇。

清同治九年（1870），五月初一（5 月 30 日），继“万年清”“湄云”号后，福建船政制造的第三号轮船“福星”号兵轮下水。

“福星”号舰长五十四米，舰宽七点八米，舰深四点七六米，排水量五百一十五吨，三百二十四马力，航速九节。原打算将它用作练习舰，“以学堂上等艺童移处其中，饬洋员教其驾驶，由海口而近洋，由近洋而远洋。凡水火之分度，礁沙之夷险，风信之征验，桅舵之将迎，皆令其所习闻者，印之实境，熟极巧生，今日聚之一船之中，他日可分为数船之用，随后新旧相参，践更递换，冀可渐收实效”。

可是，“福星”轮太小，额定舰员八十人，难以满足众多学员上舰实习的需要。

事有凑巧，年底，德国一艘三桅甲板船“马德罗”号来到福州，急欲出售。此船排水量四百七十五吨，虽使用多年，但是木质甚好，建造精良，舱内可以居住一百多人。沈葆桢决定买来改装成练习舰，起名“建威”号，由后学堂洋教习德勒塞负责，带领学生海上实习。

航海实习前夕，严复、刘步蟾联名给嘉乐尔写了一封感谢信，表达他们真诚的感激和喜悦：

James Carroll 夫子教席：

惟同治五年，闽浙总督大人左（左宗棠）奏请设船政局，以为强国之一法。皇上命令前江西巡抚沈（沈葆桢）在福州府的Chung-Tze兴建所需的宿舍，派日意格先生等尽力协助此事业。

沈大人建立一所海军学堂，招收一批学生，聘请英国绅士James Carroll先生为教师，授航海原理，迄今五载。生等已修完了功课，即将航海，一试本领。为着这个航行，我们已做了广泛的准备。在离去之先，我们——你的忠实的学生——对于你的照顾及不倦的训诲，表示感激之忱……

从今而后，我们要去对付飓风、控制狂浪、窥测日星的行动，了解暴风的规律，勘察海岛，调查岩石的性质。

我们从老师所学习到的一切，在日后生活的经验中，将被证实为真确。这样地，最可怕的困难成为平易，最险恶的情况成为静谧。我帝国政府将以制度为例范，推广至于无穷……

我们和你分别，虽觉难过，但我们为政府服务之心甚切，是以不能不把个人的意愿放于次要地位。我们的爱国心将不减少，我们的离去，老师，将为你所喜悦与赞许……

你忠实的学生（二十三人签字）

在这封信里，我们还看到有如下大段关于中西文化的议论，虽然其论点值得商榷，但严复的确是中西文化交融的早行人，是开路的探索者：

西方国家教育原理，源自希腊，希腊人的这些原理是从中国输入的。古时中国对于礼、智的原则曾适中运用，但几不注意西方国家所高度推崇的实用原则。

唐时，在此方面曾粗粗地作些尝试，但没有大的成功。至明末万历时，有名叫利玛窦（Matteo Ricci）的人初次把天文和算学介绍给中国。南怀仁（Verbiest）、艾雅各也是欧洲人，明白地讲解这些科目，所以没有人不知道西方的国家拥有这些原理，但是没有人让把这些东西传给后世。

我们的老师 Carroll 先生掌握了这些基础原理，来自远方，宏宣教化，讲授天文、地理、算学等科，胜任愉快，未曾使任何东西落后，而经常奋力工作。所以凡受教育者，濡染其精神，乐与之接近，未有不尽所能从老师学习然后离去。

此信写于一八七一年七月，代表刘步蟾、林泰曾等二十三名同学。严复时年十七岁，还是花季少年。但是，他宏视阔想，从古希腊、中国汉、唐，到当时中国的教育源流，作如此明白的考察和论述；又居然敢于宣示“我帝国政府将”如何如何，“以此制度为例范，推广至于无穷。”俨然以国是为担当。其稚嫩和胆气，实实的可爱！当下，有不少与严复当时年纪相仿的少年，日夜耽于手机，沉迷于网络游戏，热衷于成为追捧明星的“粉丝”，被称为“草莓族”“袋鼠族”“乌魂族”“飞特族”，当作何感慨？

清同治十年（1871），严复以最优等的成绩从福州船政后学堂毕业，同治十二年（1873）二月，春意渐浓，严复和刘步蟾、林泰曾、何心川、叶祖珪、蒋超英、方伯谦、林承谟、沈有恒、林永升、邱宝仁、郑溥泉、叶伯鋆、黄建勋、许寿山、陈毓淞、柴卓群、陈锦荣等十八人，与前学堂的部分学生登上“建威”号练习舰。

自从清同治五年（1866），严复十四岁，考入福州船政求是堂艺局，按照《艺局章程》第四条规定：“子弟入局肄习，总以五年为限。”限期内不得请长假，不得改习别业，以取专精。艺局规定堪比军营，甚至更加严格。五年间，即便是逢年过节，也没有假期回家探视或外出嬉游，为的是艰难困顿，“玉汝于成”。正是这种严酷的生活、学习制度，如同一个熔炉，淬火锤炼，使严复和所有学员逐渐脱去了与军人格格不入的习惯，养成了良好的海军军人素质。

严复和同学们登上“建威”号军舰，开始真正接触近代意义上的军舰。他们惊异地发现，这是完全不同于风帆时代的巨舰。

近代化军舰，以蒸汽机为动力。一七八二年，英国格拉斯哥大学实验员詹姆斯·瓦特，在他单动式蒸汽机的基础上，进一步制造出复动式蒸汽机，从而引起一场工业革命。

一八〇七年，美国纽约的罗伯特·富尔顿制造出第一艘蒸汽轮船“克勒蒙特”号，引发了世界造船业革命性变化。

一八四四年，瑞士工程师约翰·埃里克森研制成世界上第一艘蒸汽机推动螺旋桨的战舰“普林斯顿”号，宣告战舰动力的革命性胜利。

一八五九年，法国制造出世界上第一艘铁甲军舰“光荣”号。这艘铁甲舰以及舰上的新式火炮，标志着海军由古代到近代质的飞跃。

“建威”号即将从马尾港起航。

德勒塞高声发布命令：“全员工作部署，准备起锚！”

一阵急速的脚步声，严复、刘步蟾等跑步来到前甲板。

德勒塞继续高声命令：“舰员左舷站坡！”

严复、刘步蟾等跑到舰艏左舷，面对港岸，沿舰舷排成一列，叉开两腿，牢牢站定，双手后背，腰部挺直，双目正视前方。

军舰出航时和进港时，水兵在舰舷“站坡”，几成仪式，不知源于英国纳尔逊的舰队还是更古老的传统，一直到今天，世界各国海军都通行这一规则。

只听传来德勒塞清晰的讲解：“军舰出港、进港的时候，最容易受到攻击，有许多工作要做，必需‘全员部署’，不许丝毫松懈。”

第一次上舰，第一次远航，第一次接受战斗命令，严复心跳加快，热血沸腾，浮想联翩。每一个第一次去海上航行的人，都会有这样的经历和感受。

舰上连续响起德勒塞的命令和执行命令的回声，加重了远航的期待和战斗气息。

“解左缆！”

“好。”

“解右缆！”

“好。”

“收起后锚！”

“好。”

军舰缓缓地向后移动了。

“右舵，两车退一！”

“两车进二！”

“发信号：‘建威’号请示出港！”

晴朗的天空，晨光曦和，远处山上灯光信号一闪一闪。

信号兵大声复述传来的命令：“准许出港！传船政大臣沈大人钧谕：祝学生实习顺利，祝远航顺利！”

严复一直以为，德勒塞是典型的英国绅士，不论什么时候，都穿着典雅考究，举止永远得体，彬彬有礼，不苟言笑，甚至没有多余的表情，但也不乏善体人意的亲切，和蔼的微笑。而在军舰上，他发现德勒塞的另一面，这是一个标准的海军军官，一个军人的典范，发出的命令斩钉截铁，不容置疑。严复尊敬这样的长官。

“建威”号驶出闽江口，向厦门航渡。

军舰向南，向南。海岸向后退去，渐渐模糊了，直到看不见了。天地一线，四围皆水，军舰置于无边无际的大海汪洋之中。

第一次感到无际无涯的寥廓，海风浸人，心旷神怡，严复大有乘长风、破万里浪、一往无前的惬意和豪情。

严复、刘步蟾等由德勒塞指导，进行海图作业，分作两人一组，手持六分仪测量舰位，标注在航海图上。

严复第一个测出舰位，清晰地高声报告：“北纬二十度零九分八秒；东经一百一十度两分四十秒。”

德勒塞嘉许地点头，鼓励学生们继续海图作业。

严复、刘步蟾和同学们兴奋、新奇。但是，罗曼蒂克的惬意和豪情，没有持续多久。海上忽然起大风了，涌浪越来越高，一排排长浪，从远处奔涌而来，扑向“建威”号。一浪刚过，不让人喘息，又一浪接踵而来，从舰艏盖过，冲过甲板，掠过桅桁，激溅起浪沫飞烟。把军舰举上了波峰，随即又把军舰摔下浪谷之底。波推浪涌，军舰被揉来搡去，上下颠簸，前俯后仰，左右摇晃，永无休止。

有人脸色变青，眼睛复视，脚下趔趄，站立不稳，只听“哇”的一声，有人呕吐了，接二连三，便有连锁反应，许多人都呕吐了，晕船了。

水手在呼喊：“离开船头，那里摇晃最厉害，最危险！”

德勒塞嘱咐道：“不能坚持的，不要勉强，可以到舱里去躺着休息。”

许多人急忙下到船舱里去了。

严复举步向船舱挪动，觉得风浪把五脏六腑都摇动了，肚子里在翻江倒海，止不住要呕吐，只想赶紧躺下身子。他回头见德勒塞仍然站立在船台上，好像钉在那里，一动也不动。他一激灵，在心里向自己喊道：不能退缩，不能躲避！他站稳身子，迈步转向船头走去。一个大浪打来，浑身被浇透了，他挺立在船头了。

德勒塞看见了严复，点头嘉许。

接着，刘步蟾，林泰曾，叶祖珪、许寿山……也都挺立船头。

“建威”号，过厦门、香港、虎门，向海南岛航渡，严复心急地盼着到达崖州（今三亚、榆林）。

严复博览群书，远航前，他认真查阅了有关史籍。

宋人赵汝适《诸蕃志》记载:“海南，汉朱崖、儋耳也，武帝平南越，遣使自徐闻渡海，略地置朱崖、儋耳二郡……唐贞观元年，析为崖、儋、振三州，隶岭南道。五年，分崖之琼山置郡……贞元五年，以琼为督府，今因之。”“外有洲，曰：乌里；曰：苏吉浪。南对占城（今越南中部），西望真腊（今柬埔寨），东则千里长沙，万里石塘。渺茫无际，天水一色，舟舶来往，惟以指南针为则，昼夜守视唯谨，毫厘之差，生死系焉。”

海南岛和周边的海洋，最晚从汉代起，就已经属于中国，汉朝设郡，唐贞观元年（627），雄才大略的唐太宗正式把南海各岛划入中国版图，贞观五年（631）在崖州琼山设都督府管辖海南岛和所属诸岛。严复为能够亲历南海，亲历“汉域唐疆”，感到自豪，一种历史感在心中油然生起。在“渺茫无际，天水一色”的大海上，对于书本的叙述，自有切实的体会。

《管子》说:“水者何也？万物之本源，谋生之宗室也。”这是中国人对海洋的认知。

《尚书》说:中国是“天下陆海之地”,“环九州为四海”,“方行天下，至于海表”。华夏民族处在一个统一的、整体的陆海天下。古人并不只看重陆地，而是从大陆到海洋，陆海交流，陆海循环，相互依存，交融发展。中国，是一个陆海天下一体的国家。这是中国人对自己所处的陆地、海洋的认识。

《史记》:轩辕黄帝造舟“东至于海”。《拾遗记》:“变乘桴以造舟楫，水物为之翔涌，沧海为之恬波。”尧帝时有巨槎“常浮于海”。海洋给中华民族交往世界各民族提供了方便和通道。这是中国人的海洋观。

中国人弄潮的历史，可以上溯到上古时期。鲲鹏“水击三千里，抟扶摇而上者九万里”，何等气魄；“有巨灵之鳌，背负蓬莱之山，而抃舞戏沧海之中”，何等美丽；“白泽神兽，能言，达于万物之情”，描写何等灵动；“精卫衔微木，将以填沧海”，何等感人；“天河与海通，近世有人居海渚者，年年八月有浮槎，去来不失期”，何等令人向往，反映出中国人认识海洋、利用海洋、驾驭海洋的渴望和想象。

有文字记载，可考据的史实，洋洋大观，不绝于书：

古籍《世本》：“古者观落叶，因以为舟。”

《淮南子·说山训》：“古人见窾木浮，而知为舟。”

《易经·系辞》：“刳木为舟，剡木为楫。”“舟楫之利，以济不通。”

中国人经略海洋由来已久：

秦始皇时，徐福率领船队入海，求不死之药。司马迁《史记·封禅书》：“自威、宣、燕昭使人入海求蓬莱、方丈、瀛洲，此三神山者……盖尝有至者，诸仙人及不死之药在焉。”“始皇自以为至海上而恐不及矣，使人乃赍童男女入海求之。”

汉朝汉武帝时（前140—前87），班固《汉书·地理志》详细记载了海上丝绸之路，从广东番禺出发，经中国南海和马来半岛，过苏门答腊和马六甲海峡，经狮子国（今斯里兰卡），至印度南部，远至大秦罗马古国。

三国时，吴国派中郎将康泰和朱应出使扶南（今柬埔寨）等南洋各国，回来后著《外国传》《扶南传》，中国与南洋交往多达十五国。

东晋隆安三年（399）至东晋义熙九年（413），高僧法显十三年间遍历三十个国家，著有《晋法显自记历游天竺事》。东晋隆安三年（399）春，法显结伴十人，由长安出发去印度寻求佛经，东晋义熙八年（412），从斯里兰卡乘中国商船回广州，途中遇到大风，不得不向东航行，随风漂流，经过一百零五天，到达今墨西哥南部西海岸一带。在那里停留了五个月，于第二年春五月，乘船向西航行回中国，经过一百一十二天航行，于当年秋九月回到山东崂山。法显十分动情地叙述，自从到印度寻求佛经，离开祖国，离开亲人已经十几年了，“去汉地积年，所与交接，悉异域人。山川草木，举目无旧，又同行分披，或留或亡，顾影唯己，心常怀悲”。他在狮子国（今斯里兰卡）看见一位中国人思念故国而不可得，日日供奉着一把随身携带的中国白绢扇，以慰思乡之情。法显感同身受，“不觉凄然，泪下满目”。于是，决定搭乘从罗马帝国（大秦）返回中国的大海船回国。法显记载了那艰险的航行：

（船）上可有二百余人。后系一小船。海行艰险，以备大船毁坏。得好信风，东下二日，便值大风，船漏水入。商人欲趣小船，小船上人恐人来多，即砍绳断。商人大怖，命在须臾，恐船水漏，即取粗财货掷入水中。法显亦以君墀（水瓶）及澡罐并重物弃掷海中……如是大风昼夜十三日，到一岛边。潮退之后，见船漏处，即补塞之。于是复前。海中多有抄贼，遇辄无全。大海弥漫无边，不识东西。唯望日月星宿而进。若阴雨时，为逐风去，亦无准。当夜暗时，但见大浪相搏，晃然火色。鼋鼍水性怪异之属。商人慌遽，不知哪向。海深无底，又无下石住（石锚）处……如是九十日许，乃到一国，名耶婆提。……停此国五月日。复随他商人大船，上亦二百余人，赍五十日粮……

严复似乎看到法显那探险的航行。船队离开狮子国两天，即在海上遇见风暴。船队在大风中穿过马六甲海峡，转东北方驶向广州。在南海上，被大风吹向反方向的太平洋深处，一直向东而去。在大洋中颠簸漂荡，经过一百零五天航行，于公元四一二年十二月底，意外地到达墨西哥西海岸的阿卡普尔科。受到古印第安人的友好接待，停留了五个月，修理船舶，补给物品。东晋义熙九年农历四月十六日（413 年 5 月 31 日）起航回中国。船队先向西北航行一个月，在洛杉矶西南部的太平洋上，转向西航行，经过四个月，一百二十天的航行，在当年九月回到中国山东半岛的青岛崂山。完成了在太平洋上往返的壮举！

中国的法显是因遇风漂泊，偶然地到达拉丁美洲。但是，这丝毫不影响他们作为航海家的辉煌和成就。特别是法显作为一个有心人，详细记载了这次航行的起航地点、时间、风向、航向、海况、航程、天象、季节，而且，详细记载了所到之处的山川地貌、人文社会、风物人情，留下了极其宝贵和丰富的航海史料，这是对人类的贡献。

南北朝《梁书》记载：有一个叫慧深的中国和尚，在齐永元元年（499）曾经航海到达扶桑国。那里距倭国（日本）三万多里，遍地皆是扶桑树。按推测，当是美洲国家，或即今墨西哥。

唐朝鉴真和尚六次（742—753）东渡日本，弘扬佛法，传为佳话；而日本的“遣唐使”，也不绝于途。中国朝廷设立市舶司管理外来的海运客商。

宋朝（十世纪），设立榷易院以管理日益繁荣的海外贸易。

元朝（十三世纪），海外贸易空前繁荣，《元史》：“四方往来之使，止则有馆舍，屯则有供账，饥渴则有饮食，而梯航毕达，海宇会同。”有汪大渊记录与各国交往的《岛夷志略》为证。

明朝，郑和从永乐三年（1405）至宣德八年（1433），二十八年间七下“西洋”，遍历南中国海、爪哇海、马六甲海峡、印度洋、波斯湾、红海。中国少有，世界所无。

中国人经过长期航海实践，“知山知海，知浅知深，知屿知礁，精通海道，寻山认澳，望斗牵星”，首先发现了南海，发现了南海诸岛。有文字的记载，可以追溯到公元二世纪末。汉武帝派遣使臣从广东合浦（今广西合浦）、徐闻乘船出发，航过南海、印度洋到达印度南部黄支国。从此，汉朝使臣不断来往于东南亚各国。谢承在《后汉书》中写道：“交趾七郡贡献，皆从涨海出入。”三国时，吴国孙权派康泰出使扶南（今天的柬埔寨），他在《扶南传》中写道：“涨海中倒珊瑚洲，洲底有盘石，珊瑚生其上也。”中国人在一千多年前，已经准确、形象地描述了南海的珊瑚岛礁。宋代《武经总要·广南东路》记载：“命王师出戍，置巡海水师……从屯门山用东风，西南行七日至九乳螺洲，又三日至占不劳山（古环洲国界）。”……

随着军舰前行，海水变幻：近海，黄中泛绿；开洋，蓝中带碧；深海，黛近乎墨。

海变得阴沉起来，风刮起来了，浪涛撞击，互相拍打，从海底发出了吼声，掀起了巨浪。突然，从乌云中迸出一道闪电，暴雨倾盆直下。“建威”号忽而被咆哮如雷的海浪吞没了，忽而又被大海吐了出来。但是，“建威”号继续向前。

“建威”号舰艄传来德勒塞口令：“注意：军舰进入北礁。加强观测，小心驾驶。”

北礁，进入西沙群岛的门户，是南海航行的必经之路。从大陆出洋远航，或从南洋回航，都以北礁作为航测的地理坐标。历来中国古航船到此可分为东、中、西三条航线，分别航向越南、马六甲半岛、中东、印度尼西亚爪哇、马来亚。这里是一处全封闭的珊瑚环礁。四望是深达四千米的南海海盆，无风三尺浪，是航行危险的水域。

严复读过元代汪大渊撰写的《岛夷志略》。元天历二年到至正五年（1329—1345），汪大渊曾经由南海航行到印度洋沿岸，历经数十国：“舶由玳屿门（今福建泉州海口附近），挂四帆，乘风破浪，海上若飞，至西洋，或百日之外，以一日一夜行百里计之，万里曾不足。故原其地脉，历历可考。一脉至爪哇；一脉至渤泥（今加里曼丹）及古里地闷（今帝汶岛）；一脉至西洋遐昆仑之地（指今婆罗洲开始的“西洋”）……观夫海洋，泛无涯涘，中匿石塘，孰得而明之，避之则吉，遇之则凶。故子午针人之命脉所系，苟非舟子之精明，鲜不覆且溺矣。”

中国人航海的历史记录，使严复大开眼界，丰富了海上实习的内涵。

德勒塞亲自操船，指挥测探水深。严复和同学们围在他身边，仔细观察德勒塞果断发出舵令，不时修正航向，驾驶军舰绕开珊瑚礁，驶过北礁，脱离危险水域。

军舰继续前行，暴风雨狂怒地刮过，又骤然停息了。

天亮了，黛黑色的波涛像是凝然不动，海面上平滑如镜。

严复看着大海万里无际，浮天无岸，想起读过的一篇《海赋》，那是古人木玄虚写的，用了许多冷僻拗口的词语，十分难读，但是，他还是喜欢文章对海的描绘："波如连山，乍合乍散……更相触搏，飞沫起涛。"喜欢文章的气势："飞骏鼓楫，泛海凌山。于是候劲风，揭百尺，维长绡，挂帆席，望涛远决，冏然鸟逝，鷸如惊凫之失侣，倏如六龙之所掣，一越三千，不终朝而济所届。"

严复浮想联翩：中国海，半环大陆，从北到南，渤海、黄海、东海、南海，彼此相连，北通朝鲜海峡连接日本，东经宗谷海峡、巴士海峡贯通太平洋，南由马六甲海峡直向印度洋。南中国海正处在太平洋通往印度洋、欧洲、澳洲、非洲航路的要冲。

置身浩瀚的南海，天高海阔，人的心胸也随之宽广起来。南海是一个完整的深海盆地，四周为大陆、群岛和半岛所包围，北面是中国大陆，东面是菲律宾群岛，西面是中南半岛，南面是加里曼丹和苏门答腊群岛。南海与太平洋、印度洋相通。东部有巴士海峡、巴林塘海峡、巴布延海峡、民都洛海峡、巴拉巴克海峡联通太平洋和苏禄海；南部有马六甲海峡、卡里马塔海峡联通安达曼海和爪哇海。严复慨叹：人局限于陆地，很难获得如此开放和寥廓的感受。

清晨，轻柔的海在波动，带着咸腥味的海风劲吹。

波涛浴日，云锦满天。

军舰前头出现了导航鸟，上下盘旋，不离左右。

有海鸥，就有陆地。

"建威"号前方，浮现一抹黑色，隐隐约约，朦朦胧胧，似在波动，似在浮沉。

一线白色浪花，悬空托起一抹低矮的墨绿。渐近，墨绿周遭，一片浅蓝，一片嫩绿，晶莹透亮，澄彻通明。一座小小的海岛像是浮在海面，冉冉向前飘来。

再前行，海水蓝了，海水绿了，海水亮了。环岛四周，都是珊瑚沙，堆如盛雪。小岛东北、西北两端突起，像一个马鞍，仅仅高出海面几丈。周围是很大的礁盘，一眼望不到头。

垩白泛绿的礁盘，绵亘延长，似在浅水下波动摇荡。这就是西沙群岛的永乐群岛。

宋吴自牧《梦粱录》记载航行七洲洋（西沙群岛）的经历："迤逦过七洲洋，舟中测水，约有七十余丈。……但海洋近山礁则水浅，撞礁必坏船，全凭南针，或有少差，即葬鱼腹。自古舟人云：'去怕七洲，回怕昆仑'。"

明宋濂《元史》记载史弼率领元朝军队前往爪哇的经过："至元二十九年十二月，弼以五千人，合诸军，发泉州，风急涛涌，舟掀簸，士卒皆数日不能食，过七洲洋、万里石塘，历交趾（今越南）、占城界（今越南中部）。"

中国水师，中国海军，历来就是南海的开拓者。

"建威"号由晋卿门狭窄航道进入永乐群岛海面，只见巨大礁盘上散布着许多岛礁，晶莹明丽，美不胜收，令人联想起"大珠小珠落玉盘"的诗句。这里用明成祖永乐年号命名，郑和当年率领宝船舰队经由此地航向"西洋"。

明成祖永乐三年六月十五日（1405 年 7 月 11 日），三宝太监郑和率领宝船舰队第一次出使"西洋"，到宣德八年六月二十一日（1433 年 7 月 7 日），结束第七次出使，前后历时二十八年，遍历南中国海、爪哇海、马六甲海峡、印度洋、波斯湾、红海，更航越印度洋，远达东非海岸。为人类第一次沟通太平洋和印度洋，开辟了亚洲到非洲的海上航线。

严复不明白为什么叫下"西洋"？原来，明代中国人以婆罗洲（今加里曼丹）作为东洋、西洋的分界，"婆罗又名文莱，东洋尽处，西洋所自起也"。西洋，实指南中国海和印度洋。

郑和率领一支由两三万人和两三百艘海船组成的宝船舰队，航行至三十多个国家和地区。航程之远，船舶数量之多，船舶吨位之大，次数之频繁，所历时间之长，是空前的，是世界航海史上的壮举。特别是郑和于永乐十二年（1414）第四次出使，航行越过印度洋，那是世界航海史上第一次跨洋航行。

长时间以来，对于郑和为什么下“西洋”，有过种种说法，《明史·郑和传》记载：

> 成祖疑惠帝亡海外，欲踪迹之，且欲耀兵异域，示中国富强，永乐三年六月命和及其侪王景弘等通使西洋。

明成祖朱棣夺取了他侄子惠帝的皇位，惠帝逃亡，不知所终，朱棣想要得知他的下落，自是人之常情。但是，如果只是为了消除后患，朱棣何须派遣如此大规模的船队，连续二十八年长时间搜寻？！至于示中国富强，则是应有之义。然而，这仍然不是明成祖心中的目标。我们且看永乐七年（1409）三月，明成祖命郑和带给“四方海外诸番王及头目”的敕书：

> 朕奉天命，君主天下，一体上帝之心，施恩布德。凡覆载之内，日月所照，霜露所濡之处，其人民老少，皆欲使之遂其生业，不至失所。今特遣郑和赍敕，普谕朕意：尔等祗顺天道，恪遵朕言，循理安分，毋得违越，不可欺寡，不可凌弱，庶几共享太平之福。若有摅诚来朝，咸锡皆赏。

这是明成祖建立儒家理想天下的宣言，不是吗？你看，他君临天下，有责任“施恩布德”，使所有的人“遂其生业”，人们要“循理安分，毋得违越”，以使天下人“共享太平之福”。建立以他为最高领导的，儒家理想的和谐不争的天下。这一通宣言，才应该是明成祖派郑和下“西洋”的真正目的。

显然，郑和不折不扣地执行明成祖的旨意，“遍历诸番国，宣天子诏，因给赐其君长，不服，则以武慑之”。

郑和既带有中国的物产“宝货”，厚赠所到之国，也统率有必须的“甲士”。他第一次航行到达三佛齐旧港，旧港酋长陈祖义公然“剽劫商旅”。为制止这种海盗行为，维护和平秩序，郑和先是向他晓谕警告，陈祖义假示投降归顺，暗地里策划袭击郑和船队。郑和“大败其众，擒祖义”。永乐五年（1407）回国时，以“所俘旧港酋长”“献阙”。明成祖很欣赏这样的“恩威并用”。

当时郑和所到之处，并不安定。如占城就受到安南侵略，明朝廷写信告诫安南：“占城言与尔邻壤，尔屡兴兵侵其土地，掠其人民，剽掠财物，占城之人困尔荼毒。夫两国土地，传自先世，而主于天子，何得恃强逾越？……今自宜保境安民，息兵修好，则两国共受其福。”当时的“劝和促稳”，似乎颇有成效。

《明史》称，郑和的航行，使成祖晚年“威德遐被，四方宾服，受朝命而入贡者迨三十余国，幅员之广远迈汉唐”。

这就是郑和。

严复以中国有法显、郑和而自豪。

德勒塞严格要求严复和同学们观天测海，白天观测太阳，夜晚观测星星，以推算、测定准确舰位；严格要求一丝不苟地书写航海日志，记录航程和军舰状态；不厌其烦地要求打水砣测试水深，记录航道变化。德勒塞安排洋员一对一地指导学员轮流驾驶操船，不断修正航向、航速，保持正确的航线……

“建威”号航行到菲律宾。这是“建威”号到达的外国，严复和同学们好奇地探视中国前所未知的国度。这是一个由众多岛屿集合在一起的国家，这里的海很热，这里的太阳很烈，椰树婆娑，风俗奇特。

海风习习，星光闪烁，严复和同学们围坐在“建威”号舰艏，德勒塞向他们说：“一五一九年，葡萄牙人麦哲伦，从西班牙起航，第一次绕地球航行，于一五二一年到达菲律宾。”

闻所未闻，严复和同学们都好奇地竖起了耳朵。

“讲麦哲伦的故事前，先要告诉你们三大航线的故事。”

十五世纪末叶和十六世纪初，欧洲掀起一股地理大发现的热潮。西班牙、葡萄牙、英国的探险船队竞相向远洋航行，去发现新大陆，去寻求黄金。一四九二年，葡萄牙人哥伦布到达拉丁美洲；一四八七年，迪亚士绕过好望角，到达非洲；一四九八年，达·伽马到达印度西海岸。他们航行的路线被称为三大航线。这之后，便是一五二一年葡萄牙人麦哲伦到达菲律宾了。

海洋原本隔绝了东方、西方的联系，海洋又把东方和西方连接起来。欧洲太狭窄，需要原料、廉价的劳动力、广阔的销售市场，需要更多的黄金，于是，葡萄牙人、西班牙人像是被魔咒驱赶一样，发疯似的到非洲、印度、远东寻求黄金。

十五世纪，意大利热那亚人哥伦布，受十三世纪马可波罗《游记》的影响，为了实现黄金梦，说服西班牙国王派他携带给中国皇帝的信去远航。欧洲人贪婪地向往东方的黄金、白银、象牙、香料，而从陆地通往东方的传统丝绸之路被无尽的沙漠、山川阻隔，特别是被土耳其奥斯曼帝国的马刀所阻断，只有向海洋寻求通道。哥伦布相信地球是圆的，从欧洲向西航行，必定能够到达东方的印度和中国。一四九二年八月三日，哥伦布带领八十七名水手，乘三艘帆船，从西班牙的巴伦西亚港出发。第一艘船叫“圣玛利亚”号，很小，长不过二十米，宽只六米，排水量一百吨；第二艘船叫“品塔”号，也不过一百吨；第三艘船叫“尼雅”号，只有四十吨。经过两个多月的航行，于十月十二日到达巴哈马群岛。登上圣萨尔瓦多岛后，哥伦布听到当地人总是说“印第安”，便以为到达了印度。哥伦布立即“展开西班牙的旗子”，“拔出宝剑插在地上”，宣布以西班牙国王的名义接管该岛，命名为圣萨尔瓦多岛，自命为“印度”总督。以后，他又三次航行到中南美洲，当地土著是印第安人，哥伦布都以为那就是印度。过了一些年后，人们才知道这里并不是印度，而是欧洲人所不知道的美洲，一个新大陆。

哥伦布带来了欧洲文明，更带来了掠夺和杀戮。哥伦布引来了大批西班牙殖民主义强盗，他们残酷地屠杀印第安人，贪婪地抢劫财富。

一五一九年，科尔特斯（Hernan Cortes）洗劫了墨西哥城，于一五二一年建立起西班牙人的殖民主义统治。一五三一年，皮萨罗（Francisco Pizarro）侵入厄瓜多尔、秘鲁，杀戮原住民，毁灭了印加古国，建立起西班牙的殖民主义统治。一时间，满载金银的运宝船，来往于大西洋，使得西班牙一夜暴富起来。接踵而来的是葡萄牙贩卖非洲黑奴的奴隶船，进行着极端的非人道的罪恶交易。随后是荷兰殖民主义者、英国殖民主义者、法国殖民主义者，他们都给拉丁美洲人民带来了苦难。这或许是哥伦布始料所不及的。对于一个航海家来说，这不能不说是一个悲剧。哥伦布自己的命运也是悲惨的，最终在贫病交加中死去。

一四八七年，葡萄牙国王派迪亚士率领三桅帆船沿着非洲海岸由西向东航行。非洲南方海角因为地球自转，终年刮着狂暴的西风，巨浪如山，汇成格外凶猛的海流，吞噬了无数航船。迪亚士好不容易地闯过了风暴，心有余悸地称呼这里为“风暴角”。葡萄牙国王嫌不吉利，把它改为“好望角”。希望绕过凶险的海角，就可以找到通往印度的航道。

一四九八年，葡萄牙为了与西班牙竞争，派出达·伽马率领四艘帆船绕过好望角，向东航行，到达东非海岸。当地苏丹派人为达·伽马领航，利用印度洋上的西南季风，航行到了印度西海岸繁华的海港卡利库特。市街上，中国瓷器、绸缎，琳琅满目；马六甲的丁香，锡兰的肉桂，散发着诱人的香味；非洲的象牙、宝石让人目眩心动；阿拉伯的皮革，马来亚的锡块，令人爱不释手。达·伽马和水手们贪婪抢购，甚而直接抢劫，遭到当地老百姓反对。达·伽马回到里斯本，葡萄牙人为真正到达了印度而狂欢庆祝。随后，葡萄牙国王派出舰队去征服印度，大肆掠夺。

还有一个葡萄牙人麦哲伦，一五一九年受西班牙国王之命，率领二百六十五人，乘“维多利亚”号等五艘帆船由圣罗卡起航，航过大西洋，经南美洲与海地之间的海峡，进入太平洋，一五二一年三月到达菲律宾。完成了第一次环绕地球的航行，证实地球是圆的。由大西洋进入太平洋的海峡后来被命名“麦哲伦海峡”。只是这个麦哲伦，因为殖民主义恶行，后来被菲律宾人处死了。

严复和同学们听了三大航线的故事，第一次如此具体而细微地感受中国以外的历史，如此惊心动魄的海上历险，感慨万端，啧啧称叹。

德勒塞接着说：“究其实，在哥伦布、迪亚士、达·伽马之前，阿拉伯人早已在这片广袤的海洋上航行，来来往往，开辟了最经济、实用的航线，积累了丰富的航海经验。欧洲的航海冒险家只是沿着阿拉伯人已经开辟的航线，继续探索前行，到达了新的航点，看到了他们从前所不知道的新大陆。”

德勒塞带给严复和同学们一次西方文化与东方文化的交汇和融通。也使严复体认到海洋的道路广阔而漫长，充满凶险，充满挑战。

严复顿悟，高声说：“老师，我懂了。航海，是人类一次一次的接力。后人接过前人交到手里的接力棒，义无返顾地继续前行。在四顾茫茫、空无际涯的海上，要耐得住寂寞，不停歇地前进；在狂风暴雨，天倾地侧的逆流中，要把定航向，趋风避浪；在临近目的、伸手可及的时候，需要毫不松懈，奋力冲刺；当精疲力竭的时候，要忍耐，坚持最后一分钟，哪怕到达岸上的同时就倒地死去，也要拼尽最后的气力！然后，就是到达彼岸的欢乐。”

德勒塞高举双手，连连鼓掌。

同学们也噼噼啪啪鼓起掌来。他们熟悉严复思维敏捷，口才雄辩，他们认同严复，严复说出了他们心中所有，嘴上所无。

严复在海上航行的憬悟，对于他后来探索人类智慧，寻求解放思想的航路，是最初的启迪。

严复进一步联想到中国经略海洋的历史。中国人在海洋上的探索，走在前列。郑和之后七十八年，直到一四九二年，意大利热那亚人哥伦布才第一次从葡萄牙的里斯本起航，向西横渡大西洋到达美洲；过了八十四年，一四九八年，葡萄牙人达·伽马才绕过好望角到达印度；过了一百零五年，一五一九年，葡萄牙人麦哲伦才航行到菲律宾。西方航海冒险家插剑为王，不足为训。中国人则绝然两异。郑和所到之处，没有杀戮，没有血火，留下的是三宝垄，是随处可见的“三宝井”，是受人供奉的“三宝大人”神像，而且至今香火不绝。

中国人在历史上，从来没有自海外夺占过一寸不属于自己的土地，也从来没有试图去海外划分势力范围，或者瓜分资源和市场。中国社会自给自足的经济没有扩张海外市场的需求。中华民族的历史、文化，中国人民的精神追求，中国人的海洋观，决定了中国只有郑和，中国不会有哥伦布！人们大可不必为中国没有哥伦布感到遗憾。长期以来，按照西方思维模式，以强权有理、劫掠为荣的价值观来臧否历史人物，显得如此偏颇，人们应当重新审视海洋上曾经发生的一切。

“建威”号离开菲律宾吕宋群岛、棉兰老群岛，继续实习航行到马来亚沙捞越、槟榔屿，经历了热带风暴，经历了复杂的海况和危险的航路，初步经历了风涛的检验，准备返航。德勒塞召集严复和同学们郑重宣布说：“明天我们就要返航回中国，回马尾！”

严复和少年们第一次离开家乡，已经两个多月了，这时候，真的有些想家了，想起马尾校舍，想起那涛声习习的马江，初尝久别故乡，急着一步跨到家乡的滋味。

德勒塞宣布的第二项消息，让严复和同学们震惊了。

“返航途中，完全由学员操船驾驶。从制定航线，绘制航行海图，到实施航渡，学员全权负责，洋教习一律退出实际操作。”

严复和同学们你望我，我望你，有点莫知所措。

德勒塞再度肯定道：“是的，完全由你们操作。我期待你们把‘建威’号完好地驾驶回到中国的那一天，我们在马尾码头上庆祝诸位出色地完成学业。预祝你们每一个人都成为中国军舰的舰长！”

“建威”号在严复和同学们驾驶下，回到南海，来到西沙群岛，过北礁。凶险、复杂的航道，一道道紧张、急促的舵令，一步步准确、及时的操作，紧急、果断的口令声，和湍急海流的喧嚣，交织一片。严复和同学们操纵军舰顺利穿越北礁航道，驶入平静的水域，他们几乎都想起了沈葆桢的话：“能否成材，必亲试风涛！”

六月，“建威”号经过海上实习航行四个月后，顺利、安全地回到马尾。一个个漂亮的停靠码头的操船动作，一气呵成，“建威”号稳稳地系靠码头了。

随后，后学堂航海专业学生考试，严复等七人的四科总分超过三百分，第一名刘步蟾总分三百九十二分。

同治十二年（1873）七月二十四日（9 月 15 日），沈葆桢在《续陈轮船工程并练船经历南北洋各情形折》中总结说：去年，“振威”号（疑为“建威”之误）练船“乘风北驶，历浙江、上海、燕（烟）台、天津、至牛庄，始折而南”，返抵马尾。本年二月南航，“去时，教习躬督驾驶，各练童逐段誊注日记，量习日度、星度，按图体认，期于精熟”。返航时，“则各童自行轮班驾驶，教习将其航海日记仔细勘对。至于台风大作，巨浪如山，颠簸震撼之交，默察其手足之便利如何，神色之镇定如何，以分其优劣”。学生两次实习，成绩均优良。“其驾驶心细胆大者，则粤童张成、吕翰为之冠；其精于算法、量天尺之学者，则闽童刘步蟾、林泰曾、蒋超英为之冠。”

第十五章 相处不好的邻居

同治十一年（1872）三月十六日（4月23日），马尾造船厂制造的“扬武”号军舰提前半年下水。排水量一千五百六十吨，船体长一百九十尺，宽三十六尺，深二十一尺，吃水十七点九尺，一千一百三十四马力，航速十二节，舰载火炮十三门，定员二百名。沈葆桢决定将“扬武”号作为新的练习舰。

严复等被派往“扬武”军舰，又增派船政学堂学生萨镇冰、吴开泰、叶琛、林履中等十数人上舰实习。

同治十一年八月二十八日（1872年9月30日），“扬武”号练习舰，由德勒塞率领出海。拟订了一个雄心勃勃的全球航行计划，分六段实施：一、巡历中国各海口；二、访问日本海口；三、访问小吕宋、新加坡、槟榔屿、利阿玛；四、访问金山；五、访问印度各国；六、访问西洋各国及美洲。但是，这一计划没有完全实施，军舰访问东南亚等国后就中止了既定的航行。后来，严复在为《海军大事记》撰写“弁言”中说：“不佞年十有五，则应募为海军生……卒业，旋登‘建威’帆船、‘扬武’轮船为实习，北逾辽渤，东到日本，南暨马来、息叻（新加坡）、吕宋。”

在“扬武”号访问日本的航次中，严复不再是泛泛地遍历海外诸国，而是有了比较、鉴别，有了独到的思考。

“扬武”号军舰从烟台起航，离开中国海岸，沿着朝鲜半岛海岸航行，过济州海峡，穿越朝鲜海峡、对马海峡峡口。这里的海不平静，风激浪涌，军舰摇晃剧烈。渡过峡口，日本九州岛在望。严复眺望军舰左舷远处的博多湾（今福冈附近）。这里是日本距离中国最近的港口，当年，派往中国学习的遣唐使由此出发，他们将中国文化带回日本，福冈至今留有当年仿中国杭州西湖而建的大濠公园。杨柳依依，长堤、断桥俨然让人以为身处杭州。虽然，占地规模和大小与杭州西湖不成比例，但是，留下了日本人民对中国唐朝的向往和友好感情。博多湾又是当年失意的日本武士、浪人乘船去中国的出发地，他们亦商亦盗，烧杀打劫，从而留下了倭寇的恶名。日本和中国，就是如此亦亲、亦仇的有着解不开的情结。

严复带着中国和日本关系的思索，随军舰直向九州岛西南端的长崎航去。

早晨，细雨霏霏中抵达长崎。只见山山环抱，入港处四座小小山岛，很美。进入海湾，港池广阔，平静无浪。海岸上，漫山皆绿，修竹丛丛，棕榈青青，有笔直的高树成片，不知是不是中国南方常见的小叶桉，那是做桅杆的好材料。长崎城依山而建，有点类似中国的青岛，三面山上全是房屋，又有点中国重庆山城的味道。严复没有想到日本岛，气候如此温和，山川如此秀美，在在令人想起中国的江南。码头十分整洁，带缆的工人，准确地接住中国水兵的撇缆，从水中带起缆绳套进系缆柱，没有多余的动作，十分专业。如此严整有序，如此高效，在中国是难得见到的。严复默默感叹，这就是明治维新，这就是日本向西方学习显现出的优越。

严复想到，日本几乎和中国有一样的经历。从十七世纪到十九世纪中叶，昏庸腐朽的幕府将军、德川家族统治日本二百六十年，以致民穷财尽，国家动乱。一八五三年七月，美国四艘军舰开进贺浦，再开进长崎，要求开放门户。半年后，美国军舰直接开进东京湾，逼迫幕府不得不接受《日美和好条约》。日本从此打破锁国状态。一八六八年明治天皇打败幕府，开始“明治维新”，向西方学习，颇有成效，国家逐渐强盛。严复和晚清许多人一样，赞赏“明治维新”，推崇变法，致力于向近邻学习，在中国实行变法。一时间，中国青年东渡日本留学，蔚然成风。后人郭沫若曾经吟唱中日友谊歌：“一衣带水，一苇可航。昔鉴真盲目，浮桴东海，晁衡负笈，埋骨盛唐。”

当年，“扬武”号进入长崎港，引起轰动，几乎是万人空巷来到码头看中国人、东方人建造的近代化军舰。史载：“聚观者数万人。”在热闹的人头攒动背后，在日本人深深弯腰鞠躬的彬彬有礼中，严复看到了一双斜着眼睛看人的眸子。直觉告诉他，这是一个不愿屈居人后的民族，他们不甘蜗居岛国，谋求有广大的天地，眼睛瞟着中国，打着窃取近邻的主意。还在一八六八年三月，明治天皇检阅属于日本各藩主的军舰，看到的是破败不堪、散不成军的海军。他在百日之后，便传谕全国：“海军之事为当务之急，应从速奠定基础。”计划在二十年内建造二百艘军舰，其中五十艘蒸汽铁甲舰，超过大英帝国拥有的数量，雄心勃勃。日本动向，引起严复思考。一个国家的当权者的意志、观念，影响着国民的情绪，也影响着国家的走向。此时，日本朝野上下，派兵进犯朝鲜的“征韩论”甚嚣尘上；吞并琉球的步伐正在加紧。更有甚者，派兵进犯中国台湾省，已经是天皇御前会议讨论的事项。正在崛起的日本力图打破长期历史形成的东亚格局。日本学习西方，限于急功近利，只想抄近道走强兵富国的捷径，包藏着祸心，潜伏着危险。

“扬武”号对日本的访问，固然是一次航海实习，一次亲善之旅，但也未尝没有显示力量，劝诫日本知难而退的隐衷。但这只是一厢情愿罢了。

长崎的海上波推浪涌，天上乌云翻转，原本淅沥的细雨，衍成了大雨滂沱。严复吐口而出道：“风雨如晦啊！”这是对长崎的天气，也是对中国、日本关系走向的感叹。日本是一个很不好相处的邻居。如果说，朋友合则交，不合可以不交，甚至夫妻不合都还可以离婚，而邻居则双方无从选择，好也罢，赖也罢，都必须相处。要相安无事，彼此需要互相忍让、包容。

清同治十三年（1874），福建船政与日意格等合同期满，按规定解雇洋员，德勒塞中校也将回国。在中国几年长的教学生涯，与中国学生结下了友谊，他特别关注严复，在将要离开中国时，专门写信给严复说：

> 子于海军学术今已卒业矣，不佞即将西归，积年相处，临别惘然，不能无一言相赠：盖学问并不以卒业为终事，此后自行求学之日方长，子如不自足自封，则新知无尽，惟子勉之而已，此不第海军一业为然也。

严复深深感激这位朝夕相处，给自己教诲、帮助的老师，从他诚挚的信中得到了新的启迪，眼光超越海军的范畴，向着世界，向着全球，向着浩瀚的海洋和宇宙探望。然而，德勒塞没有把一个军人最需要的战争准备教给严复他们，而战争迫在眉睫，或者说已经来临了。

第十六章 『示以兵威』

我们回到本书的开头。清同治十三年（1874），甲戌，人们正忙着准备过端午节，忽然，警讯飙发：日本派兵入侵台湾。

严复、刘步蟾等接到紧急命令，取消原定端午节假，立即归队返回“扬武”号军舰。

事发突然，却其来有自。日本觊觎台湾，可追溯至十六世纪末，丰臣秀吉统一日本后，于一五九二年、一五九七年两次发动侵略朝鲜的战争，进而派兵袭扰台湾。十七世纪初，德川家康继续派兵船袭扰台湾、澎湖。无论是丰臣秀吉，还是德川家族的侵袭，都被中国明朝军队所粉碎。十九世纪六十年代，在西方工业革命的历史推动下，日本进行了具有资本主义性质的全面西化与现代化改革运动，实现了“明治维新”，日本近代化开始起航。出于争夺市场、掠夺资源、抢占殖民地的需要，日本也走上了对外侵略扩张的军国主义道路，推行“大陆政策”，叫嚣“南进”。实行吉田松阴在“海外雄飞论”中提出“收台湾”的主张，设想首先侵占中国台湾，接着征服朝鲜，再侵占中国东北，进而进占全中国，再进而征服世界。一八六九年六月十五日，《日本天皇御笔信》宣称:“开拓万里波涛，布国威于四方。”一八七〇年提出“征台”。正是在这种野心和国策的推动下，日本由琉球而台湾，步步蚕食进逼。

国家有事，夷敌入侵，人们顾不得过端午节了，五月初一（6 月 14 日），辰刻时分(上午 7 时至 9 时)，沈葆桢率“安澜”号和“楚勇”二营，福建布政使潘霨率“伏波”号，日意格、斯芬塞格率“飞云”号相继从马尾出航。这是第一支由中国建造的舰船组成的舰队。“伏波”号直赴台湾，于第二天五月初二（6 月 15 日）先行抵达安平。沈葆桢率领“安澜”号、“飞云”号经泉州、厦门，而澎湖，沿途考察海港、炮台和设防情形，于五月初四（6 月 17 日）抵达台湾安平。“扬武”号等舰船随后跟进。

沈葆桢一到台湾，立即将舰队和随去的陆军部队，在重要海口布防，将原驻台湾的军队两千人，重新调配，防守要地，同时着手修筑要塞炮台。

为了震慑日军，同时部署“扬武”巡洋舰、“伏波”“安澜”“飞云”“靖远”“振威”号多艘炮舰在澎湖展开军事演习。沈葆桢当面向刘步蟾、严复、林泰曾布置，命令他们随“长胜”号炮舰逼进到日军侵入的台东沿海，对各海口测量地形、海况，并侦察日军部署和动向。

不须反顾，
寻取中流誓。
小儿破贼，
势成宁问强对!

严复、刘步蟾，以必胜的信心，满怀战斗激情，迫敌作业，仔细测量台东沿海海口。测得苏澳，有良好的港湾条件，开发后，可以停泊巨轮。沿海有众多天然的小港湾，船只来往，十分便利。这些中国新海军的“骄子”，为祖国台湾如此得天独厚的地理条件而欣喜。严复、刘步蟾等还侦察得知，日本军队驻扎在牡丹社山后海口，凶悍残暴，为害老百姓。日本侵略军也担心台湾原住民的袭扰，日夜不安，惶惶不可终日。

沈葆桢在一系列部署后，即向西乡从道发出照会，严正声明：台湾“生番”所居住的地方，历来是中国领土，“生番”是中国臣民，受中国保护和法律管理。日本国不经允许派兵来台湾，严重侵犯中国主权、干涉中国内政。本钦差大臣和中国军队坚决保卫国家主权和领土完整，“无论中国版图尺寸不敢以与人”！

沈葆桢的态度斩钉截铁，话语掷地有声，断绝日本人的侥幸和幻想，“破其狂愚”。

五月初六（6 月 19 日），沈葆桢乘军舰自安平威逼西乡从道侵驻的龟山岛。于六月二十二日至二十五日，派潘霨和台湾兵备道夏献纶直接与西乡从道交涉，要求日本撤兵。西乡从道一味推诿、狡辩。但在交涉中也透露出索取“补偿”银两以换取退兵的意图。

西乡从道请潘霨带给沈葆桢复信说：“你我都是新兴海军的创始人，彼此各有千秋，宜和不宜战，战将两败俱伤。”

沈葆桢回信明白告诉西乡从道：“中国非好战者，贵方宜先罢兵，则战可免。”

西乡从道回信称：“本人愿和，但需得日本政府命令。”他请求搭中国轮船到上海，以便与日本外务大臣柳原前光取得联系，并请求经由厦门电报转日本政府停止派兵。沈葆桢答应了他的请求。

但是，日本人空言撤兵，以高压和欺骗手段，继续与牡丹社、高士佛社以外的十六社原住民“议和”，诱使他们“受抚”，策动他们与日本交往。日本太政院更依据侵入台湾的日军和西乡从道“不惜一战”的意见书，通过了用武力对付中国的决议，并且草拟了对中国的宣战书，准备冒险一战。

五月十一日（6 月 24 日），同治皇帝上谕：日本倘再肆意妄为，即声罪致讨。

今天看来，这是中国最高统治者，从事变以来最明确的决断，有着决定性意义。

沈葆桢清醒估计，“战备一集，而后理或可行；否则，唇焦舌敝，无济。”外交谈判，必须以国力为后盾，才能够折冲樽俎，取得胜利。务须加强同原住民的团结，凝聚民心，厚集兵力，加强备战，才能够制止日本侵略。他实行“驱倭抚番”的方针，与琅峤地区十五个高山族和卑南（今台东）的五十一位原住民头领具结，向原住民发放衣物、银牌，特别是团结陈安生、买远等头领，使他们心向祖国，接受清朝政府号令，抗击日寇，维护中国统一。与此同时，加紧从大陆调兵遣将。到八月中旬，在台湾南路，已经集结了十六个营约八千人，北路也集结了十一个营。八月到十一月，再调当时中国陆军最精锐的淮军十三个营来台湾，进驻前沿。一时间，枋寮、东港、凤山、淡水、宜兰、苏澳、旂后都有重兵部署。在安平，紧急修建起大炮台一座，配置大炮五尊、小炮四尊。陆续从天津调洋炮二十尊、洋火药四万磅、从广东调洋火药三万磅运送到台湾。后续还将由福建巡抚率领军队两万五千人来台，以压倒性的军事强势，形成对日军的包围。

清军以反对侵略，保卫祖国领土、主权的正义之师的气势，先声夺人，士气高昂。

沈葆桢判断：“陆有淮军，水有铁甲，胁之必退。”而日军非正义之师，失道寡助，加之在台湾水土不服，瘟疫流行，兵无斗志，难以为战。英国、美国等从本国利益考虑，也不愿意看到日本的图谋在台湾得逞。在国际舆论和中国军事压力之下，日本派柳原前光公使来到北京求见同治皇帝，同治皇帝不予接见。

九月十四日（10 月 23 日），日本授权内务卿大久保利通为全权办理大臣，来北京与奕䜣、文祥等大臣谈判。清政府要求日本从台湾撤兵。日本方面使出“强叫化”手段，提出中国赔偿日本兵费三百万两作为撤兵条件。

旧时候，有一种“强叫化”，脱光膀子，手中盘弄长蛇，堵在商家门口，强要施舍；或用尖刀，在身上扎出一点血来，强行索讨。人们出于无奈，只得拿钱打发这些无赖。日本侵略中国，损害中国利益，倒要中国赔偿，真是岂有此理！奕䜣当即加以拒绝。

先后经过八轮谈判，英国公使威妥玛出面调停。清政府明确拒绝所谓“赔偿金”，但同意对琉球受难人给予抚恤金，数目由三百万两降至十万两，另由中国收买日本在台湾龟山岛修建的道路、营房，折合银四十万两，共计五十万两。

十月三十一日，由奕䜣、李鸿章与大久保利通签署《北京专条》，十二月三日，日本军队被迫从台湾尽行撤兵。

沈葆桢总结保卫台湾之役，向同治皇帝上奏：“台湾向称饶沃，久为外族所垂涎，今虽外侮暂平，外人仍眈眈相视，未雨绸缪之计，正在斯时！”

沈葆桢集中优势兵力，大军临敌，使入侵的日本军队受到被驱逐、被消灭的威胁，知难而退。不战而屈人之兵，打了一个胜仗。后人对赔款退兵有所诟病，李鸿章曾经这样评述：这样的结局“未免微失优柔，稍损国体，渐长寇志”。但是，如果“启兵端，无论胜负，沿海沿江糜费奚啻数千万”。因此，通过谈判解决争端，是比较好的选择。今天，我们客观地来看，可以部分认同李鸿章的处理。但是，这场冲突中，中国在道义上立于反对侵略的制高点，在军事上以绝对优势稳操胜算，却不分侵略、反侵略，不论正义、非正义，不分是非，又在客观上承认日本对琉球的吞并，“破财免灾”，支付抚恤和赎买银两，未免姑息养奸，遗患未来。这种深刻沉痛的历史教训是不应该忘记的。果然，二十年后的一八九五年，日本军国主义卷土重来，变本加厉，发动了甲午战争。

历史上日本有人痴迷于“南进”，侵略中国，侵略东南亚，挑战世界，结果引火烧身，遭致一九四五年投降、亡国。这是日本历史的悲哀。甲午战争之后一百二十年，日本仍然有人痴人说梦，叫喊再来一次“日清战争”，“教训中国人”。他们忘记了此甲午，不是彼甲午；今天的中国，不复是昔日的中国！

日本有人坦承，他们挑起钓鱼岛问题，最大的收获是使美国明确表示钓鱼岛适用于美、日安保条约。当一八七四年日本入侵台湾，美国政府也曾表示不支持日本出兵，可是，美国前驻厦门领事李仙得却受聘担任日本侵台顾问，美国轮船“纽约”号受雇为日本运兵至台湾。今天，美国人在钓鱼岛问题上一面说‘不持立场’，一面却与日本进行夺岛联合演习，帮助日本组训登岛作战的陆战队。这是历史惊人相似的又一个例证。

在台湾，严复经受了战争的洗礼。对于军人来说，血与火的淬炼，生与死的抉择，是难得的经历。严复和年轻的海军军官们，跟随沈葆桢走遍了台湾。遵照沈葆桢的命令，用在船政学堂所学到的知识和技能，测量调查海况、山川地形、地貌，为开辟海港、码头，为修筑炮台、城堡，选址定位。在台南，在安平二鹍身，荷兰人侵占台湾时建造的热兰遮城旧址，紧急修建起大炮台。整座炮台，砖石结构，十分坚固，射界宽阔。沈葆桢在城堡外的门额上题写了四个大字：“亿载金城”，在城堡内的门额上题写了四个大字“万流砥柱”。寄托了中国海军保卫海疆的决心和期望。

荷兰人曾经建造了赤嵌楼，台湾同胞蔑称之为“红毛楼”。沈葆桢加以改造，建造了海神庙、文昌阁，与安平大炮台隔江相望，互为犄角。

清朝初年，台湾同胞为纪念郑成功驱逐荷兰人，光复台湾，为郑成功建立专祠“开台圣王庙”，四时祭祀。沈葆桢向朝廷奏报《请建明延平郡王祠》，恢复和追谥明朝赐封郑成功的尊号，将开山王庙敕赐改建为“延平郡王祠”。沈葆桢在祠堂的左右川门上题写了“擎天”“辟地”匾额，亲笔撰写了长联：

开万古得未曾有之奇，洪荒留此山川，作遗民世界；
极一生无可如何之遇，缺憾还诸天地，是创格完人。

严复和他的同学们，巡礼保卫台湾之战的战场。

在台南赤嵌楼前，严复似乎看到，康熙元年（1662）二月一日（3月20日），荷兰侵略台湾“总督”揆一，手捧投降书，递送到郑成功手里。连月不开的阴云散了，阳光照亮大地，郑军将士和台湾同胞山呼万岁，一洗多年的压抑，扬眉吐气，大张民族正气。

明朝末年天启四年（1624），国势衰微，西方殖民主义者东来，以“海上马车夫”著称的荷兰殖民者，乘隙侵占中国的台湾，福建和台湾同胞同声相援，奋起反对外敌侵略。三十八年间，反抗的烽火连绵不绝。南明永历十五年三月二十三日（1661 年 4 月 21 日），郑成功率领两万五千人，分乘四百艘战船从福建金门料罗湾起航，向澎湖进发，开始光复台湾的战斗。

出征之前，郑成功临海誓师，命令“掀锅鼎于海中”，破釜沉舟，必定光复台湾，解台湾人民于倒悬和水火。

郑成功的舰队在澎湖列岛休整几天后，经由台湾同胞引导，于四月初二（1661 年 4 月 30 日）绕过荷兰人的炮台，乘着满潮时机，从鹿耳门水道进入台江，分两路在禾寮港、鹿耳门登陆。荷兰人始料不及，被打了个措手不及。郑成功趁荷兰人惊魂未定，迅疾于四月初三（1661 年 5 月 1 日），以大军一万二千人，团团包围了荷兰殖民主义者统治中心——赤嵌城。立即切断城中水源，在城外密布进攻火器，向荷兰殖民主义者“总督”揆一发出劝降书：“该岛一向是属于中国的，在中国人不需要的时候，可以允许荷兰人暂时借住，现在中国需要这块土地，自然当把它归还原主，这是理所当然的事情。”

这份文书至今还存在于荷兰史料中。

揆一凭借坚城负隅顽抗，从爪哇巴达维调派军队救援。郑成功命令士卒筑起围墙，准备长期作战，势在必下。

从爪哇派来的荷兰救援部队，没经交火，便被中国人的气势吓倒了。

郑成功在台湾同胞协同下，长期围困使城堡断水断粮，用火炮悉数摧毁城堡内的防御工事，彻底粉碎了荷兰人的幻想和残存兵力。经过八个月战斗，打得揆一挂起了投降白旗。

郑成功和中国人民宽厚为怀，宣布：“台湾自古是中国土地，土地归我，其他东西都可以让出。”允许揆一带领荷兰残兵约六百人，带上他们的私人财物，并为他们备足了海上航行所需的食物、饮水，于十二月十三日（1662 年 2 月 1 日）分乘八艘船从台湾撤走。

台湾，挣脱了殖民主义者的羁绊，回到祖国怀抱。

严复更注重康熙年间另一场收复台湾的战斗。

在距福州不远的泉州，有靖海将军施琅祀庙，一副楹联记载着郑成功、施琅一脉相承的历史贡献：

平台千古，复台千古；
郑氏一人，施氏一人。

施琅，泉州石狮人，原是郑成功部将。当清朝基本统一中国大陆后，随郑芝龙归顺清朝。但是，郑成功的后人郑经，却一直在台湾实行割据，威胁东南沿海。康熙三年（1664）至康熙六年（1667），康熙皇帝命施琅为靖海将军，曾经三次率军征台，都因风无功折返。康熙皇帝改任施琅为内将军。施琅仍然上奏《边防宜靖疏》，坚持征台。此后十几年，施琅密切注视福建沿海动向，悉心研究风潮汛候，“日夜磨心熟筹”潜心研究收复台湾的战斗方案。

康熙多次对郑氏后人提出优厚条件进行招抚，但是，郑经要求“世守台湾，照琉球、高丽等外国例，称臣纳贡”，坚持割据，分裂祖国。康熙明确拒绝：“高丽系从来所有之外国，而郑经乃中国人。”不允所请。

康熙二十年（1681），清朝政府最后平定了吴三桂、耿精忠等“三藩之乱”，决定采纳施琅的主张，派兵平定台湾。授予施琅全权：“施琅相机自行进剿。”

施琅胸有成竹，认定“澎湖乃台湾四达之咽喉，外卫之藩屏，先取澎湖，胜势已居其半”。康熙二十二年六月十四日（1683 年 7 月 8 日），他率领水陆官兵两万多人，大战船二百艘、小战船二百三十艘，发起平定台湾的战斗。

十多年的策划、准备，施琅决心一改利用冬季刮东北风出海的思路，选择在西南风始发的农历六月中旬出征。他经过实地调查和反复研究，准确掌握了台湾海峡的海况和天候。选择夏季高温多雨，海上能见度较好，特别是在刮偏南风时，有利于舟师横渡海峡，正是平定台湾的时机。施琅向康熙上奏："乘夏至南风成信，当即进发捣巢。盖北风刚硬，骤发骤息，靡常不准，难以逆料；南风柔和，波浪颇恬，故用南风破贼，甚为稳当。"

施琅还一改从金厦出航直赴台湾的惯例，选择从铜山（今东山）起航，便于利用西南风，迅速航渡至澎湖海域。集结休整数日后，于六月二十二日（7 月 16 日）发起澎湖海战。集中优势兵力，以五艘战船围攻郑军一艘战船，各个击破。烧毁郑军一百五十九艘战船。郑军主力损失大半，残余郑军逃回台湾。施琅夺取了澎湖列岛，台湾指日可下。

施琅兵临台湾，依靠强大的军事压力，加强招抚，迫使郑克塽于七月十五日（9 月 5 日）投降，台湾统一于清朝。

但是，清朝一些大臣认为；保有台湾"日费天府金钱于无益，不若徙其人而空其地"。连康熙皇帝也糊涂地认为"得之无所加，不得无所损"。施琅针对错误主张，力主保有台湾，经略台湾：台湾"乃江（苏）、浙（江）、闽（福建）、粤（广东）四省之左护"。"台湾一地，虽属外岛，实关四省之要害。""弃之必酿成大祸，留之诚永固边圉。"施琅强调"红毛"荷兰殖民者"无时不在涎贪，亦必乘隙以图"。弃之"乃种祸后来，沿海诸省断难晏然无虞"。康熙二十二年（1683），清朝终于决定设立台湾府，隶属福建省，在台湾设防。

严复既参加了驱逐日本侵略军的现实战斗，当更能体认历史上保卫台湾战斗的艰难与辉煌。他敬仰郑成功，敬仰施琅。

严复深深佩服沈葆桢的分析和判断："台地向称饶沃，久为他人所垂涎"，"洋人侦探之迹络绎"。明末天启四年（1624），荷兰殖民主义者侵入台湾，天启六年（1626）西班牙殖民主义者接踵而来入侵台湾，法国殖民主义者也一直觊觎台湾。而日本，则已公然派军队入侵。此次被迫撤出台湾，只是暂且退兵，随时都将卷土重来，不能不防。

后来，光绪五年（1879）十一月初六（12 月 18 日），沈葆桢在两江总督任上去世，临终前还口授遗折，上奏说："倭人万不可轻视。倘船械未备……兵势一交，必成不可收拾之势"，宜"早日定计，事机呼吸，迟则噬脐"。沈葆桢以天下为己任、死而后已的家国情怀，浸入严复血脉。

台湾事毕，德勒塞中校继续留任，带领严复等按照既定计划，驾驶"扬武"号军舰远航训练，巡遍东海、黄海、渤海。一八七六年访问日本，"至日本洋，日人颇生艳羡。嗣入内港，气势昂藏，足令人骇异"。然后，"扬武"号再次远航东南亚。日意格如此评价说："这些年轻人中的几位，他们靠着观察各种计时器和各种计算法，能够把一只轮船驾驶到地球上任何角落。"

但是，质疑声、唱衰声仍然不断。同治十三年（1874）正月，外国人在中国办的《北华捷报》发表文章说：福建造船十五艘，而十艘"安静地停泊在船厂对面江边"。"福州船厂在以往几年不过只是一个大玩具而已，看着很漂亮，但完全无用。"

面对怀疑、否定的声浪，同治十三年二月初六（1874 年 3 月 23 日），沈葆桢申报任命船政学堂毕业学生郑渔为"济安"号管驾（舰长），张成为"靖远"号管驾，林文和为"永保"号管驾，吕翰为"长胜"号管驾。随后又任命林国祥为"琛航"号管驾、邓世昌为大副（航海长），林泰曾为"建威"号大副。

同治十三年（1874）九月，林国祥、邓世昌驾驶"琛航"号从福州向北航行至上海，外国人先是惊讶，用怀疑的目光打量这艘中国军舰，审视之后，不得不赞叹说："气象严整，修治清洁，督饬工段，训练士卒，井井有条。"上海《申报》评介说：林国祥、邓世昌"能以西法提举船务……洵华人颖慧精神，能兼众长，能胜任"。

光绪十二年（1886）代理洋监督斯恭塞格向继任驻英法俄公使曾纪泽汇报材料中有如下记述：

水师管驾学生十二人，以刘步蟾、林泰曾、严宗光（即严复）、蒋超英为最出色，萨镇冰、方伯谦、何心川、叶祖珪次之，林永升、林颖启、江懋祉、黄建勋又次之。刘步蟾、林泰曾知水师兵船紧要关键，足与西洋水师管驾官相等，均堪重任，不但能管驾大小兵船，更能测绘海图、防地港口、布置水雷。严宗光于管驾应知学问以外，更能探本溯源，以为传授生徒之资，足胜水师学堂教习之任。萨镇冰、叶祖珪、林永升，勤敏颖悟，历练甚精，均胜管驾之任。

在首批任命名单中，我们没有看到船政学堂历年学习成绩名列前茅的严复、刘步蟾等。此时，刘步蟾、林泰曾、魏瀚等被派随同日意格去英国、法国游历、留学。似乎应当有严复，却没有在其中。

第十七章

海洋很广，世界很大

同治十二年（1873）十月十八日（12 月 7 日），沈葆桢与福州将军文煜、闽浙总督李鹤年联名上《船工将竣，谨筹善后事宜折》：船政设立至今已造成轮船十五艘，均轮机灵捷，船身坚固，且中国匠徒已能放手自造，"与遣散洋匠两无妨碍"。为了"欲日起而有功，在循序而渐进。将窥其精微之奥……当选其学生之天资颖异、学有根柢者，赴英、法留学，究其造船之方、推陈出新、练兵制胜之理，速则三年，迟则五年，必事半而功倍"。

世界科技"奇才迭出，日新月异"。沈葆桢清醒地看到，"即如造船一事，近时轮机铁胁一变前模，船身愈坚，用煤愈省，而行驶愈速。中国仿造皆其初时旧式……官厂艺徒虽已放手自制，止能循规蹈矩，不能继长增高，即使访询新式，孜孜效法，数年而后，西人别出新奇，中国又成故步"。仍然不免处于落后境地，其主要原因是由于"师资不广，见闻不多"，还未学到西洋科技精髓之故。而且，沈葆桢看到"洋人来中国教习，未必上上之技"。洋师中虽有总木匠师、工程师等科技人才，但为数众多的技术工人，既有实际技能又有较深理论造诣的专家不多，而正副监督日意格、德克碑更是“素非制造轮船机器之匠”，不是轮船制造方面的行家。显然不能指望他们帮助中国掌握西方最新科技。要改变“故步”落后状态，掌握最新技术，只能走出国门，留学、观摩、考察，“探其制作之源”。

还在与洋师匠合同期满前一年，沈葆桢就呼吁派遣船政学生出外留学，分赴英国、法国深造，以收事半功倍之效。

光绪三年（1877），已经担任两江总督的沈葆桢和李鸿章联名上奏，选拔严复等驾驶学生十二名、造船学生十四名和艺徒四名，授予严复等武职都司军衔，由李凤苞担任华监督、日意格担任洋监督，分赴法国、英国留学。对学习造船的，要求“赴法国深究其造船之方及其推陈出新之理”；对学习驾驶的，要求“赴英国深究其练兵制胜之理”。达到“登堂入室”，“窥其精微之奥”，“炼出全才”。

此时的严复，不再是十四岁的童子，已经实岁二十三岁了，经过船政学堂五年学习，又经过海上实习，航遍了中国南海、黄海、渤海，两度随舰去东南亚邻国和日本访问，特别是跟随沈葆桢参加保卫台湾、驱逐日本侵略军的作战，成为一名出色的海军初级军官。他对中国的历史，特别是明代以来中国东南沿海海防的历史，有了深刻的认识，对于一代军人的责任，有了一种自觉的使命感。

民国七年（1918）八月中旬，严复为《海军大事记》撰写“弁言”，其中写道：

> 不佞年十有五，则应募为海军生。当是时，马江船司空草创未就，借城南定光寺为学舍。同学仅百人，学旁行书算，其中晨夜伊毗之声与梵呗相答。距今五十许年，当时同学略尽，屈指殆无一幸存者，回首前尘，塔影山光，时犹呈现于吾梦寐间也。已而移居马江之后学堂。卒业，旋登“建威”帆船、“扬武”轮船为实习，北逾辽渤，东至日本，南暨马来、息叻（新加坡）、吕宋（菲律宾），中间又被檄赴台湾之背旂、莱苏

澳……最后乃游学英之海军大学。

这是一段可贵的记载。在“弁言”中，严复还记有当年总税务司英国人赫德对他的一席话：

顾三十年前曾与总税务司赫德谈言，赫德告予曰：“海军之与人国，譬犹树之有花，必其根下支条，坚实繁茂，而与风日水土有相得之宜，而后花见焉；由花而实，树之年寿亦以弥长。”

严复赞同赫德的意见，这也可以说是严复对治学所秉承的态度。严复在马尾船政学堂不仅成就了一个海军军官，而且为他而后的学业精进，打下“坚实繁茂”的根基，开启了中西融通的航路。

宋代朱熹，是严复推崇的先贤。朱熹先在湖南讲学，后在福建武夷山建武夷精舍书院，编撰《四书集注》，弘扬理学道义，集理学之大成。提出先读《大学》以定其规模；次读《论语》以立其根本；次读《孟子》以观其发越；次读《中庸》以求古人微妙处。朱熹上承经典，下启群学。主张“以学为政”，“格物致知”。近人评价说：“理学者，中国之良药也，中国之针砭也，中国四千年之真文化真精神也。”理学“受于前贤而集其大成，流于后世振酿百世之文教”。近世的林则徐、沈葆桢等深受理学的熏陶和影响。当左宗棠来到福建担任总督的同时，带来了以理学为渊源的湖湘文化，与福建的理学传统结合，倡导“务实求真”，经世致用，知行合一的精神；张扬独立创新，敢为天下先的气魄；力主兼容并包，海纳百川的开放思维。一时间，宋明理学在福建，在中国政坛得到弘扬，直接受教于沈葆桢的严复，传承了理学精神和优良学风。

严复是接受宋儒理学的，我们从严复对王安石的评价可见一斑。他在一九一一年《王荆公诗》评语中明确表示，中国所有史书中，王安石推行的熙宁变法是最值得肯定的：

以余观之，吾国史书之中，其最宜为学者所深思审问者，必得其实而求其所以然者，殆无如熙宁变法之一事……将为宰相，必知其国，而调停众异之际，犹必有操纵动静之术焉。相时而后可，得人而后行。

又注：荆公所谓变风俗，即个人所谓开民智。

（《总评王安石变法》）

严复学习《四书集注》，特别欣赏朱熹不仅阐发“四书”的义理，而且注重加以引申和发挥，形成理学的思想体系。朱熹明白宣示说：“顾其为书，犹颇放失，是以忘其固陋，采而辑之，间亦窃附己意，补其阙略，以俟后之君子。”严复特别看重朱熹不是简单地抄书、传书，而是“间亦窃附己意”，利用“四书”构造阐发自己的思想体系。后来，严复在翻译和引进西方哲学著作的时候，附录了大量注解，突出宣扬自己的思想和主张，以致有国外评论家说，严复的译著改写了原著。这可以说是深受朱熹的影响和启迪吧。

光绪三年（1877），严复一到英国，便认识了中国驻英国第一任公使郭嵩焘，对郭嵩焘佩服得五体投地，与他结为忘年交，不是偶然，因为他们有共同的思想认识。郭嵩焘一直推崇理学，不满意那些只在口头上空谈程朱，并不真正实践的理学家。他认为在朱熹之后，唯有王夫之是真正的理学家，懂得“践履体验”道学的精微。严复与他的思想相合。郭嵩焘更明白宣示：“窃以为方今治国之要，其应行者多端，而莫急于仿照西法，以立富强之基。”“虽使尧舜生于今日，必急取泰西之法推而行之，不能一日缓也。”这更使得严复引为知音和同志。

从曾国藩、左宗棠、李鸿章，以至沈葆桢，他们推行洋务运动，大多着眼于技术层面，充其量也只涉及制度的某些方面，没有超出“以中国之伦常名教为原本，辅以诸国富强之术”。到了严复，发生了变化，严复开始认识到西方富强不只是机器、枪炮，更包含着政体、法律制度、社会秩序、价值观念、思想意识等等。而英国，固然是第一个侵略中国的国家，但不可否认它是当时最先进、文明的国度，英国富强的秘密究竟在哪里？严复怀着急切的心情，要实地考察英国。他等待欧洲之行，等待人生新的起航。

严复出国之前，来到福州销售寿山石的几条街巷。

寿山石，福州特有的名石，寿山石雕享誉一千多年，与浙江的青田石、昌化石、巴林石并称为中国四大印石，寿山石居首。

严复虽然生在福州，过去并没有在意，此番因为要远离故土，心血来潮，来到寿山石的市场。只见寿山石摆满一地，琳琅满目，叫人目不暇接。一个一个看过去，如入宝山。他这才知道，寿山石产于福州寿山乡，分为高山、月洋、旗山三系，高山系又分为田坑、水坑、山坑三大类。老坑石价值最高。“田黄石”稀有而尊贵。看上去色如枇杷黄澄澄的，俗有“一两田黄三两金”、“黄金易得，田黄难求”之说。寿山石是治印的上佳材料，因印而名，为文人所喜爱。特别是，由于乾隆皇帝珍爱田黄三链章，越发身价十倍。寿山石雕的技法讲究“相石取巧”，有圆雕、浮雕、矮雕、薄意、印钮、镂空、镶嵌等多种多样，因材施艺，宝石的天然色相，与巧夺天工相得益彰。

严复看中了一方印章，拿在手上，沉甸甸的，圆润而有温暖感，石上有铭文：“剖之斑斓具五彩，他山之石皆卑凡”。严复对“他山之石皆卑凡”的观点，不敢苟同，他信服《诗·小雅》中脍炙人口的句子：“他山之石，可以攻玉。”别的山上的石头，可以用来作琢磨玉器的砺石。此番去欧洲，去西方最文明的英国，不就是寻取“他山之石”，帮助中国进步吗？严复想买下这方印石，一问之下，卖家竟然索要天价！严复囊中羞涩，只好放下，但是，“他山之石可以攻玉”这句话，深深地刻在脑子里了。

春风和煦，满眼新绿，脱去冬装，一身轻快。二月十七日（1877年3月31日），严复提着一只藤箱，和刘步蟾、林泰曾、蒋超英、方伯谦、何心川、林永升、叶祖珪、萨镇冰，以及魏瀚、陈兆翱、陈季同等三十六名青年人，踏上福建船政建造的“济安”号，由中国监督李凤苞和洋监督日意格带领，从福州去香港，转乘法国邮轮赴欧洲。

李凤苞何许人？

李凤苞，上海崇明岛人，同治初年，李鸿章为培养翻译外文的人才，在上海办同文馆，李凤苞进入同文馆学习，能够熟练地掌握英语、德语两国文字，而且，懂算学，会测绘，算得一个干才。后来，得到江苏巡抚丁日昌的赏识。丁日昌把他转荐给李鸿章，成为李鸿章所信任的幕僚，指定李凤苞带领留学生赴欧洲学习。

督办福建船政的吴赞诚上奏说：

> （严复）该生徒等深知自强之计，舍此无可他求，各怀奋发有为，期于穷求洋人秘奥，冀备国家将来驱策，虽七万里长途，均皆踊跃就道，他日或能蔚成大器，共济时艰。

光绪三年二月二十二日（1877 年 4 月 5 日），法国邮轮从香港起航，经南海，经槟榔屿、新加坡、马来亚、菲律宾，向前航行。这些虽是严复先前乘“建威”号、“扬武”号实习时到过的地方，但那时主要集中精力于操船驾驶，无暇旁骛。此番出洋，严复的目的仍然是学习海军，把自己锻炼成海军通才。他从世界的东方，以新的高度，人类的视野，全球的格局去领略海洋，认识海洋。

邮轮出马六甲海峡，航行来到印度洋。

印度洋，俗名小西洋，南方的暖水海洋。在热带阳光映照下，海水碧蓝，浪花雪白晶莹，清澈可喜。五十米深的水下，珊瑚、贝壳依稀可见。海鸥和信天翁在空中盘旋滑翔，抹香鲸和鲨鱼不时出没，群群飞鱼在浪巅上飞窜向前。入夜，海面上不时荡漾起蓝绿色的莹光。那是海洋上特有的浮游生物在发光，与天上星星互相辉映，五彩斑斓，多彩多姿。皓月千里，浮光跃金，波摇水颤，如仙似幻。严复希冀有幸看到传说中的美人鱼，袒胸露腹，跳跃舞蹈，那是水里的精灵，海上神山的仙女，令人浮想联翩。可是，始终没有一现。其实，那是学名儒艮的水生动物，因为罕见而神奇。

由暖水洋，严复联想起那西风咆哮的大西洋，联想起那冰封雪盖的北冰洋。

邮船经过阿拉伯海、亚丁湾，穿过曼得海峡，进入红海，出苏伊士运河，来到地中海。

严复在航行中思绪飞转，上天入地，心骛八极。

一个多月的时间，海洋给人启迪，令人遐想。从亚洲到欧洲，从太平洋到大西洋，严复得到一个深刻体验和印象，那就是普世界都是水。海洋占地球表面面积百分之七十多，各大洲处在海洋包围之中。海洋生物种类繁多，海洋矿物资源丰富。严复慨叹：海洋是一个聚宝盆。

公元前七世纪，中国的《管子·水地》篇说：

> 水者何也？万物之本源也，谋生之宗室也。

虽然，这是后人托管仲之名的著作，但是表明中国人很早便准确揭示出一个大道理：一切生命来源于水。人类的明天依赖海洋。这是很了不起的发现。严复悟到，中国先民是从人类的角度看待海洋的。严复从中得到启发，重新审视对于中国、中国海的认识。

中国是一个陆海国家，既是一个陆地大国，也是一个海洋大国。中国濒临太平洋西岸，四海环于东南。“环九州为四海”：渤海，古名沧海。由辽东湾、渤海湾、莱州湾构成，为辽东半岛、山东半岛所拥抱，形成我国的内海。它经渤海海峡与黄海沟通。

黄海，在渤海海峡的外侧，北至辽东半岛和朝鲜半岛北部，南至长江口北岸，是一个半封闭的浅海。主要岛屿有长山列岛、海洋岛等。

东海，海域开阔，北连黄海，东北经由朝鲜海峡与日本海相通，东面经琉球群岛的海峡与太平洋沟通，南经台湾海峡与南海相接。有台湾岛、澎湖列岛、舟山群岛和钓鱼岛等。

南海，亦称南中国海。是一个深海盆地，北面是中国大陆，东面是菲律宾群岛，西面是中南半岛，南面是加里曼丹、苏门答腊群岛等。东北部经由台湾海峡与东海相接；东部经由巴士海峡、巴林塘海峡、巴布延海峡、民都洛海峡、巴拉巴克海峡与太平洋和苏禄海相通；南部有马六甲海峡、卡里马塔海峡与安达曼海和爪哇海相连。南海面积约为三百五十万平方千米，岛屿众多，海南岛、万山群岛、涠洲岛，以及由二百多个岛、礁、滩组成的东沙群岛、西沙群岛、中沙群岛、南沙群岛等。

黄海、东海、南海，都是北太平洋西部边缘海。渤海是一个内海。中国海洋总面积四百七十多万平方千米，是中华民族繁荣昌盛的重要根基。从渤海的庙岛群岛，到黄海的长山群岛，东海的舟山群岛、台湾岛以及南海诸岛，环卫中国大陆，构成一道弧形的海上天然屏障，更是经略海洋、开发海洋的重要依托。

从中国海放眼看太平洋，中国以外，周围环聚着日本、俄罗斯、菲律宾、印度尼西亚、泰国、越南、新加坡、马来西亚、澳大利亚、新西兰、加拿大、美国、墨西哥、秘鲁、智利等众多国家和民族，中国经由中国海与太平洋相连，远与大洋洲、南极洲和美洲相通。海洋给中国人交往世界各民族以便利。

中华民族和古埃及、巴比伦、印度都是依托陆地，面向海洋，在“天下陆海之地”繁衍昌盛，依靠海洋开发大陆，又从大陆走向海洋，对人类发展做出了非凡贡献，成为世界文明发祥地。

早在公元前二十六世纪，轩辕黄帝时，中国先民“见窾木浮而知为舟”。“伏羲刳木为舟，剡木为楫。”借“舟楫之利，以济不通”。轩辕黄帝经略陆海天下，“披山通道，未尝宁居，东至于海”。“变乘桴以造舟楫，水物为之翔涌，沧海为之恬波。”一片祥和景象。公元前二十五世纪中至前二十四世纪时，颛顼帝（高阳氏）从海上“南至于交趾，东至于蟠本（为东海中山）”。少昊“与娥皇泛于海上”。尧帝时，有巨槎“常浮于海”。中国先民经由海洋交往世界。

史籍记载，秦始皇时，有宛渠国人乘螺舟来中国。秦始皇派徐福带领船队东渡扶桑寻求神仙。汉宣帝地节元年（前69）有扶桑之东的背明之国的使者越海来到中国。汉代海上丝绸之路经狮子国（锡兰，今斯里兰卡）直至大秦（古罗马国）。

三国、南北朝时，中国与南洋十五国交往频繁，有中南半岛的林邑（即占婆，越南中圻）、扶南（柬埔寨），有苏门答腊群岛的珂罗陁、阿罗单、干陁利，有马来半岛的婆皇、槃盘、狼牙修，有爪哇的婆达、阇婆达、丹丹、婆利，有印度的中天竺、天竺迦毗黎以及狮子国。北魏时，在洛阳居住的外国僧侣和其他客人多达三千。吴国孙权曾经派遣康泰、朱应出使南洋各国，他们分别著写了《扶南传》《外国传》《扶南异物志》。

严复还想起他曾经读过的《法显传》。准确地说，是《晋法显自记历游天竺事》。这是中国人最早来到美洲的记录。严复被那详实的记述，被法显的传奇经历，深深打动。

公元四世纪，东晋隆安三年（399），法显和尚年近六十，感慨于传到中国的佛经有残缺，有许多错讹，“慨经律舛阙，誓志寻求”。于是，与十人结伴从长安出发，决心去天竺寻求真经。他们过沙漠，越昆仑，经过四年长途跋涉，到达印度。同伴因路途艰险和病痛，相继死亡。法显仍然矢志不移，苦苦寻访。但是，印度的佛经也多是口口相传，没有善本可循。法显遍历北印度、东印度、中印度，终于寻访到几部完整的、错讹少的佛经。其中，六部约百万字的佛经，为中国所从来没有。法显用梵文翻译、整理成文，准备启程回国。法显由加尔各答乘船航渡到狮子国，搭乘中国商船回国。东下航行二日，便值大风，船漏水入，在大洋上漂流。大海弥漫无边，不识东西。惟望日月星宿而进。经九十日许，来到一国，名耶婆提。

这是中国古代航海实况记录，是中国古代航海的珍贵资料。严复由此想到西方航海界所津津乐道的世界三大航线，有意识地做了一次中西方文化异同的比较。

公元十五世纪末叶和十六世纪初，欧洲的葡萄牙、西班牙等国派出探险船队向远洋航行，发现了许多不曾到过或听说过的地方，兴起了地理大发现的热潮。一四九二年哥伦布航行到达新大陆，一四八七年迪亚士航行绕过好望角，一四九八年达·伽马航行到达印度西海岸。这三次航行所经过的三大航线，把人们已知的欧洲、亚洲、非洲“旧大陆”和不大为人所知的美洲“新大陆”连接起来，使东、西方经由海洋连接起来。密切了世界各大洲人民的交往，使全球形成了一个整体，也使资本主义冲破了许多地方封建主义藩篱，得到迅速发展。后来，恩格斯曾经精辟揭示：“发现美洲是由于在此之前已驱使葡萄牙人跑到非洲去的那种黄金迷所促成的，因为十四和十五世纪极为强烈发展的欧洲工业以及与它相适应的贸易，都要求有更多的交换手段。”当时的严复还认识不到这一点。

严复对于“发现”新大陆之说，有着自己的思考。无论是哥伦布、迪亚士、达·伽马，他们只是在前人已经开辟的航路上继续向前探索，获得成功而留下了记录的人。他们都是后来者。

就美洲而言，它的两面是喧嚣的太平洋和大西洋，北面是万里冰封的北冰洋。是古老的美洲先民、印第安人，或者渡过白令海峡来到美洲的亚洲人，才是美洲真正的发现者、开拓者。在哥伦布之前，欧洲有挪威海岸的诺曼人为寻求“西方乐土”驾船到达美洲。中国南北朝《梁书》记载，在东方大海尽头有一个扶桑国，遍布能吃、能用的扶桑树。公元四九九年，中国慧深和尚曾经到过扶桑国。据考证，扶桑国可能即今天的墨西哥。

在迪亚士绕过好望角之前很久很久，公元前三千年，埃及人、古腓尼基人在海洋上勇敢航行，在多风暴的非洲南方的海角穿行，开辟了绕非洲大陆的航线。古阿拉伯人、腓尼基人对人类航海发展的贡献，功莫大焉！不可磨灭。

在达·伽马之前，阿拉伯人发现了印度洋的秘密，夏、秋两季可以利用西南风直航印度，然后，在冬、春时顺着东北风返航阿拉伯半岛和非洲。古代阿拉伯的商船频繁来往于印度洋。印度洋再也不是不可逾越的水域，而是联系东西方的海洋通道。

公元四一二至四一三年间，中国高僧法显航海到达美洲。最先往返航行于太平洋和中国之间。一千多年后的一四九二年十月十二日，意大利人哥伦布到达今拉丁美洲的萨尔瓦多等地。这已经是中国明朝时候，比东晋时晚了一千多年。法显留下了中国船队航过太平洋的完整记录，有出航时间、起止地点、气象、航程，如“一月余日”“遂经七十余日”“大风昼夜十三日”等实录，有数据可考。特别是具体的海况记载，如“遇黑风暴雨”，准确反映了太平洋上春夏之交，东南风向北劲吹。又如“于时，天多连阴”，准确反映了太平洋多雨雾的海区，等等。留下了人类最早的由东半球航海到西半球的航海记录，留下了五世纪时美洲社会情况的记载，前所未有，其价值不容低估。

哥伦布坚信地球是圆的，以极大的勇气和毅力，率领各一百吨的“圣玛利亚”号、“品塔”号和仅四十吨的“尼雅”号，横越大西洋，成为十五世纪由欧洲航海到达美洲的第一人，为西班牙人、欧洲人以后在美洲开拓殖民地开辟了道路，其意义非同小可。

严复特别注意到，法显和所有中国人与哥伦布和欧洲人的文化和价值观念差异，无论是法显个人，或者是当时的中国统治者，都没有开拓殖民地的意识，主张“以和为贵”“天下大同”。充其量只是“使四方来贡”的“朝贡”思想。哥伦布和西方国家则普遍认为强国征服弱国是理所当然的事情，哥伦布宣布：“我将尽一切可能去寻找可以找到黄金和香料的地方。”坦言“黄金，这是最美好的东西，谁有了它，想什么就能做到什么，甚至能把人的灵魂引入天堂”。哥伦布所到之处，对待反抗的土著居民，赶尽杀绝，实行长时间的殖民主义统治。恩格斯曾经指出：“洗劫和强抢，这就是在美洲的西班牙冒险家的唯一目的。”当然，严复还不可能知道恩格斯其人和他的论断。

还在马尾船政学堂学习的时候，有人惋惜中国虽早于西方人航向世界，但是，中国没有出哥伦布，没有“发现新大陆”，没有成就，没有贡献。对此，严复不敢苟同。

一路航行，一路思考。

从三月三十一日到五月七日，一个多月的海上航行，是历史之旅，思考之旅。既有绮丽的海市蜃楼，又有狂涛万丈，天高海阔，神思飞跃，任意驰骋。穿行苏伊士运河，严复更是感慨万千。

埃及，尼罗河，严复一直向往的地方。尼罗河由青尼罗河、白尼罗河汇流成美丽的大河，富饶的大河，到处是青郁的棕榈、金合欢。尼罗河穿过努比亚盆地和上埃及峡谷，肥沃了下埃及大平原，欢畅地流入蓝宝石般的地中海。早在公元前三千年，古埃及人、腓尼基人就设想，打通隔断红海与地中海的苏伊士地峡，引尼罗河水开辟一条运河，缩短航程。一八五九到一八六九年的十年时间里，数十万埃及人终于开凿出一条长一百七十三公里的运河，贯通苏伊士地峡，联通了红海和地中海，联通了亚洲和非洲。这是人类的伟大创造。然而，法国人、英国人巧取豪夺，占有苏伊士运河的主要股份，攫取了巨额利润，而埃及人却捧着金饭碗要饭吃。

严复还注意到，从新加坡起，沿途经过十八个国家和地方，大多为英国、法国、西班牙、荷兰、葡萄牙殖民地。其中，英国占有十四个：中国的香港、新加坡、印度、孟加拉、锡兰（今斯里兰卡）、亚丁、毕尔林、马耳他、奇巴拉塔，西班牙占有吕宋（今菲律宾），法国占有安南（今越南），荷兰占有文莱、苏门答腊（今印尼）。英国，是名符其实的“日不落帝国”。十四世纪起，开拓殖民地的旋风，成就了这些资本主义国家的繁荣，同时，也有了亚洲、非洲殖民地的深重灾难。

严复出国留学，以中国的贫弱和英吉利的强盛比较，联想到，中华民族曾经依靠大陆，面向海洋，拥有发达的海洋文明。但是，从明朝中叶，直到清朝，这四百年出现了历史大断层，打断了中华民族向海而兴的进程。与此同时，西方人寻找和开辟大洋航线，“发现”新大陆后，竞相在海上开拓。两相比较，中国大大落后了。严复清醒地认识到：

> 中国者，正海、陆兼控之国也。徒以神州奥壤，地处温带上腴，民生其中，不俟冒险，而生计已足，此所以历代君民皆舍海而注意于陆。自弃大利，民智亦因以自封，遂致积重以成百年之世面。

严复最早揭示农耕社会，封建制度导致民智不开，自弃于海洋。严复回顾历史，感慨万端，痛陈利害：

> 吾国开辟以来，拥一统无外之规，常置海权于度外，至于今其敝见矣。

以中国情形，与产业革命后繁荣年代的英国比较，严复形成了全新的认识：

> 盖英之海权最大，而商利独闳。其属地大者有五：印度、南澳洲与北美之康纳达、非洲之好望角。而尤要者，则自其国绕大西洋而入地中海，出苏尔斯、红海，达印度洋，过新加坡北首而入吾之东海。沿途岛埠，如置驿然，蝉嫣不绝，以为屯煤转饷之资；而辅之以全球之海线，此可谓筦（掌管）五洲之锁钥者也。余国出而行贾，皆有仰于英，而英则无所待于余国。然而以设埠之多也，故虽为国大费，而不能不盛设海军而镇压之；此则事相为表里者也。

终严复一生，他反复强调："早建海权，国振远驭之良策，民收航海之利资。"严复对与他同时代的美国马汉发表的《海权对历史的影响》等赞赏有加："往读马汉所著《海权论》诸书，其言海权所关于国之盛衰强弱者至重，古今未有能奋海权而其国不强大者。”

总之，伴随着海上航行的思考，严复开始有意识地注重思考东西方文化比较，东西方文化融通。严复开始思索东西方文化交融，步入他人生最重要的时期。此前的种种努力，都为今天和今后的探索奠定了基础。

三十七个昼夜航行，航程二万里，全球五大洲经历了三大洲，四大洋过了三大洋，一八七七年五月七日，邮船停靠法国马赛港，严复和同学们登岸，转乘火车，五月十一日到达英国伦敦，暂住朴茨茅斯海滨，后移居南安普敦。

第十八章 国士之知忘年交

光绪三年四月初一（1877 年 5 月 13 日），严复到达伦敦后第三天，李凤苞带领官派留学生来到中国驻英国公使馆，拜会郭嵩焘公使。

伦敦新城东南，坡克伦伯里斯（Portland Place）45 号，一幢独立的带花园的院落。中国驻英国公使馆租住在这里，这是中国有史以来第一个派驻外国的使馆。屋前有宽阔的草坪，屋后有精致的花园。按照译音和中国人对住地、街坊的称谓习惯，把坡克伦伯里斯简称为坡兰坊。听起来，增添了些许诗意。

雾气迷茫，雾都伦敦果然名不虚传。但是，这个世界第一强国的首都，街市繁华，熙熙攘攘，却井然有序。建筑典雅，多彩多姿，各异其趣。这一派异国情调，令严复目不暇接，称奇赞叹。走进中国使馆，严复注意到，无论是草坪还是花园，树木葱茏，成几何图形对称配置，树木修剪得整齐一致。与中国园林随自然布设点缀，迥然不同。这大概是民族审美观念和民族性不同所使然吧。

在等候公使接见的时候，严复猜想郭嵩焘是怎么样的一个人。郭嵩焘，晚清一代名臣，名振朝野，曾经任翰林院编修，兵部侍郎，南书房行走。郭嵩焘、沈葆桢、李鸿章三人，被认为是洞悉洋务的人才。郭嵩焘与沈葆桢有书信往来。在他给沈葆桢的信中，曾经毫不讳言称赞外国，谓“彼土人才，实胜中国”。“与外人相处之道，在去猜嫌之见，求因应之宜，视彼所长而效法之。”这些看法，与当时的舆情大相径庭，不为人所接受。

严复还知道，郭嵩焘出使英国，朝野议论纷纷。

光绪元年三月二十七日（1875 年 5 月 2 日），英国驻上海领事馆的翻译马嘉理，得到中国允许，在云南边境勘探道路。与腾冲地方老百姓发生冲突，开枪打伤一人。老百姓愤而打死马嘉理及其随从四人。英国公使威妥玛以出兵开仗相威胁，要求中国派大员赴英国谢罪。于是，清廷被迫指派郭嵩焘去英国“赔罪”道歉。

“天处乎上，地处乎下，居天地之中者曰中国，居天地之偏者曰四夷。”清朝长期以天朝自居，闭关锁国，把外国一律看作属国，从无派遣驻外使节的先例。囿于陈旧观念，还把出使看作是“人质”，是一件既危险又没有颜面的事情。尤其是出使“道歉”，实在有辱名节。亲朋好友力劝郭嵩焘不要接受这个差使。

郭嵩焘已是花甲之年，六十岁了，身体多病。此前即已几次请求辞官引退。接到清廷诏命后，他深知此项差事屈辱而艰难，加上七万里风涛颠簸，当然再三再四请辞。只是在慈禧太后出面慰勉之下，最终不得不接受任命。时人为之惋惜说：“郭侍郎文章学问，世之凤麟，此次出使，真为可惜。”

郭嵩焘既已受命，根据事情的曲直，建议对云南马嘉理事件负有责任的官员岑毓英加以议处。奏章传出，一片骂声：“媚洋辱国，简直就是汉奸！”郭嵩焘的家乡湖南人，编了一副对联把他骂绝了：

出乎其类，拔乎其萃，不容于尧舜之世；
未能事人，焉能事鬼，何必去父母之邦？

参加湖南乡试的士子甚至在玉泉山集会，鼓动烧毁郭嵩焘主持修复的上林寺，扬言要烧毁郭嵩焘的祖屋，宣布开除郭嵩焘湖南省籍。

郭嵩焘写信给老朋友沈葆桢诉苦说：“嵩焘以老病之身，奔走七万里，自京师士大夫，下及乡里父老，相与痛诋之，更不复以人数。英使且以谢过为辞，陵逼百端，衰年颠沛，乃至此极，公将何以教之？默察天下人心，洋患恐未有已也。”

郭嵩焘就是在这样的心情下，前往英国的。其中，还有一个叫他左右为难的棘手问题。他是朝廷二品大吏，出使外国，当然要有受过皇封诰命的夫人随行，可是，原配妻子陈氏已经病故，续娶钱氏，是一个蛮不讲理的泼妇。郭嵩焘实在忍无可忍，只好任她回到她有钱的娘家去过。现在，陪伴在他身边的是侍妾梁姬。温柔可意，开口闭口自称奴才。而英国只有妻子，或是情人，没有偏房、如夫人之说。如何称呼？护照上如何填写？大费脑筋。处置失当，又将招来口诛笔伐。倒是翻译英国人马格里自作主张，径直填写为“夫人”。郭嵩焘也就无可如何地默许了。在今天看来，这不过是不值一提的插曲而已，在当时，可是关乎伦理、礼数的大节。

湖南人秉性，时人以蛮骡子和灵猴子为比喻。郭嵩焘的家乡在湘江下游、洞庭湖滨的湘阴县，虽说是旱不死、淹不灭的鱼米之乡，普通老百姓一日三餐还是“早也茴坨（红薯），晚也茴坨”。湘阴人自称是“茴坨命”，安于贫困，不作非分之想；又不信邪，事事要争个明白、高低。湖南人“敢为天下先”，湘阴人似乎更为出色。清末，此地同时出了左宗棠、郭嵩焘两个“各色”人物。曾国藩、左宗棠都是经郭嵩焘力推而出山的，由左宗棠就可想见郭嵩焘了。

郭嵩焘出国前，朝廷命令他把沿途见闻记录下来，送交总理衙门。于是，郭嵩焘逐日写《使西纪程》，如实记载了沿途所见所想，寄回国内。岂知被守旧的官僚、士大夫攻击得无以复加，痛斥他“极意夸饰”，美化西方蛮夷，断定郭嵩焘“有二心于英国，欲中国臣事之”。

总理衙门原决定刊行《使西纪程》，发给有关官员。此时迫于舆论压力，于光绪三年（1877）六月，判定为“妖言永禁流传”，立即毁版，给郭嵩焘以训诫。

郭嵩焘出使不过两个月，便被参劾、训诫。他在给朋友信中痛苦地诉说：赴任“未及两月，一参再参”。

严复钦佩郭嵩焘是有见识的洋务中人，钦佩他为国家出任艰难使节，击节赞赏他的立论：“窃以为方今治国之要，其应行者多端，而莫急于仿照西法，以立富强之基。”“虽使尧舜生于今日，必急取泰西之法推而行之，不能一日缓也。”

严复知道沈葆桢与郭嵩焘交好，同声相契。他信服和尊重沈葆桢，由此及彼，初次见面，便觉得郭侍郎郭大人可亲、可信。

李凤苞、日意格和随员马建忠、文书陈季同、翻译罗丰禄，带领严复等学生十二人鱼贯而入。郭嵩焘早已在厅堂等待留英学生的到来。

略作寒暄，郭嵩焘切入主题，问道：“原计划是怎么样安排的？”

留英海军学生原拟先入英国海军学校学习，然后再上舰船练习。但是，英国皇家海军学校规定，外国学生不得超过学生总数的百分之二十，不能全数容纳十二名中国学生，必须稍作调整。又依照英国皇家海军学校规定，就读该校，必须于九月一日以前提出申请，并经英语考试及格，才准予十月一日入学。中国学生五月间到达，距离考期尚早，而且所有学生英语程度亦嫌不足，需要进一步准备。

郭嵩焘点头，说道：“时间并不充裕，同学们加紧准备吧，尤其要熟练掌握英语，不然，难得其门而入。”

郭嵩焘把留英海军学生的学习看作使馆大事，亲自出面，尽心办理。他与英国外相德尔贝交涉，并通过德尔贝与英国海军方面一再洽商，允许对中国学生放宽尺度录取入学。郭嵩焘决定原先曾经入英国海军学校学习的刘步蟾、林泰曾、蒋超英三人，直接派入英国舰队实习，其余九人送入英国海军学校学习。由于黄建勋等三人没有能够通过入学考试，郭嵩焘商请英国海军部接受三人入英国舰队实习。严复、方伯谦、何心川、林永升、叶祖珪、萨镇冰六人顺利通过格林尼治皇家海军学院（The Royal Nava1 College Greenwich）的考试。经总教习好士德亲自试验，评定甲乙，录入格林尼治学院，学习驾驶理法。

光绪三年六月二十九（1877 年 8 月 8 日），英国外交部给海军部的《中国留学生一览表》记载：

> 严宗光，现年二十三周岁，在福州船政学堂肄业五年，在练习船实习并服役六年，曾任练习船航海军官，中国水师都司。曾任教练船总教习之英国皇家海军上校德勒塞评论其为“非常机敏的军官和导航员”。（General Corresponaence〔F.O.17/768〕）

格林尼治，天然的海港，位于泰晤士河口。早在一四二三年，格治斯特公爵圈围这里的土地作为猎场。后来，英国王室在这里建造了皇家博物馆和王宫等一批金碧辉煌的宫殿。随着英国在海上扩张顺利，格林尼治海港得到发展扩大。乔治二世对法作战时期，在这里设立海军医院。一八七一年开办皇家海军学院，成为英国海军教学和培养人才的摇篮。

光绪三年八月二十四日（1877 年 9 月 30 日），严复等入学。对于中国留学生，皇家海军学院给予了特别礼遇，“学馆向无外国人就学，以中国初次通使，又最远，英国人都认为是美事，所以破格录取”。

郭嵩焘笑说：“不论事实如何，所说倒是彬彬有礼，以礼相待啊。”

郭嵩焘十分关心留学生的学习，包括学习课目、学习进度、学习成绩，一一过问。他甚至以留学的“英国学生自任”，尽心为留学生服务，同时，随留学生一起追求新知识。郭嵩焘在自己的日记中对严复等的学习情况多有记载，甚至不惮琐碎，把严复抄录的格林尼治皇家海军学院考问课目也记在自己的日记里：

> 一曰流凝二重学合考；二曰电学；三曰化学；四曰铁甲穿弹；五曰炮垒；六曰汽机；七曰船身浮率定力；八曰风候海流；九曰

海岛测绘。

光绪四年正月初一（1878年2月2日）。

“爆竹声中一岁除，春风送暖入屠苏。”大年初一，郭嵩焘邀请留英学生来使馆过年。

中国人过年，重在团圆。游子远在天边，千里迢迢，也要奔回家乡，赶上年三十的团圆饭。这就是中国人团聚不散的因子。向往团圆，追求团圆，是中华民族传统的文化心理，独特的文化心态。郭嵩焘要让第一次在异国他乡过年的学生，“回家”过年。

严复和同学们，第一次远离故土亲人，在异国他乡过年，思乡情切，走近使馆，倍感亲切，鼻子都不禁发酸了。踏进使馆，只见张灯结彩，年味浓郁。尽管谈不上“东风夜放花千树”，但也红红火火，喜庆有余。

郭嵩焘笑眯眯地迎了出来，严复和同学们抢先拜年，拱手道贺：“公使大人，恭喜恭喜，新春万福！”

郭嵩焘笑逐颜开，连声说：“彼此彼此，诸位同喜！”

面对朝廷大员，严复和同学们不免有些拘束、腼腆。而且，郭嵩焘已是花甲之年的老人，他们却是只有二十多岁的青年。郭嵩焘是长辈，严复等是小辈，老幼尊卑，自当尊敬。

郭嵩焘摆摆手说：“大家随意。在异国他乡过年，我和诸位一样也是头一遭。‘每逢佳节倍思亲’，人尽如此。思乡情切，就请诸位把使馆当作自己的家吧！”

严复感到，这是又一个沈葆桢，似乎比那位还更随和一些。

郭嵩焘亲切地看着每一个人，问道：“你们在英国过得惯吗？有什么难处可以跟使馆说，能够帮忙的地方，一定尽力帮助大家。”

同学们纷纷谈到学习情况，严复比较了英国海军学院和中国学堂的不同，侃侃而谈，滔滔不绝，详细列举了学习日程，特别强调说：“在各学科中，数学是基础，所有学科都要学习，学院也优先安排学习数学。西洋最重数学，这也是西洋所以人才辈出、人才众多的原因。”

听到这里，郭嵩焘不断点头，很欣赏严复的观察和结论。

严复还感慨说：“西洋人筋骨强健，中国人比不了。有一次上工程课，英国教习给我们每人发了一把洋镐，要求在一个钟头内挖成一处个人掩体。教员亲自示范，他最先完成了，西洋同学们大多也都完成了一半。唯有我们中国同学，完成的工程量最少，却都已经精疲力竭，难乎为继了。”

郭嵩焘也不禁“啊”的一声。

严复说：“西洋人主张锻炼筋骨，从小就习以为常了，我们自愧弗如，今后亟须加强体育锻炼。”

郭嵩焘惊喜地发现眼前这个青年人，能够从一件平常事情，看到中西方的差距，十分可喜。他不免盯着他多看了几眼，心中涌起了辛弃疾《青玉案·元夕》的佳句：“众里寻他千百度，蓦然回首，那人却在、灯火阑珊处。”

郭嵩焘在他的日记里热情记述道：

（光绪四年戊寅岁正月）初一日辛亥。元旦，为西历二月初二日……格林尼治肄业生六人来见。严又陵（宗光）（严复）谈最畅。余则方益堂（伯谦）、何镜秋（心川）、叶桐侯（祖珪）、林钟卿（永叔）、萨鼎茗（镇冰）。询问读书章程：

每日六点钟分赴各馆听讲。礼拜一上午九点钟重学，十一点钟化学，下午三点钟画炮台图。礼拜二上午算学、格致学（电学赅括其中），下午画海道图。礼拜三上午重学，论德法两国交战及俄土交战事宜，下午无事。礼拜四与礼拜一同。礼拜五与礼拜三同。礼拜六上午论铁甲船情形（如克罗卜新造铁甲船，紧勒炮口，使子出而炮身不后坐，以为非宜，谓子出后坐之力最大，是使船身先受伤也）。论炮弹情形（如弹有平顶、尖顶之分。尖顶自能深透，而不如平顶者，以子出必斜飞，尖顶尝掠铁甲而过，不能深入。平顶斜飞则轮边之力逾劲，且能入水不上激。以铁甲船在水面者常厚，入水处常薄，尖顶入水则其尖向上，激而上冲，不如平顶之直行。而凡尖顶过三十五度，其力愈微故也)。下午无事。在家读书有疑义，听讲毕，就问所疑，日尝十余人。各堂教师皆专精一艺，质问指授，受益尤多。或所讲时无余力质问，则录所疑质之，以俟其还答。诸所习者并归宿（舍）练习水师兵法。而水师船又分三等：一管驾，一掌炮，一制造。管驾以绘图为重，掌炮以下以化学、电学为用，而数学一项实为之本，凡在学者皆先习之。此西洋人才之所以日盛也。

郭嵩焘早就对洋务派只重买船购炮存有看法，尖锐批评说："舍富强之本图，而怀欲速之心，以急责之海上，将谓造船制器，用其一旦之功，遂可转弱为强，其余皆可不问，恐无此理。"还指出："西洋立国有本有末，其本在朝廷政教，其末在商贾；造船制器，相辅以益其强，又末中之一节也。"所以，他希望在留学生中发现英才，引导他们超越练兵自强，成为良将的目标，深入地去探寻促进社会变革和振兴中华的根本途径。此时，严复这个年轻的后生，进入他的视野，让他惊喜不已。

严复也没有使他失望。

光绪四年二月初九（1878年3月12日），严复再次来到中国使馆，与郭嵩焘交谈中，谈及光绪二年（1876）拆毁上海吴淞铁路的事情。

清同治十三年（1874），英国怡和商行以修建城市马路为名，向上海苏松太道购买了从上海吴淞到虹口一带的地皮，实际上却在这块地域中修筑铁路。开始时，没有引起苏松太道的注意和警惕，直到铁路修筑到距虹口三四公里的时候，苏松太道冯焌光才要求英国商行停建。英国商行不予理会，并于光绪二年（1876）闰五月强行通车。六月十四日（8月3日），火车意外地轧死清兵一名。老百姓被风驰电掣的"火龙"吓着了，恐慌了，也被激怒了，群起阻断火车运行。时任两江总督的沈葆桢立即照会英国领事，要求即日停止运营。最后与英国商行谈判，由中国政府出资二十八万五千两白银买断铁路，收回路权。沈葆桢恼怒英国人侵犯中国主权，而且，他认为这条铁路只是便于英国人入侵上海，于中国或无实利，便下令拆除了铁路。此事，引起了中国上下议论。有一个叫张力臣的人，就此写了《瀛海论》。

当在中国使馆议论这件事的时候，严复直言批驳张力臣的《瀛海论》说："《瀛海论》有四大谬误。"

郭嵩焘原本是反对拆除铁路的，鼓励严复说下去。

严复放胆说："张力臣妄说中国不宜修建铁路，一大谬；妄说机器代替人力会使人变得淫佚，二大谬；妄说车船机器便利将来会变成废物，三大谬；妄说有各外国互相牵制，中国不必急于加强海防，四大谬！左宗棠大人讲得好：'泰西有，中国不必傲以无；泰西巧，中国不必傲以拙。人既跨骏，则我不得骑驴；人既操舟，则我不得结筏'。世界各国都在朝前走，张力臣老先生却要停下步来，甚至倒退回去，岂不大谬！"

郭嵩焘颔首，萨镇冰等也同声附和。

严复说得兴起，对张力臣大加挞伐："张力臣老先生说什么西方的'天主'二字本是从东方流传来的，不晓得他所讲流传的是'天主'这两个字，还是英语'天主'的读音？英文'天主——Roman Catholic'，读音是'罗孟克苏力'，到哪里寻找'天主'二字之谐声和会意呢？这位老先生没有学过英语，却要不懂装懂地乱说一气！"

严复意犹未尽，接着大声说："中国人再不能做井底之蛙，关着门称老子天下第一，再也不能抱残守缺，要敢于承认西方比我们强。别人强，我们只有抓紧迎头赶上去！"

尽管张力臣是郭嵩焘多年的老朋友，而且，也并不是一个十分守旧的人物，张力臣的原意是说中国之本已经丧失，又如何能够实行西法？但是，他那四点意见确实荒唐，难怪严复直指其大谬！郭嵩焘很高兴严复明白直说，痛快淋漓，当即大加赞赏说："痛快！说得好，批得透彻！

‘初生牛犊不怕虎’，后生可畏！”

严复，一个初出茅庐的青年，能够得到前辈郭嵩焘的称赞，备受鼓舞。

光绪四年三月初七（1878年4月9日），郭嵩焘六十一岁生日，吩咐按照湖南家乡的习俗，做了长寿面，邀请李湘甫等几个朋友一起吃寿面，过生日。严复、方伯谦、叶祖珪、何镜秋、林钟卿、萨镇冰特地赶来祝贺，郭嵩焘高兴地留他们吃寿面。一人一碗中国汤面，撒着绿绿的葱花，淋浇着喷香的芝麻香油，面条上覆盖着一个水煮荷包蛋，寓意长寿、圆满。严复用筷子挑起长长的面条，站起身来称颂说：“祝郭大人康泰、长寿！”

郭嵩焘连声说：“多谢！多谢！”

郭嵩焘喜爱地瞧着严复和同学们，由衷地高兴说：“欧阳修有句：‘行乐直须年少，樽前看取衰翁’。看到你们青年人朝气蓬勃，我老朽也觉得自己年轻了许多啊！”

严复等后生同声说：“哪里哪里，您不老，您思维敏捷，我们年轻人都赶不上啊。”

老少两辈人谈笑风生。

严复议论纵横，从光学、声学、电学、地理知识等等，滔滔不绝。根据自己所学，讲述声、光、电等科技知识，通过对比而得出的对中西方的认识。郭嵩焘十分欣赏严复的好学，求知上进，欣赏他举一反三，注重分析事物的能力。郭嵩焘在当天《日记》中详细记载了严复所讲的内容：

> 严又陵议论纵横，因西洋光学、声学尚在电学之前，初作指南针，即从光学悟出。又云光速而声迟，如雷、电一物，先睹电光而后闻雷声。西士用齿轮急转，不能辨其为齿轮；引电气射之，悬幔其前以辨影，则齿轮宛然，可悟光之速。西士论光与声，射处皆成点。声有高下，光有缓急，则点亦分轻重。

凡所映之光影，皆积点而成者也。传声器之法，即从此悟出。又凡声与光皆因动以致其用，其动处必成文。西士制方铜板，下用铜柱擎之，以旋螺合其榫；而合榫处必稍宽松，使含动势。布细沙其上。舒两指按铜版边，张丝为弓弦，从右向铜板边捋之，则上沙析分为四方，每方皆有花纹，其形式并同。而每一捋则花纹必一变，以捋处及左方按处用力有轻重，沙之随动而成聚散者必各异其状，其机妙全视所动之数。西士于动力亦以分秒计之。又论地球赤道为热度，其南北皆为温度。西士测海，赤道以北皆东北风，赤道以南皆东南风。洋人未有轮船时，皆从南北纬度以斜取风力，因名之“通商风”。其故何也？由地球从西转，与天空之气相迎而成东风；赤道以北迎北方之气，赤道以南迎南方之气，故其风皆有常度。

郭嵩焘意犹未尽，第二天，初八（4月10日），又在日记中补记严复纵论国是的精彩发言：

严又陵言：“中国切要之义有三：一曰除忌讳，二曰便人情，三曰专趋向。”可谓深切著明。鄙人生平所守，亦不去此三义，而以是犯一时大忌，朝廷亦加之贱简，谁与知之而谁与言之？

严复放胆直言指出中国的弊病，旗帜鲜明地提出中国要进步，第一要“除忌讳”，反对不敢讲真话，不肯直面现实的人格分裂；二要“便人情”，行动要顺应人的真实需要；三要“专趋向”，凡事要有定识，不要人云亦云，三心二意，左摇右摆。这也正是郭嵩焘多年痛切感受的现实，严复的话引起他强烈共鸣。

郭嵩焘本想借出使英国的机会，深入了解西方之所以强盛的原因，探寻疗救中国积贫积弱的良方。他机智、巧妙地应对英国方面的要求，保持中国国家尊严，又尊重英国礼仪、风俗，既不失格，也不失礼。但是，颟顸、守旧的副使刘锡鸿处处掣肘，曲解和污蔑，暗地向国内诬告，致使郭嵩焘受到清廷训诫、申斥，连同按照朝廷要求用心撰写的《使西纪程》，也落得个毁版不准刊行的命运。严复慷慨激昂，大声疾呼“三切要”，也正是郭嵩焘积郁的心声，不禁唏嘘感叹：“谁与知之而谁与言之？”

郭嵩焘和严复，声气相投，结成莫逆、忘年交。

从此以后，严复经常去使馆，成为中国使馆的常客。郭嵩焘高兴地与他接谈，严复也倾心请教，谈体会，提质疑，探讨“格物致知之学”。

郭嵩焘兼任中国驻法国公使，于光绪四年三月二十五日（1878 年 4 月 27 日）去法国呈递国书。四月十三日（5 月 14 日）返回伦敦。此后，郭嵩焘来往于伦敦、巴黎两地。仍然十分关心严复等留学生的学习。

光绪四年四月二十九日（1878 年 5 月 30 日），严复邀请郭嵩焘参观格林尼治海军学院。郭嵩焘欣然前往。

严复和萨镇冰等陪郭嵩焘参观，严复为郭嵩焘做了静电实验，演示了电的阴阳两极和电的发生，还讲了牛顿发现地球引力的故事，讲解了对数和力学、金属的膨胀收缩、水压器的原理。

严复最后概括说：“格物致知之学，寻常日用皆寓至理。深求其故，而知其用之无穷，其微妙处不可端倪，而其理实共喻也。”

严复还感慨说：“西洋学术之精深，而苦穷年莫能殚其业。”

郭嵩焘不断点头，赞赏他的见解。而严复感慨于必须有更多时间了解和学习西方，郭嵩焘也记在心上。后来，他为严复争取在格林尼治学院多学习一个学期，与此或有关系。

郭嵩焘对这次参观，在《日记》中有详细记载：

光绪四年四月二十九日（1878 年 5 月 30 日）偕李凤苞、罗稷臣、姚彦嘉、李湘甫、张听帆及马格里同游格林尼治学馆，先至严又陵寓所，方伯谦、叶祖珪、何镜秋、林钟卿、萨镇冰诸人并迎于途次。又陵出示测量机器数种，又薄铜圆片二事，一大一小。大者有边棱，嵌松香片其中。小者有柄，用相推荡。再以兽皮毛揩松香片，而用上小铜片贴其上，以一指按之，即持柄起铜片近下边分许，即发电气，云此为阳电。用指按之，以阴感阳，而后电生。干电、湿电二者，皆有阴阳之分。……

又陵语西洋学术之精深，而苦穷年莫能殚其业。近习音明对数表（意大利人洛布尔为对数之学，英人音明立表以明之，近言对数者皆用之为程式。）所谓对数者，以加对乘，以减对除，以折半对开平方，以加倍对自乘，所谓算法捷诀也。因论洋人推测，尤莫精于重学。英人牛顿偶坐苹果树下，见苹果坠。初离树，坠稍迟；已而渐疾；距地五尺许，益疾。因悟地之吸力。自是言天文之学者尤主吸力。物愈大，吸力亦大。地中之吸力，推测家皆知之，而终不能言其理之所由。牛顿常言："吾人学问，如拾螺蚌海滨，各就所见拾取之，满抱盈筐，尽吾力之所取携，而海中之螺蚌终无有尽时也。"中国墙壁敧侧，亦有键法治之，西洋则用缩力。凡物热则涨，冷则缩，而五金之属缩胀尤甚。盖其中皆微尘之聚也，而有动静之分。动斯热矣，热则其本质随之而胀。如铁，静质也，用手搓之，则微尘尘聚皆动，动则尘之聚者皆自离，动愈疾则离愈甚。是以凝质而可使化为流质，亦可使化为气。其静也，则复还其本质……

郭嵩焘"极赏其言，嘱其以所见闻日记之"。

三天后，光绪四年五月初二（1878 年 6 月 2 日），李凤苞把严复等六名学生的日记呈送郭嵩焘，严复的《沤舸纪经》记载了留学初期的日记:《论扬子江沙线》《英医言养生》《铁船之弊》《论炸药力》等，郭嵩焘一一批阅，并在自己的《日记》中做了摘记。严复在《沤舸纪经》中还记述参观德国克虏伯钢铁及兵工厂时的所得印象和信息:"机器军械不难于佳，而难于佳而复廉。此安蒙士唐所以胜克虏伯也。又言‘五里治所制船械皆非极佳，而英人安之不易，厂内机器重复更换，即所费不赀也’。”

郭嵩焘清醒地认识到，派留学生到西洋学习机器制造和使用，学习驾船、开炮打仗，以为就此可以使得中国强盛起来，是徒劳的，是“欲速则不达”。他明确表明：“盖兵者，末也，各种创制皆立国之本也。”西洋的强大，并不在他们几十年“优构兵”，而是“理势”的必然，“创制”的结果。中国仅靠派出留学生学习西方技术，“殚千金以学屠龙，技成无所用之”。没有自我更新、自我生长的机制，仅仅靠培养一个人、一批人，添置一种设备或多种设备，能够有多大的效用？更不用说求得长治久安和国家富强了。

郭嵩焘希望严复的人生目标，能够超越成为一名海军良将的追求，努力成为国家栋梁之才，“国士之才”。郭嵩焘一步步引导严复关注英国作为世界第一强国的根本，除了舰船、炮垒，更要探究英国的政治、经济、教育、社会的方方面面。

郭嵩焘就任兼驻法国公使后，安排严复等留学生去法国参观世界炫奇会（万国博览会）。

光绪四年六月初二（1878 年 7 月 1 日），李凤苞、严复、方伯谦、萨镇冰等从英国来到法国巴黎。第二天晚上，郭嵩焘邀请他们“小酌”，吃便饭。郭嵩焘指名要严复陪同他在法国参观、学习。

光绪四年六月初二日（1878 年 7 月 1 日）

是夕，李丹崖、李湘甫、罗稷臣、严又陵、方益堂、萨鼎茗自伦敦至。

光绪四年六月初三日（1878 年 7 月 2 日）

晚，邀李丹崖、罗稷臣、严又陵、方益堂、萨鼎茗……小酌。

光绪四年六月初九（1878 年 7 月 8 日），严复呈送给郭嵩焘《亚维林修路汽机图说》，由欧洲国家修建道路的历史和现状，比较中国和西方的差距。其中强调，英国、法国、德国、荷兰、比利时等国，数千里道路平坦、畅通，交通井然有序。与设立公会，集思广益，进行讨论有关。“设立公会，相与考求其实。期于利国便民，而益以弥缝其缺。天下之大宝三：天时也，地利也，人情也。西洋于此穷极推求，而国家不敢擅其威福，百官有司亦不敢求便其身家。即平治道途一节观之，而知天维地络、纵横疆理，中国任其坏乱者，由周以来二千余年无知讨论，此亦天地之无如何者也！”

严复看到事情置于公众和公开，国家不敢随意决定行政，官吏不敢假公济私。只是可惜得很，中国几千年来从没有让公众讨论公益的事情。

郭嵩焘《日记》对比做了详细摘录：

光绪四年六月初九日（1878 年 7 月 8 日）

严又陵自大会厂回寓，带示《亚维林修路汽机图说》，内引一千八百七十一年修理道路诸会所论事宜。西洋考求政治民俗事宜，皆设立公会，互相讨论，自顷十余年，考求益精，公会亦益多。即平治道路一节，周历英、法、德、荷、比五国数千里之地，并平铺沙石，明净无尘。广或数丈，狭或三四尺，雨水泄之两旁低处，行者张盖而已，无着屐之烦也。火轮车、马车道路，交互上下，不相悖害。城镇行者如织，并出车路两旁，铺石高寸许以示別。长途因火轮车之利，无担负者（批注：因道路而论中西政治之优劣）。《国语》言：“司空以时平易道路。”《月令》亦有“循行国邑，周视原野，道达沟渎，开通道路”之文。是三代盛时，尤修此政，而未一详其法。罗马初兴，兼并诸国，所至必开通道路……而犹设立公会，相与考求其实。期于利国便民，而益以弥缝其缺。天下之宝三：天时也，地利也，人情也。西洋于此穷极推求，而国家不敢擅其威福，百官有司亦不敢求便其身家。即平治道途一节观之，而知天维地络、纵横疆理，中国任其坏乱者，由周以来二千余年无知讨论，此亦天地之无如何者也!

严复随从郭嵩焘在法国参观了阿伯勒尔发多天文馆、鲁法博物院的大气球、下水道工程、卢浮宫、圣西尔陆军士官学校、凡尔赛参议院等，在参观考察中，开阔了视野，对英国之外的世界有了新的具象的感性认识。此时，正值西方资本主义的上升时期，严复感到英国、法国“无论一沟一塍一廛一市，莫不极治缮葺完备”。而“反观吾国，虽通衢大邑，广殿高衙，莫不呈从脞抛荒之实象”。严复向郭嵩焘感慨说：“从法国巴黎和欧洲一些国家的市政建设，深感西洋胜处，在事事有条理！”

郭嵩焘在《日记》中写道:“此语殊有意致。”

光绪四年六月十七日（1878 年 7 月 16 日），严复给郭嵩焘写了一封信。没有查到原信，不知道具体内容，但郭嵩焘在当天的日记中记述道：

又陵才分，吾甚爱之，而气性太涉狂易。吾方有鉴于广东生之乖戾，益不敢为度外之论。亦念负气太盛者，其终必无成，即古人亦皆然也。

此时，郭嵩焘正因为驻英副使刘锡鸿(即《日记》中所指“广东生”)诬告他而气恼，同时，也悟出一个人负气太盛，于事无补。郭嵩焘年轻时候，曾经是“读书为文，若猛兽鸷鸟之发。后来之英，无及此者。虽少，然观其意志，无几微让人，岂徒欲为诸生之雄哉”！他感到年轻的严复，与自己年轻时一样心高气盛，才华横溢，锋芒毕露，睥睨一切，得理不饶人，在当下的境遇里，终究是会要吃亏的，他很为这个可造就的年轻人担心。

一八七八年八月十三日，郭嵩焘应邀参观维多利亚女王检阅英国海军，严复随从参观。女王乘舰检阅二十六艘铁甲舰，驶过一艘艘军舰，在舰舷列队“站坡”的水兵齐声呐喊，礼炮轰鸣致敬，威武雄壮。严复联想到英国因拥有近代强大海军而国威日盛，称雄于世界。中国也曾经因有郑和七下“西洋”，播威海上而居于世界前列。曾几何时，有海不用，闭关锁国，自建藩篱，隔断与西方和世界各民族的交流，如今，远远落在西方列强之后，实在需要急起直追。

郭嵩焘因受刘锡鸿攻讦，两度被清廷训诫，感到无法继续履行职务，于光绪四年八月十五日（1878 年 9 月 11 日），愤而提出辞职。

清廷暂且予以慰留。

郭嵩焘在准备离职之前，仍然为留学生的学习操心。他认为，仅把严复造就成一个出色的海军舰长，“实枉其才”。对严复的学习和未来发展，尽自己所能做了安排。

光绪四年七月初五（1878 年 8 月 3 日），郭嵩焘照会英国外交部沙里斯百里：“请派现在格林尼治水师学堂之官生五名登兵船练习，另严宗光一名，拟令再留校学习半年，俾于返国后担任教职。”

英国方面于八月十四日照复：“海军官生严宗光可续留皇家格林尼治海军学院一学期。”

后来，郭嵩焘又向清廷总理衙门建议，任命严复担任中国驻英国公使馆随员：“出使兹邦，惟严君能胜其任。如某者，不识西文，不知世界大事，何足以当此！”但是，他的建议没有被采纳。

光绪四年八月二十九日（1878 年 9 月 25 日），清政府指责郭嵩焘和副使刘锡鸿二人“怀私攻讦，不顾大体”，将二人一并撤职，调回国内。决定派曾国藩的儿子曾纪泽出任驻英国、法国公使，李凤苞出任驻德国公使。

郭嵩焘卸去了官家职务，离任回国前，去除了官场礼仪和顾忌，在留学生中往往只邀请严复一人和他一起参加某些活动。这一对忘年朋友，更加推心置腹地交往、切磋。

光绪四年九月初九（1878 年 10 月 4 日），中国重阳节。

郭嵩焘邀严复和李凤苞、傅兰雅、金登干三五知己，到伦敦立吉门作登高之会。此处既有“山水林园之胜，肴馔亦佳”。严复欣然应命随去。

严复对郭嵩焘即将离任，依依惜别，为他抱不平。他触景生情，想起了王勃的诗句，随口吟诵道：“九月九日望乡台，他席他乡送客杯！”

严复随郭嵩焘登上高处，越发感慨系之，愤然叹道：“天高地阔，宇宙无穷无尽，人生无常，实难逆料！当年，王勃在《滕王阁序》里发出浩叹：‘天高地炯，觉宇宙之无穷；兴尽悲来，识盈虚之有数’正今日之谓啊。”

郭嵩焘微微一笑，接口吟诵杜牧的诗句道：“江涵秋影雁初飞，与客携壶上翠微。尘世难逢开口笑，菊花须插满头归。但将酩酊酬佳节，不用登临恨落晖。古往今来只如此，牛山何必独沾衣？”

严复心领神会，更加佩服郭嵩焘的豁达大度。

郭嵩焘作为中国第一任驻英国公使，推动了中英互相了解和外交关系的发展，对他在任期届满之前，就被召回中国，英国新闻舆论界，自有各种评议。严复注意到这一动态，加之郭嵩焘对他有知遇之恩，他又同情郭嵩焘的际遇，自然更是特别关注，他把《泰晤士报》刊发的一篇有关评论翻译成汉文，寄给已去巴黎的郭嵩焘。光绪四年十一月初九（1878 年 12 月 2 日）郭嵩焘收到后，在《日记》中有详细记载：

严又陵又译示《代模斯》（泰晤士报）新报载：

中国初次遣派驻英钦差大臣将起程离英，于中英交际史册之中为第一紧要关键，愿不能不一详论之。

从前中国尽有遣使致命之典。然至特简使臣驻节他国，中国历来俯视一切，无不视为可惊可笑之一事。未经天津交兵以前，中国待西洋各国尚不足侪缅甸、安南、暹罗之列。西商到华者，经中国皇帝哀悯远人，听从沿海觅食；其战舰则视同盗船，来不知何由，去不知何往，驿骚海疆，强索国帑而已。世爵高福、佩带宝星葛兰德用兵时，中国但言驱逐外夷。所颁上谕，何堪偻指？

后来各国之兵，直抵京城，占据安定门大街，世爵额尔金指定和约，大灭中国自欺之见。然而其自大之心，终不能改。……其识事者则由此而知西洋厉害，不可以他蛮夷视之，倘不谋所以善处之法，终非稳局。又经许多番难避就，始允不照上邦允许下邦之式，而相视为与国。各国遣使驻扎北京，勉强多时，方如所请。其时中国遣使各国，尚未及持此议论；即持此议，中国亦决不能安然允从。此等事，中国视为最失国体之一端。故中国不特无人允行，并无人敢议及，一议及而以为辱国矣。……此次郭钦差因云南马加理案向君主致谢中国皇帝悼惜此案之心。郭钦差官阶甚高，晓畅欧洲事体……现闻离英在即，特为议论中英两国往来遣使之谊。

郭初来时，有中官刘姓者副之，此人后往柏林驻扎。所可怪者，中国朝廷同时将此两人召回，其中自是大有因委。初时想系中国必欲派一与西洋作对者驻英，如撤毁吴淞铁路、阻止中国进益一党人复有作为。但其改派驻英之人现已就道，看来中国尚无此等意见。因是揣度二人同召回去，必是起于不睦……

郭钦差此行，凡在英法两京见过者均为惋惜。然或渠任已满，自请回国，亦未可知。渠是第一个中国驻英之钦差，论事如其所见，所详报者皆所得于西洋而有益于中国之事。其尤可称赞，令人思其为国之苦心，在将外国实事好处切实说尽，以求入于偏疑猜嫌中国人之耳。此辈真是误叫做读书人，徒知餍中国古昔之糟糠，而弃欧罗巴第千九百年之粱肉也。再，渠此行在联络两国交谊，而于此为能不辱命。即中国人刻下不知此意，日后当自知之。渠为人和平诚实，鉴别事理之当，足壮外国人心志，使之看视中国异于昔日。似此看来，此后英国与中国交好，当日以永固无疑，然皆郭之功也。但渠职称矣，而渠之瓜期亦已届。或中国为欲别派一人来，一观起见，才能学问不必论，年岁已视郭为盛，待用之日正长，其有益后来更远大，然此人须谢郭为渠开一好路也。……

郭有一语最中我等心坎，言：“中国大而未通。”不料与郭同来之柏林公使，同观同想而不同心，谓电报铁路虽于不慊丁心之夷鬼有用，于汉人全不相宜。中国最念禹治水。夫禹治水，直将遍地漫漫之水清出几条线。使江河各归各路行走，然后得有许多田地来种五谷，一心只要奠安百姓，何曾是守成法？大禹有知，定必驳斥此辈之谬。从前中国有个皇帝，恐民智之日滋，因而焚书坑儒，至今传以为笑。阻止铁路之人，亦必贻笑后代无疑也。

如郭之为人，中国用之，其益不浅，我等亦更欢喜。接任之人为所荐代。必能举行所应行之事。此次回国，并得将渠所见，真实宣解与中国人听……

这篇文字赞扬郭嵩焘为加强中英关系所做的贡献。严复希望以此使郭嵩焘心里好过一些，能够得到某种安慰。对于严复的好意，郭嵩焘心领了，但表示不屑于以此回击对他的攻讦。

严复同时还寄去了浦日耳游历日记的译文。这篇文字记载了俄国人入侵中国新疆喀什噶尔的前后。关于新疆事务，也曾经是郭嵩焘与严复讨论的大问题。

同治末年，清朝廷进行了一场海防、塞防大争论。

新疆地理位置十分重要，东北与俄国接壤，西南与哈萨克斯坦、吉尔吉斯坦、塔吉克斯坦、阿富汗、巴基斯坦、印度接壤。长时期以来，俄国和英国为了争夺对中亚地区的控制，对中国新疆虎视眈眈，急于夺而占之。他们利用从塔吉克进入新疆的阿古柏武装作为分裂中国的工具。早在同治五年（1866），俄国人即与阿古柏勾结，订立所谓“协议”。

同治十年（1871），俄国乘新疆混乱之际，派军队侵驻新疆伊犁。而早在同治七年（1868），英国人已向阿古柏输送武器，疯狂支持其在新疆为乱。先是阿古柏率军窜至喀什噶尔，自立为王，进一步又窃据了乌鲁木齐。俄国、英国都急不可耐，蠢蠢欲动。此时，被左宗棠打败的西北回民武装头目白彦虎逃往新疆，与阿古柏结合，继续与清廷对抗。新疆面临被蚕食，被分裂，被侵夺的严重局势。

同治九年（1870）十一月，左宗棠估量了西北形势，准备率军进取新疆，上奏折说：重新疆，所以保蒙古，保蒙古所以卫京师。俄人拓地日广，由西而东万余里，与我北境相连。伊犁已经被俄国人窃据，阿古柏又占据喀什噶尔，若置之不问，必有日蹙百里之势，后患何堪设想？

左宗棠看到新疆形势危殆严峻，警告说："我师迟一步，则俄人进一步；我师迟一日，则俄人进一日。事机之急，莫此为甚。"

可是，北洋大臣李鸿章却于同治十三年（1874）的年底，上奏《筹议海防折》，反对清廷经略新疆：

> 新疆各城，自乾隆年间始归版图……徒收数千里之旷地，而增千百年之漏卮，已为不值；且其地北邻俄罗斯，西界土耳其、天方、波斯各回国，南近英属之印度，外日强大、内日侵削，今昔异势，即勉图恢复，将来断不能久守。而论中国目前力量，实不及专顾西域……况新疆不复，于肢体之元气无伤；海疆不防，则腹心之大患愈棘；孰轻孰重，必有能辨之者。此议果定，则已经出塞及尚未出塞各军，似须略加核减，可撤则撤，可停则停。其停撤之饷，即匀作海防之饷。否则只此财力，既备东南万里之海疆，又备西北万里之饷运，有不困穷颠蹶者哉！

左宗棠愤而反对，明确提出："若此时拟停兵节饷自撤藩篱，则我退寸而寇进尺，不独陇右堪虞，即北路科布多、乌里雅苏台等处，恐亦未能宴然。是停兵节饷，于海防未必有益，与边塞则大有所妨。”

左宗棠进一步指出进军新疆，关系反对外国侵略、保卫国家，大义凛然地宣告：

大军规复旧疆，是吊伐之师，与寻常讨贼有异。

重在防俄罗斯与英勾结，协以谋我，不在讨回也。

清廷慈禧太后、恭亲王和重臣王文韶等支持左宗棠“东则海防，西则边防”，海防、边防并重的主张。

此时，左宗棠已经六十五岁了，以必死的决心，必胜的气概，抬着棺材领军西征。光绪二年（1876）八月，收复乌鲁木齐，平定天山北路。光绪三年（1877）三月，追逐阿古柏至库尔勒，阿古柏走投无路，被迫自杀。清军再破阿克苏，白彦虎败亡。光绪四年（1878）二月，左宗棠进击和田、喀什噶尔，平定新疆南路。至此，新疆平定。

当时，这场大讨论，对于船政学堂的学生严复等人印象极深，无异于一次反侵略、保国家的生动一课。今天，严复在伦敦，又有机会看到外国人从整个亚洲局势来评论新疆事件和形势，他深有感触，醒悟到再也不能只从中国看中国，而必须从世界局势看待中国的事情。严复便把评论文章翻译出来送给郭嵩焘。郭嵩焘在《日记》中摘录道：

中国能日图治强，则亚细亚一洲，中国与英、俄当成鼎足之势。以大势论之，英、俄皆胜取荒残之地，而中国奄有亚细亚之半，地广且腴，其民人众强，要为亚细亚全洲之主。统计三国大势，两倚则一孤。此次伊犁争端，倘令俄慨然持还中国，则二国邦交固而印度孤矣。但俄国此时必不能行。是何故也？一是俄国前后占据中亚细亚，地皆荒卤，得不偿失，唯伊犁最为饶足，难免万分靳惜。二是以兵家形势而言，伊犁最为要隘。三是俄《京新报》近说：伊犁决不可还，盖中国与欧洲诸国交接数十年，从未受过此等体面。今一如此，后与办事必难为继。现时只有推诿，中国原来不甚爱惜土地，迟久当忘之矣。俄人心计如此，中国主意又以为，得喀什噶尔不收还伊犁，于成功有缺，似又不肯放松。即俄人强据伊犁，中国以重师镇驻，伊犁亦常有摇动之势。此事日久日坏，两国之隙日深，而印度与中国且为唇齿相依，犄角之势又成。宜未雨绸缪，趁中国未甚强之时，及时结好于中国也。

光绪五年正月初四（1879 年 1 月 25 日），清廷诏派取代郭嵩焘为驻英、法公使的曾纪泽，抵达伦敦。

正月初八（1879 年 1 月 29 日），郭嵩焘正式向总理衙门举荐严复等六人充当驻英国使馆随员。还致函清廷一位当权人物合力推荐严复。

光绪五年正月初十（1879 年 1 月 31 日），郭嵩焘自伦敦启程回国。对于郭嵩焘的黯然离去，严复心有戚戚，嗒然若失。

光绪五年正月十二日（1879 年 2 月 2 日），严复去使馆拜见曾纪泽。曾纪泽在日记中记载："出洋学生侯官（今福州）严宗光号又陵者来，谈极久。"

曾纪泽也十分看重严复的才识。光绪五年三月十一日（1879 年 4 月 2 日），曾纪泽阅看了严复"所呈文三篇"，第三天，便复函严复。曾纪泽在《出使英法俄国日记》中记载：

核改肄业生严宗光一函，甚长。宗光才质甚美，颖悟好学，论事有识。然以郭筠丈（郭嵩焘）褒奖太过，颇长其狂骄矜张之气。近呈其所作文三篇，曰《饶顿（牛顿）传》，曰《论法》，曰《与人书》，于中华文字未甚通顺，而自负颇甚，余故抉其疵弊而戒励之，爱其禀赋之美，欲玉之于成也。

然而，心高气傲的严复并不领情。从光绪五年七月十一日（1879年8月28日）郭嵩焘的日记中，可以看到，他接到严复寄自英国的来信，透露出对曾纪泽的不屑和不满。严复信中说：

> 劼刚（曾纪泽）门第意气太重，天分亦不高，然喜为轻藐鄙夷之论。日记中所载中西时事，去事理远甚。所带人从，皆赘疣也，于使事毫无补济。因复论及陈荔秋、吴子登至伦敦，弗理兰得见之，谓罗稷臣："中国何以令此种老迈委顿人来使绝国？"稷臣曰："正取其老。中国谚曰：老马识途。"弗理兰得掉头曰："不然！不然！这老马不是识途老马。"稷臣亦告言："崇地山过德国，随员有见牛乳钟制造精美，纳之怀中者，相传为笑。徒贻中国羞辱而已。"

郭嵩焘认为，"又陵（严复）言自有理，亦正嫌其锋芒过露，劼刚谓其狂态由（鄙人）作成之，则亦不知又陵之狂，由来固已久也"。

严复在英国继续留学，深入参观、考察法庭、监狱和政治、经济、社会情况，探索英国富强的原因。很可能是受郭嵩焘的影响，在郭嵩焘直接引导下做出的努力。郭嵩焘出使英国的《使西纪程》和《郭嵩焘日记》中，多处记载了他参观、考察英国司法和英国大学的情形。由于《使西纪程》被清廷禁止刊印并毁版，我们不能肯定严复是否读过这些日记，但有理由推测，在与郭嵩焘交往中，当是听到郭嵩焘讲述他对西洋的观察所得，激起他继续深入观察、考察英国和西方的努力。严复多次旁听英国法庭的审判，对于原告、被告和法官同坐一室，有律师为原告、被告双方辩护，如此公开、公正、透明，全不似中国几千年来，由县令、知府等行政长官司法审判断案，而且施行的是"有罪推定""屈打成招"，不知道冤死、害死了多少无辜的人。两相比较，严复深感中国司法的落后和不公。他想到当年唐代著名诗人王昌龄被放逐夜郎（贵州）后返回家乡西安，路经亳州谯郡（今安徽亳县）被颟顸的刺史（太守）闾丘晓无端判决杀害了。连王昌龄也不能幸免，更遑论平民百姓？！想到这里，严复感深痛钜，“归邸数日，如有所失”。

已经回到中国的郭嵩焘，在接到严复从英国寄来的信后，仍然是那样热情洋溢地赞扬年轻的严复：

> 偶检严又陵开示英、法两国学馆课程，摘取其大要，已若浩如烟海。使中土人视之茫然莫知其涯矣。又陵于西学已有窥寻，文笔亦跌宕，其才气横出一世……

我们还知道，郭嵩焘在《日记》中曾经提及，他与日本驻英国公使谈论过亚当·斯密（Adam Smith）和约翰·穆勒（John Stuart Mill），“所言经国事宜，多可听者”。郭嵩焘还提及“琐夫子”——苏格拉底，“巴夫子”——柏拉图，“亚夫子”——亚里士多德，“安夫子”——安提西尼，“伊夫子”——伊壁鸠鲁，提到康德（Comtism）哲学、笛卡尔（Rene Descartes）理学、莱布尼茨（Leibniz）性理学等。严复也许最早从郭嵩焘那里知道的这些伟大的学者。

当时，西方先进思想在英国和法国最为活跃，大行其道，大思想家、大学问家辈出。达尔文的《物种起源》发表二十年来，欧洲各国为进化论学说所震撼，严复处在这样的氛围中，耳濡目染，时有所得。严复又是一个有心人，苦心孤诣，日夜攻读达尔文、赫胥黎、亚当·斯密、斯宾塞尔、卢梭、孟德斯鸠等人的著述，他利用能够直接阅读英语的便利，博览群书，孜孜不倦，兼收并蓄，吸收西方的新知识、新学说。

严复步入了中西文化与文明交通融合的轨道。

光绪五年三月初五（1879年3月27日），郭嵩焘从国外回到上海，接到总理衙门“先期回京”的命令，他没有接受，“引身自远”，返回湖南家乡。然而，守旧的官僚，鼓动人们抵制他的归来。诬陷他，羞辱他，甚至不准许他乘坐的轮船靠岸。把一个清醒地看待世界和中国的明白人，说成是“数典忘祖”“卖国”“汉奸”，这是时代的悲哀。

光绪五年（1879）夏六月，郭嵩焘把个人关于“国务”“洋务”的论述编印成《罪言存略》，送给“一二至好”的故人朋友。在序言中明白地说：他的这些论述，已经被“乡里士大夫群据以为罪言”，今天和以后也不敢指望“人人能喻知此理”。编印此书，只是希望多有一些人对国情、洋务“通知其情伪，谙习其利弊”，多一点应变之术，“非徒以保全国体、利安生民而已”。

严复有没有获赠郭嵩焘的《罪言存略》，不得而知。但是，严复一直关注郭嵩焘行止。

光绪十七年六月十三日（1891 年 7 月 18 日），郭嵩焘在长沙病故。李鸿章为他请皇帝赐谥，交付国史馆立传，上奏说：“勘定以来，论武功者，盛称曾国藩、左宗棠”，而此二人有赖于郭嵩焘“实推挽之，至创厘捐以济师，练战船以拒贼，尤谓兵饷大政所系，皆事成而不居其功”。但是，这一位于清王朝有莫大贡献的人，反被清廷认作罪人，宣谕“郭嵩焘出使外洋，所著书籍，颇滋物议，所请着不准行”。严复把这一切都看在眼里，感慨万千。他反复吟诵郭嵩焘的自题诗：

世人欲杀定为才，迂拙频遭反噬来。
学问半通官半显，一生怀抱几曾开。

傲慢疏慵不失真，惟余老态托传神。
流芳百代千龄后，定识人间有此人。

严复与郭嵩焘自从伦敦一别，有十一年了，郭嵩焘闲居长沙，严复于一八七九年回国后，应李鸿章之召，到天津主持北洋水师学堂教务，这一对“忘年交”再也没有机会相聚，只有鱼雁往还，互通书信。郭嵩焘去世，严复悲痛莫名，感怀郭嵩焘这个“平生第一知己”的知遇之恩，叹息自己不得志，有负郭嵩焘的厚望；痛感郭嵩焘作为“众人皆醉我独醒”的智者，落了个与屈原相似的遭遇。严复洒泪写下挽联：

> 平生蒙国士之知，而今鹤翅氋氃，激赏深惭羊叔子；
> 惟公负独醒之累，在昔蛾眉谣诼，离忧岂仅屈灵均。

严复悲怆殊深，又写了挽郭嵩焘诗五律四首。

“路漫漫其修远兮，吾将上下而求索。”

在中国近代，从林则徐、魏源、左宗棠、沈葆桢、郭嵩焘到严复，一脉相承，他们在洋为中用的道路上筚路蓝缕，艰难行进。左宗棠、沈葆桢希望“西法衍于中国”，多止于技术层面，严复“青出于蓝而胜于蓝”，他的思考、探索，深入到思想、文化层面，触发国人思想解放。严复的“横空出世”，是中国历史进程的必然。

第十九章 『空令岁月易蹉跎』

光绪五年六月（1879 年 7 月至 8 月），严复在格林尼治海军学院毕业。所学高等数学、化学、物理、海军战术、海战公法及枪炮营垒诸学，“考课屡列优等”。（General Correspondence，［F.O 17/821］）

洋监督斯恭塞格向曾纪泽报告说：“水师管驾学生十二人，以刘步蟾、林泰曾、严宗光、蒋超英为最出色。……严宗光于管驾官应知学问以外，更能探本溯源，以为传授生徒之资，足胜水师学堂教习之任。”

英方安排严复上英国军舰“纽斯卡尔”号实习一年。

六月十五日（1879 年 8 月 2 日），曾纪泽致函英国外交部：因“严宗光已奉电召立即回国”，提前结束实习回国。

六月二十七日（1879 年 8 月 14 日），严复去使馆向曾纪泽辞行。八月底，严复回到福州马尾船政学堂就任教习之职。

严复回国不久，光绪五年十一月初六（1879 年 12 月 18 日），沈葆桢在南京两江总督任上病逝。“僚属相顾失声，市井乡曲之民，所在巷哭。”在福州家乡，一片惋惜哀悼之声。严复尤其悲痛不已。

沈葆桢临终前，仍然念念不忘“倭人夷我属国，虎视眈眈”。在病榻上口授遗折："臣所每饭不忘者，在购买铁甲船一事，今无及矣，而恳恳之愚，总以为铁甲船不可不办，倭人万不可轻视。"沈葆桢披肝沥胆，泣血陈辞。严复深知，沈葆桢一直认为"外海水师，决不可不创，铁甲船决不可不办，不可不学"。

沈葆桢最早提出"御夷于海"，必须以铁甲船为主力舰，使中国沿海海防联成一体，建设一支有相应规模的海军："海上一军……须兵轮十余只，铁甲一，若'扬武'者二，若'济安'、'镇海'者各六，亦可开一小局面。若御侮，固多多益善也。""江防虽极力补苴，究竟防不胜防，非得外海一大支水师"不可。

沈葆桢的意见是多么中肯，严复深为赞同。

严复独自一人，不知不觉地来到闽江边的仰止亭。这里曾经是沈葆桢青年时期常常流连的处所，只见他当年题写的楹联犹在：

俯仰亭中，何人吹铁笛几声，唤醒沧桑世界；
徘徊栏侧，岂我抱布衣素志，盱衡日夜乾坤。

一介布衣，心忧天下！那勃发的英气，使人振奋。

啊，大江流日夜，天地一伟人！

沈葆桢在生命的最后一刻，想到的是国家民族，犹泣血上书朝廷，陈述期待国家不受欺凌的忧虑，无一字涉及个人和家庭。他虽贵为两江总督，官位高矣，去世后，却囊无一文余钱，地方官员奏报："殁后，布被旧衣，一如寒素，宦囊萧索，不名一钱。"早在两年前，沈葆桢于光绪三年五月二十二日（1877 年 7 月 2 日），曾经给儿女们一份遗嘱："死后切勿谋以乡贤、名宦上请，增泉下内愧，违者非我子孙；我无善行可记，身后如行状、年谱、墓志铭、神道碑之类，切勿举办，多一谀辞，即多一惭色也；我安于固陋，而无著作之志，身后不得将我书稿及其他文字妄付传刻，以贻口实；汝等或方为秀才或并未为秀才，丧我葬我，须按照秀才所以葬父者，乃谓之称；我除住屋外无一亩一椽遗产，汝等须各自谋生，究竟笔墨是稳善生涯，勿嫌其淡。”

严复深深敬佩沈葆桢作为先驱者，带领他和一大批青年走上一条新路，为他们打开一个新世界。严复深深敬佩沈葆桢伤时忧世，有胆有识，爱国自强，光明磊落，清贫自持。严复深深哀痛他积劳成疾，不幸逝世。沈葆桢的逝世，使严复对于建立“海上一军”的迫切性有了新的认识，他决心在沈葆桢指引的道路上继续前行。

光绪六年（1880）六月三十日（8月5日），北洋大臣李鸿章上书光绪皇帝：“水师为海防急务，人才为水师根本，而学堂又为人才之所自出。欧美各国水师强盛，皆以学堂为根本。故宜于在天津建立水师学堂，以开北方风气之先，立中国兵船之本。”调令严复北上天津北洋水师学堂工作。严复于十一月出任北洋水师学堂洋文正教习，参与学堂的筹建，主导水师学堂教学计划的制订和实施。

关于严复在北洋水师学堂的任职，曾经有过不同解读。

光绪十年十一月初五（1884年12月21日），李鸿章有一个奏折《水师学堂著有成效请援案奖励折》，向朝廷申报给严复奖励，由都司提升为游击，赏副将衔：“参将衔留闽尽先补用都司严宗光，由闽厂出国肄业，学成回华，派充该堂洋文正教习，参酌闽厂及英国格林书院课程，教导诸生，造诣精进，洵属异常出力，拟请以游击补用，并赏加副将衔。”三天后，清廷照准。严复在赴英国留学的时候，已授予都司，正四品。按清朝官制，汉人武职最高一级为提督，从一品；依次为总兵，正二品；副将，从二品；参将，正三品；游击，从三品；都司，正四品；守备，正五品。此次，由李鸿章主持的晋升，使严复由都司（四品）升为游击（从三品），而且，由参将衔晋升为副将衔（从二品），进入了高级武职阶层。这充分肯定了严复的教学成绩，又十分明确地记载了严复北洋水师学堂洋文正教习的任职。此前，对于严复在天津北洋水师学堂是否担任过总教习，存有几种不同看法，似应以李鸿章的官方文书为准。

光绪十五年（1889），严复升任北洋水师学堂会办（相当于副校长）。

在《清代官员履历档案全编》中有记载。

光绪十九年十一月（1893 年 12 月至 1894 年 1 月间），严复升任北洋水师学堂总办（相当于校长）。也见诸《清代官员履历档案全编》记载。

从对晚清政治制度实况考察，严复的升迁，应该说属正常。而且，李鸿章对严复尽了保举之力。严复在科举考试中屡试屡败后，用钱捐官，买了个同知（即准知府或副知府）、五品官。是李鸿章主持上报“海军保案免选同知，以知府选用”。也就是使严复越过同知，直接提高一级为从四品的知府。由于晋到从四品级别，严复才能够升任北洋水师学堂会办（副校长）。两年后，李鸿章又主持为严复上报“免选知府，以道员选用”。越过从四品，直接晋升为三品道员，得以任命为北洋水师学堂总办（校长）。此时，严复刚到“不惑之年”，四十岁。无论做事情，做学问，都为时不晚。放在今天，也还是正当其年，甚至可以说“进步很快”的了。可是，严复本人一直处在怀才不遇的寞寞不得志中。

一八九六年，严复已经担任北洋水师学堂总办，在写给四弟观澜的信中如此说：

> 眼前世界如此，外间几无一事可做，官场风气日下，鬼蜮如林，苟能拂衣归里，息影敝庐，真清福也。兄自来津以后，诸事虽无不佳，亦无甚好处。公事一切，仍是有人掣肘，不得自在施行。至于上司，当今做官，须得内有门马，外有交游，又须钱钞应酬，广通声气。兄则三者无一焉，又何怪仕宦之不达乎？置之不足道也。

严复更写诗说：

> 嵚奇历落不称意，高阳酒徒兀然醉。
> 长躯八尺两颐丰，高谈慷慨忧时泪。

平生贱子徒坚顽，穷途谁复垂温颜？
当年误习旁行书，举世相视如髦蛮。
……

“当年误习旁行书。”严复甚至说学习外文也是错误的选择，足见其愤激之深。

有一种意见认为严复的不平，是因为与他的同学比，心有不甘。严复在马尾船政学堂的同班同学，后又在英国留学的刘步蟾，入学时，严复是第一名，毕业时，刘步蟾是第一名。后来，俩人又一起在英国留学。同学们公认他们俩人才华超群。严复被认为才识卓绝，如果只用他做管带（舰长）“以之为管带一船，实为枉其才”。严复回国前，被特别举荐，内定回来主导水师学堂的教学。他的军衔仍然是武职都司，大约相当于今天人民解放军的上校。而刘步蟾回国后，在光绪七年（1881）被挑选去德国监造“定远”“镇远”两艘主力军舰。光绪十一年（1885）两艘军舰建成，刘步蟾带舰安全、顺利地回国，即出任北洋水师旗舰“定远”舰管带，随后升任北洋水师右翼总兵（正二品），大约相当于今天人民解放军的舰队司令或基地司令。在海军中的地位仅次于海军提督丁汝昌，而且前途甚为看好。这是严复在北洋水师学堂所没有的机遇。

然而，严复的失落和愤懑，症结不在于和同学比附，心有不甘。而在于严复自视甚高，对自己的期望值早已超越了成为海军良将的目标，而是“国士”，是“致君尧舜上”。所以，即使已经身居北洋水师学堂总办，他也仍然如他所言“北洋当差，味同嚼蜡”。严复从国家、民族的角度思考中国海军建设，国家的根基不固，何求海军的强大？他对海军和国家的现实不满，忧国忧民，因而郁郁寡欢。

严复在失落和愤懑中挣扎。严复是在李鸿章再三催促下，来到北洋水师学堂的。应该说，李鸿章对他是赏识和重用的。尽管没有总教习的头衔，实际上主导水师学堂的教学设置和招生等关键工作，充分发挥他的才能。严复清醒地看到，个人升迁，是否能够发挥更大作用，关键在于与李鸿章的关系如何。但是，“道不同则不相与谋”，严复和李鸿章理念不同，严复不能违背自己的心意去趋奉李鸿章。

据传，李鸿章曾经示意严复尊他为师，将严复收作门下弟子。李鸿章权倾天下，炙手可热，能够身处其门下，是当时许多人求之不得的事情。可是，严复不屑为之。按照常理，李鸿章是与沈葆桢、郭嵩焘同辈的人，严复到天津时，李鸿章五十六岁，严复不过是二十八岁的青年，认李鸿章为师，也不为过。但是，他有心结，他内心不认同李鸿章的主张，他不能因为李鸿章的官职和地位煊赫就敬服他，他不能像对待沈葆桢、郭嵩焘那样尊敬李鸿章，他不能做违心的事。

李鸿章是否示意收严复为弟子，只是传闻。而严复当年确实满怀爱国激情，又正是“新生牛犊不畏虎”的年岁，“指点江山，激扬文字，粪土当年万户侯”，对国家面临“瓜分豆剖”，尤其是日本得寸进尺、步步紧逼的危急情势，洞若观火，因而“极喜议论时事，酒酣耳热，一座尽倾，快意当前，不能自制，尤好讥评当路有气力人，以标风概，闻者吐舌，名亦随之”。严复的好友陈宝琛说，严复对于日本“径剪琉球，则大戚。常语人，不三十年藩属且尽，缳我如老牸牛耳！闻者弗省。文忠（李鸿章）亦患其激烈，不之近也”。严复对李鸿章所提倡的洋务主张的缺陷，早有剖析，此时，对于李鸿章对外一味忍让、丧权失格的作为，也多有异议和不满，而且常常溢于言表。严复认为“身贵自由，国贵自主”，如果一旦丧失独立，“其生也不如死，其存也不如亡”。强调“同力合志”，“联一气而御外仇”。严复关于国是的评议，与当道的李鸿章的主张相悖，自然见外于李鸿章。

毋庸讳言，严复张扬的个性和年轻不成熟，正如严复自己所言，平生“好为偏往独自之论”，惊世骇俗，不为人所了解和接受，也加重了他身处困境的感受。

严复不是不食人间烟火的怪物，也曾经寻求转圜和妥协。他曾经听从他四弟观澜的劝说，多去李鸿章那里“走动走动”。后来，他在给四弟的信中说到果然有效：“用吾弟之言，多见此老，果然即有好处，大奇大奇！”

严复在信中还说：“兄吃烟事，中堂亦知之，云：‘汝如此人才，吃烟岂不可惜！此后当仰体吾意，想出法子革去。’中堂真可感也！”可见，李鸿章也回以善意，严复也被感动。

后来，李鸿章于光绪二十七年（1901）十一月七日去世，晚清一代重臣死去，严复哀其处于末世，不能尽展其才，时势把他推上中国政坛，风云一时，终究为时势所限，落得个身后骂名，他为李鸿章撰写了挽联：

> 使先时尽用其谋，知成功之不止此；
> 倘晚节无以自见，则士论又当何如。

挽联中也透露了严复的心境。

在此期间，严复从光绪十一年（1885）、光绪十四年（1888）、光绪十五年（1889）、光绪十九年（1893）先后四次，前仆后继，如痴若狂地投身于科举考试。奇怪的是，严复一直对腐朽的科举取士，尤其对八股深恶痛绝，曾经抨击道：“今日中国不变法则必亡是已。然则变将何先？曰：莫亟于废八股。夫八股非自能害国也，害在使天下无人才。”八股之害“锢智慧”“坏心术”“滋游手”，“固知处今而谈，不独破坏人才之八股宜除，举凡宋学汉学，词章小道，皆宜且束高阁也”。

可是，就是这同一个严复，却那么起劲儿地去追求科举的功名。他先是悄悄地回到福建原籍，参加乡试，名落孙山。他不甘心，反复折腾，又连续两次参加顺天府乡试，仍然名落孙山。甚至到了光绪十九年（1893），严复已经是北洋水师学堂的总办，三品官员，仍然再回原籍福建参加乡试，这是他第四次参加科考，只是追求一个名分和出身。这是一大悖论。严复顽固地做他所深恶痛绝的事情，为什么？

多年来，严复深深感到在清朝体制下，只有科举致仕才属正道，武职比文官低一等。没有通过科举考试取得名分，说话不灵，放屁不响，人微言轻，难有作为。他幻想由科举进身，由举人，而进士，而翰林，而公卿，能够跻身于朝堂，得到统治者青眼相看，一展个人抱负。于是，一个高扬反对科举的严复，陷入屡试屡败、屡败屡试的怪圈，不能自拔。在为严复感到悲哀的同时，更要高声痛骂封建体制逼良为娼！

严复不能够通过科举考试，事属必然。严复没有中举，倒也是幸事，假如他考中了，不过又多了一个碌碌之辈，则可能戕杀一个旷世奇才，一员高举科学旗帜的猛将。

光绪十八年（1892），严复的妻子王氏去世。这年，严复四十岁，中年丧偶，此人生三大悲痛之一。严复经历了幼而失怙之痛，又经此伤心之痛，加上仕途不顺，心情沮丧，莫可如何。他随即娶江莺娘为妾。据说，江莺娘也是大户人家之女，因算命先生说只有与人为妾才能够白头到老，于是给严复为妾。这又是一个悖论。严复一直是反对蓄妾的，可是，他在妻子新丧后不久，立即纳妾。

严复吸食鸦片，又是一大悖论。严复曾经痛心疾首地说："沿习至深，害效最著者，莫若吸食鸦片、女子缠足二事。"可他却是一个瘾君子，吸食鸦片而不能自拔。甚至到了光绪三十四年（1908），严复从上海再到天津工作，还写信给在上海的家人催寄鸦片："药膏吃已过半，事多一日三瓢，不能减少。药单不知往那里去，又没带有烟灰，市上买灰恐靠不住，今特作快信到家，叫你再熬四剂，一钱灰者，分作四罐，熬好交新铭关买办，带津交河北学务处严收。""药膏本日已尽，而新熬者尚未寄来，不知须受苦几日，只怕新的寄来，我已戒尽，不须再吃，未可知也，但在此日日有事，恐精神不够支撑耳。"直到严复生命尽头，一直病魔缠身，哮喘不已，深受鸦片毒害，追悔莫及。

痴心执着于科举、蓄妾、吸食鸦片，这样的事情，竟发生在严复身上，使人惋惜。不免令人有"言语上巨人，行动上侏儒"之讥。这也折射出中国人前进步履艰难，他们身上的拖累、负担太多、太重，即使先进、前卫如严复，也脱不出历史的局限，甩不掉因袭的拖累。每前进一步，需要使出浑身力气，摆脱那历史的、习俗的因袭包袱，才能够轻身向前。有时候，或许还不能举步前行，倒被拖累得倒地不起。

第二十章 立中国水师之本

“空令岁月易蹉跎”。严复不满意在水师学堂任职，“奉公之外，闭户寡合”。但是，严复是一个有担待的人，又是一个极聪明的人，尽管百事不如人意，但他秉持义不容辞、责无旁贷、竭尽全力、以期有成的态度投入北洋水师学堂的创建事业，培养海军人才。二十三年间，驾驶班共六届、一百二十人毕业，管轮班六届、八十六人毕业。北京昆明湖水师学堂驾驶班的学生二十四人也是在天津北洋水师学堂完成学业毕业的。我们从实际考察，从《北洋纪事》的记载看，应该说严复开创性地为中国海军院校教学奠定了基础，对于李鸿章要求的“开北方风气之先，立中国兵船之本”做出了自己的贡献。

严复主导了北洋水师学堂的教学设置。教学设置，是一所学校的根本。“学生入堂第一年，所学西学以语言文字为大宗，兼习浅近算学。第二、三年则以算学为要领，如几何、代数、平三角之类均应指授，而中西海道、星辰部位等项，又在兼习之列。第四、五年所造渐深，当授以弧三角、重学、微积、驾驶、御风、测量、躔晷(即日月星辰的运行)诸法。若果诸生进境精锐，则帆缆、枪炮、水雷、轮机理要，与格致、化学、台垒学中有关水师者，均可在堂先与训习，以资后来出洋肄业根柢。以上略举次第，应责成洋文正教习循序指授，以期日起有功。”

严复根据自身的体会和海军专业的需要，改进了英国海军院校教学设计，创造性地为驾驶班预先安排了三角、驾驶、天文、重学等多项与驾驭舰艇密切相关的课目。根据中国水师实际，在驾驶、管轮两个专业都增设鱼雷课。到第二届时，驾驶班增加了割锥、化学、流质重学、动重学、鱼雷等五项；第三届时，驾驶班增加了割锥、汽机、鱼雷等三项。这些项目，在英国和欧洲海军院校，一般都安排在学员上舰实习后才进行教学。严复做了如此改进，十分有利于学员的进步。

特别需要提及的是，严复非常注重学员体育和体能的训练，这是中国过去学堂所从没有过的：“学生初入学堂，隔日傍晚，由二、三班洋文教习带赴学堂外，仿外国水师操法，排列整齐，训演步伐，并令练习手足，藉壮筋力。三年后，每日早晚仍由二、三班教习训练枪炮。至第五年，随同外国练船教习，早晚上学堂前样船，学操帆缆诸事。”在北洋水师学堂前的操场上，建立了高八丈的桅杆，配套设置了桅盘、索梯、铁缆，要求教习在课操之余，兼教诸生升桅，锻炼手脚而壮胆气。开启了学校设立体育课的先河。此举与严复在英国格林尼治海军学院学习时挖筑单人掩体的尴尬和难堪不无关系吧。

严复借鉴马尾船政学堂经验，严格考试制度。严复亲自为有关考试命题，主持考试和评卷，为学员做出公正的考语。为了考核学习成绩，甚至还邀请英国前水师军官参与评比。李鸿章也特意来到学校监督、视察学员的考核。考试结束后，严复等教习仔细校阅试卷，出具考语。

严复借鉴马尾船政学堂经验，运用公平、严格的奖惩制度，鼓励学员力争上游。又根据学员实际情况，灵活变通处理，以求实效。严格依据考试成绩厉行筛选淘汰：“学生初选入堂一年后考试，必须定出章程，严为去取，如此办理，最为引导良法，俾诸生均知奋勉，而于偷惰各生，尤可有所警惧。”严复还随时将低班的优秀学生及时调整至高班，促成你追我赶、竞相赶超的热烈的学习气氛。

严复坚持参与教学实践，驾驶一班的专业课全部由严复承担，课目主要有：英语、地舆图说（测绘海图等）、数学（算学、几何、代数、平弧三角法、割锥等）、驾驶学、测量天象及推算经纬度诸法、重学、化学格致、汽机等。严复带领学员历时三年，完成教学计划，直至毕业。严复毕竟没有经过师范专科学习，初执教时，难免照本宣科，不尽如人意，但他通过教学实践，总结经验，逐步提高教学水平和质量。达到“专讲水师算学二十余年，其奥窔曲折，一一周知。学生中时有不能领悟，一经口授指画，无不融会贯通”。

严复在教学科目设计、教学方法、教学进程所进行的革新，在今天看来似属平常，但在当时，却非同寻常。千百年来，由于科举的戕害，中国的教育基本上是从书本到书本，填鸭式的硬灌，教出的学生四肢不勤，五谷不分，手无缚鸡之力，没有动手的能力，没有处事应变的智慧，而严复所要培养的是军舰管带、军舰舰长、军舰部门长，是要在大海上、在风浪中独立行事的军官。严复常常警示学员：“诸位将来要驾驭军舰，到海上去骑风跨浪，驾驭非常。海是一条不平的路，而且，瞬息万变。有无尽的风光，也有无尽的凶险。你们身系一船人的命运，俗话说，‘艄公不努力，耽误一船人’，你们准备好了吗？俗话又说，‘船到中流补漏迟’。军舰起锚，把联接码头的跳板一抽去，一切就全靠你们自己了，你们今天做好了充分准备吗？今天多学会一点，明天就多一分成功的把握。诸君要努力啊！”严复苦心孤诣，大胆改革收到了实效。《北洋纪事》载：

驾驶为水师专门之业，几何、代数立纲以明体也，推步测量分端以致用也。大洋驾舟，昼则策日，夜则候星。端凭重测之学，即古所谓夕桀法也。从前闽厂洋教习初入中国，惮其繁难，在堂未课，严教习知其用广法良，不厌讲解。阅诸试卷，于重测一法，推步多能如式。夫天文、算学不难于布筹，而难于立表，不难于墨守成规，而难于推阐理数。从前洋教习期诸生之速化，用前人之成书，但课检未探窔，递乘级数多付阙如。严教习踵格林（尼治）之规模，授立表之算法，虽朱仁（世）桀之《四元玉鉴》、李冶之《测圆海镜》，算家所惮为艰深者，无难迎刃而解。

当年，马尾船政学堂的洋教习，为了求得速成，对于这些繁难的科目，多没有涉及，没有教导给学生。严复果断安排学习，要求学员务必学懂学通。参与会考的丹麦、英国海军军官表示：“该学生等于天文、驾驶、算法深造有得，即置诸欧西各国水师学堂中，亦必取在前列。”

但是，严复对自己付出了许多心血的水师学堂工作并不满意，多有贬责之言。他曾经感慨说：“质实言之，其中弟子无得意者。伍光建有学识，而性情乖张；王少泉（劭廉）笃实，而过于拘谨。二者之外，余虽名位煊赫，皆庸才也。”这应该说是严复的偏激之言。

一所学校有无成就，主要看它培养出什么样的人才。严复主持天津水师学堂教学，从光绪六年（1880）到光绪二十六年（1900），二十年间，共毕业学生两百一十名，成为北洋水师的管带、大副、部门长等中坚力量，在甲午战争中勇敢作战，有的壮烈牺牲。学生中不乏佼佼者，如海军教育家谢葆璋、翻译家伍光建、海军教育家江忠清，还有辛亥武昌起义中被推举为都督，拥戴革命，后来成为民国副总统的黎元洪，还有后来创办了南开学堂的著名教育家张伯苓，他们都深受严复的教诲和影响。民国七年（1918）十一月，严复写道：

军中将校大率非同砚席，即吾生徒。甲申法越、甲午日韩之二役，海军学生为国死绥者殆半。顾所孑遗老成，往往蔚然起为时栋，前大总统黄陂黎公（元洪），今海军总长同邑刘公（冠雄）最其彰明较著者也。于戏！海军得才可不谓盛也耶？

严复是很为自己的同窗和自己的学生，为水师学堂培养出来的人才感到自豪的。而严复所以不很看好天津水师学堂的工作，表明他对自己和学堂期望值过高。在当时的中国，“自坐人才消乏，盖旧式人才既不相合，而新者坐培养太迟，不成气候，即有一二而孤弦独张，亦为无补”。整体状况如此，水师学堂又能如何呢？

历史上，李白不甘于做唐玄宗的文学侍臣，离开长安，再度漫游天下，仍然希望“申管晏之谈，谋帝王之术”，“辅弼天下”，雄心不已。“中夜四五叹，常为大国忧”，但是“欲献济时策，此心谁见明？”李白被困于安徽，写下了“弃我去者昨日之日不可留，乱我心者今日之日多烦忧……人生在世不称意，明朝散发弄扁舟”。严复也有同样的苦恼，也曾经动过“不如归去”的念头。严复在给他的堂兄观清的信中透露说：“足履津地，便思乡不置。天下茫茫，到处皆是无形之乱，饥驱贫役，何时休息，兴言至此。黯然神伤；拟二三年后，堂功告成，便当沥求上宪，许我还乡，虽饘粥食苦，亦较他乡为乐。”但是，严复又如何能做到？

第二十一章 向西方上下求索

历史上，中国知识分子不能跻身于庙堂，便退而著书治学。严复在失意中，自然趋向这条道路。

严复在给家人长子严璩的信中说：“我近来不与外事，得有时日多看西书，觉世间惟有此种是真实事业，必通之而后有以知天地之所以位，万物之所以化育，而治国明民之道，皆舍之莫由出。”严复在苦苦上下求索“治国明民”之道。整个中国，老气横秋，暮气沉沉，万马齐喑，没有生气，国家、社会坏到了极点，中华民族到了最危险的时候，个人无能为力。他忧虑灾难频仍的中国的存亡，个人的失意更加强了这种朝不虑夕的忧患，他要从外国、从西方寻求出路。他是要做学问了。

严复在马尾船政学堂和留学英国期间，接触了西方哲学著作，而真正阅读和研究西方经典著作，应该是在这个时期。他能够直接阅读英文原著，有捷足先登的优势，比国人早了一步。他研读西方的著作，豁然有悟。深深感到，唯有从西方著作中寻求，才能够知道人们的处境和万物所以变化，也才能够找到救国和唤起民众的方略，舍此没有其他道路。严复感叹，当下中国的情形，正好说明了平日的学问和认识是错误的，当道的士大夫的心术是坏的，不改变长期养成的陋习恶俗，即使春秋时的管仲再生，也无能为力，没有办法改变坏到极点的局面：“中国今日之事，正坐平日学问之非，与士大夫心术之坏，由今之道，无变今之俗，虽管、葛复生，亦无能为力也。”

严复不同于以往的知识分子，他不尽信书。辛弃疾有句：“近来始觉古人书，信着全无是处。”（《西江月·遣兴》）他与辛弃疾有同感。严复信服宋代的朱熹，“生于闽之尤溪……学以成功”。朱熹隐居武夷山林，用毕生之力完成了《四书集注》，但并不考据训诂，泥古不化，而是把《大学》《论语》《孟子》《中庸》等“四书”的义理引申发挥，把“四书”的哲理纳入自己理学的轨道。为了格物致知、经世致用的目的，对“四书”“采而辑之，间亦窃附己意，补其阙略”。甚至“攻驳经文动辄删改”，以求致用。严复以朱熹和中国古代学者的思想、方法，向西方经典求索。他在阅读、研究西方哲学名著的时候，有所扬弃，有所选择和侧重。往后，严复翻译了其中多部，为了经时济世，解决中国的问题，写下了大量按语，“窃附己意”，成为严复译著最精彩的部分。

冬日清晨，笔者去天津探寻这位近代文化巨人的足迹。

海河穿城而过，把城市分隔为河东、河西。据记载，清朝末年北洋水师学堂在河东区东局子机器局内。何处可寻水师学堂？问出租车司机，他茫然不知哪里还有这一处所在。时间过去了一个多世纪，特别是经过一九〇〇年八国联军炮火的摧毁，当年的学堂几被夷为平地，实地遗迹，哪怕是断壁颓垣，也都荡然无存，全都湮灭了。记忆也淡远了。如今，在当年遗址上建起了人民解放军军事交通学院。我曾经设想，或许能够发现一处当年严复留下的建筑痕迹，比如锻炼学员攀缘的桅杆、帆樯的座基，或是供学员学习观察、测量天文的观星台之类。可是，四望只见现代化的教学楼、整齐划一的园林，哪里还有当年的影子？

在军事交通学院现代化的图书馆三楼，建有永久性的严复纪念馆，沙盘模型把我们带到了那个可纪念的年代。

东机器局是清末洋务派努力开拓的工厂群，类似今天的开发区。占地很广，规模很大，依傍海河支流，原料和产品可以经由河道从海外运进来、输出去。清光绪六年（1880）七月，北洋大臣李鸿章奏请朝廷批准，在傍河一隅，建立北洋水师学堂。一八八〇年八月十二日，严复即由福建应召来到天津，参与学堂的筹备和建设。学堂与工厂紧密联系，与大海紧密联系，完全仿照福建马尾船政学堂的模式，借鉴法国人造船和英国人培养海军人才的经验，便于学习建造舰船，便于学员上舰实习。可谓“西学东渐”的一个缩影。今天，我们从《津门杂技》的记述中，可以略微窥见其规模、形胜一斑：“宏敞整齐，不下一百余椽。楼台掩映，花木参差，藏修游息之所，无一不备”，与今天军事交通学院成几何形的建筑，迥然有异。

当年，严复应李鸿章之命，先是担任学堂的洋文正教习。不要误解这只是属于翻译之类的差事，因为学堂主要课目采用外语教学，严复实际上主管着教学内容设置、教学计划等主要教务工作。何须去考证“总教习”“正教习”的名分呢？以后，严复担任学堂会办、总办，更是主持学堂全盘工作了。这是他最初施展才能的天地。严复以他的抱负、学识，完备的航海知识、技能，自身的海上经历，航行台湾和日本的感受，对世界海军形势的分析，大力培养学员的海洋意识、爱国情怀和海军技艺。北洋水师学堂“实开北方风气之先，立中国兵船之本”。可惜，现在能够找到的佐证材料不多，学者们更多注重严复推介西学方面的成就，对于他在海军建树方面的研究着力不多。

严复的贡献，不限于海军建设。正是在天津二十年间的积淀，使他从一八九五年二月四日发表《论世变之亟》起，到一八九八年戊戌变法前，连续发出多篇文章，振聋发聩，为戊戌变法提供了思想武器。随即又翻译发表了《天演论》等，影响了几代中国人。我去探寻严复写作、翻译文章的地方，大狮子胡同住所（今南开区古文化街大狮子胡同1号）。这是一所中国传统四合院。严复在此住了十六年。《辟韩》《原强》等著作均写于此。一八九三年英国赫胥黎的《进化论与伦理学及其他论文》刚一出版，严复便在一八九四年到一八九六年夏天，在这所寓所翻译成汉文，向国人推介西方先进思想。他在这个寓所还经历了慈母病逝和中年丧偶的人间巨痛。也在这里染上鸦片毒瘾，不能自拔，终身受害。

如今，故居遗址上一座严复塑像引人注目，天津人以严复为荣耀。然而，当我问出租车司机时，他不知道严复塑像，也不知道严复是何许人，直到我说去古文化街，他才恍然大悟说：“去那个旅游点啊！”以军事交通学院内的严复纪念馆来说，也主要是对军事学院学员进行爱国主义教育的基地，似乎不是随时向公众开放的场所。这不禁令人感慨，严复曾经影响了几代中国知识分子，是民族文化的骄傲。然而，他没有能够走远，盖因为他们没有接地气，没有同广大人民群众结合，普通大众甚至都不知道他！一个民族如果不知道自己的杰出人物，不能够高扬自己文化的旗帜，何谈民族自信？许多学者对严复做了大量研究，也出版了相当多的专门论著，但也还只是在相对小的范围里有所反响。严复文学传记应当为广大群众认知严复和民族文化做出自己的努力。这丝毫也不降低其历史的、学术的意义和价值。

站在海河广场上，但见河阔流平，融汇了上游的山水和京杭大运河，一起泻入渤海。果然是“九河入海”，气势不凡。这里是中华民族交往海外各民族的起点，是中西文化交融的汇合处，一度是“天朝国门”。然而，也是西方列强蜂拥而入的豁口，帝国主义侵略中国的基地。海河沿岸有连绵的租界旧址，那些重新修复或仿建的西方建筑，风格多样，有万国建筑博物馆之称，然而也留下民族屈辱的伤痕。严复在一八八九年到一九九〇年居住在英租界的德源里一栋两层的小洋楼，不到两年，为逃避八国联军的炮火而仓皇离开。严复在海河之滨，“激扬文字”，“横空出世”，引进西方的哲学、人文、政治思想，唤醒了沉睡的国人，也以中国传统的智慧，丰富了人类共有的思想武库，他后期的一些思想，对于当今世界面临的许多问题，不无启迪。人们不仅要看到“严复为中国西学第一人”，更需要从中西文化融合的大潮流中来理解严复。

沿着严复的足迹，追寻到福建马尾。这里是近代中国人追求富强的中国梦的起点。一八六六年，左宗棠、沈葆桢秉承“第一个睁开眼睛看西方”的林则徐、魏源的意志，开办马尾船厂和船政学堂，培育了一批开始接受西方科学文化教育的青少年。船政学堂，遗迹犹存。

这所堪称中国第一所少年海军学校，走出了严复。古希腊神话中，普罗米修斯看到人间沉浸在无边黑暗里，勇敢地偷一束天火输给人间，照亮了大地，并向人们传授谋生的本领。触怒了主神宙斯，被锁在高加索的山上。白天被恶鹰啄开胸膛，吃尽他的心脏和血肉，晚上愈合，第二天再遭受恶鹰的折磨，永远受苦，没有穷期，但他无怨无悔。在雪莱的《解放了的普罗米修斯》诗篇中，恶鹰被杀死，普罗米修斯获得解救！严复如同普罗米修斯，敢输天火向人间，第一个把西方先进思想介绍给中国人，催发了晚清的变法维新，高擎起照亮中国近代思想解放运动的火炬。

一九九三年十一月，福州虽已入冬，少霜无雪，温暖如春。处处榕树，枝繁叶茂，气根悬垂，绿掩全城，生机勃勃。近年来，两岸关系和平发展，前线的火药味渐淡渐散，一度停滞的建设工程开启了，大有“政通人和，百废俱兴，乃重修岳阳楼”之概，文化建设尤其抢眼。“93年严复国际学术研讨会”正在这里举行。这是中国大陆首次举办研究严复的学术盛会，由时任福州市委书记习近平热心倡议举办。有大陆、台湾、香港和从美国、日本来的学者一百多人与会。后来，这次会议的成果汇编成《’93严复国际学术研讨会论文集》，习近平作序，他以历史学者的眼光论述道：“中国近现代文化史表明，‘国粹主义’和‘全盘西化’都是有害的。从严复到鲁迅并直到今天，中国新文化的发展创造都是在不断探索、实践类似严复这条‘阔视远想，统新旧而视其通，苞中外而计其全，而后得之’的道路的。”

福州的会议，适逢其时。人们在总结中国人上一世纪的收获，瞻望新世纪发展的时候，重新审视严复。惊异地发现严复不仅曾经给我们的前人孙中山、毛泽东等以启迪，对于当下更有诸多发人深省的昭示。

离开天津，乘动车回北京，在风驰电掣的行驶中，想到严复当年曾经乘火车来往于天津、北京，一百二十千米路程，需要行驶二到三个小时，一如他的人生，漫长而颠簸。他经由前门车站进入北京城，也由此踏入清末、民国初年中国政治斗争的漩涡中心，登上历史舞台。政治生涯纷繁复杂，臧否不一。从光绪二十四年七月二十九日（1898 年 9 月 14 日）光绪皇帝召见，宣统皇帝特授海军协都统，赐文科进士，直至袁世凯笼络礼遇，我们可以探寻严复为什么厕身筹安会，甚至同情张勋复辟的外在原因。当然，也还需注意到此时的严复，看到西方资本主义国家在第一次世界大战中显露出的矛盾，转而从中国文化寻求出路。因而不能简单地认为严复倒退，而要探寻他思想深层次的原因。

筹安会之后，严复受到社会谴责，他也自责。但他没有沉沦，不改救国初衷，仍然挣扎奋起。一九一七年二月十日至五月二十一日，北京《公言报》先后刊发《时乎时不再来》等十四篇文章，评述世事，提出政见，古道热肠，文辞犀利，署名作者“地雷”。有研究认为系严复所写，如果能够确证，对严复后期的思想、作为，当有更全面的评价。

动车行驶三十分钟，抵达北京南站，果真是瞬间到达。南站宏敞亮丽，自是旧时前门北京车站无可比拟。从严复那一代人以来，中国已经走过翻天覆地的一百多年，时代变了，中国变了，然而，中国的事才刚刚开头。天津严复纪念馆结束语中，有毛泽东的话：“自从一八四〇年鸦片战争失败那时起，先进的中国人，经过千辛万苦，向西方国家寻找真理。洪秀全、康有为、严复和孙中山，代表了在中国共产党出世以前向西方寻找真理的一派人物。”并排在列的还有习近平的话：“严复在国难深重、民族危亡的关键时刻，高举科学与爱国的旗帜，苦心探索救国救民的道路，表现了一个先进的中国人非凡的见识和勇气。”继严复、孙中山之后，他们代表着新老几代人探索救国道路的努力。

我又见闽江口灯塔那闪烁不熄的灯火，严复不就是点亮东方海岸的一盏灯火吗？

二十世纪西方著名学者本杰明·史华慈（Benjanmin Schwartz）在

他著的《寻求富强：严复与西方》中评价说：严复一开始翻译就没有“打算直译”，“他的翻译几乎都是意译”，他对《天演论》的翻译，“不太像原著的译本”，“更像原著的缩写本”。“他试图做的是抓住包含完整思想的整句或整段的基本意思，然后用规范的中文表达出来”。严复的翻译，确实“传达了他想传达的思想和实质”，严复所论述的“和穆勒、孟德斯鸠、斯宾塞他们所论述的”，“是同一个宇宙。”严复的译著是“文化阐释”，这种“文化阐释”的意义非常。

史华慈是美国研究中国问题的学者，他写的《中国的共产主义和毛泽东的崛起》，阐释毛泽东的思想和前代人的相承关系，特别强调说，如果脱离中国近代、现代历史，就不能够准确理解和认识毛泽东的思想世界。他对毛泽东的评述是中肯的。同样，他对严复的评述也是中肯的。

严复沉浸在对西方著作的研读中。在英国时，他对西方国家强盛，有直接的观察和感性认知，现在，他对西方之所以强盛有了理论的理解和理性的分析，他沉思，他向深处探究，由此，对于中国的事情，有了清晰的认识，严复心有所动。

严复蛰伏在心底的岩浆，将要喷薄而发，但还需要一个契机，激活和点燃他心中的积郁之情，发出呐喊和警示。

第二十二章 中夜起而大哭

一场早已料到要发生的战事，以大出意料的惨败结果，震醒了昏昏沉睡的国人，震醒了沉湎于个人失意的严复。

光绪二十年（1894），岁次甲午，春天，朝鲜发生东学党起义，朝鲜政府请求中国政府出兵帮助平息内乱。日本急欲吞并朝鲜蓄谋已久，立即趁机派兵进入朝鲜。此前，六月十七日（7 月 19 日），日本大本营御前会议即已决定发动战争，并已着手部署付诸行动，而清朝廷尚懵然无知。

严复作为中国天津北洋水师学堂总办，十分关注前线的变化，他的关注集中于日本动向及西方列强的动态。国人还很少有人从国际的视角看中国的形势，严复自然看到国人所没有注意的危急。严复还密切注视清廷当时的决策和北洋水师舰队的战斗行动。他忧心忡忡，知道不容乐观，又怀着一丝侥幸，希望看到经过多年建设的北洋水师能够经受战争的洗礼，赢得事关家国命运和军人荣誉的胜利。

进入二十一世纪，特别是二〇一四年甲午战争一百二十周年祭的时候，因日本右翼挑起“钓鱼岛”争端，加剧向军国主义老路推进，引起中国和亚洲人民高度警惕。国人回顾历史，探讨中国在甲午战争中失败的原因。许多专家发表了文章，其中，不乏颇有识见的、中肯的见解，但也有些文章以当时日本对中国心理战的表述和谣言作为判断的依据，与当时战争实际不符。

一八九一年七月，丁汝昌率领“定远”“镇远”“致远”“靖远“经远”“来远”六舰再次访问日本，在横滨停留十四天，这是少有的。一八八六年，中国军舰曾经来日本访问，五年后中国舰队再次来访，依然引起轰动。丁汝昌当面正告日本海军大臣桦山资纪说：中日海军应当联合起来，共同对付西方列强。中日各拥有坚不可摧的战舰，有足够的力量应对西方列强的威胁。

中国舰队所引起的轰动和震慑，又听到中国人如此明白宣示，桦山资纪和日本当局不加认真考虑，而是热切希望找出可以击败中国人的证据，甚至不惜违反常识，制造中国军舰甲板如同洗衣坊、中国水兵在炮管上晾晒衣服之类的谣言，以此证明中国海军管理松弛，完全可以被打败。《东京朝日新闻》七月八日刊出报道《清国水兵的印象》：

> 登上军舰，首先令人注目的是舰上的情景。以前来的时候，甲板上放着关羽的像，乱七八糟的供香，其味难闻之极。甲板上散乱着吃剩的食物，水兵语言不整，不绝于耳。而今，不整齐的现象已荡然全无……军官依然穿着绸缎的支那服装，只是袖口像洋人一样饰有金色条纹。裤子不见裤缝，裤裆处露出缝线，看上去不见精神。尤其水兵的服装，穿着浅蓝色的斜纹布装，几乎无异于普通的支那人，只是在草帽和上衣上缝有舰名，才看出他是一个水兵。

今天，我们看到日本一步一步挑起钓鱼岛争端，仍然依样画葫芦，一厢情愿地说“中国青年都是独生子弟不堪一击”，甚而大放厥词“一个月内消灭中国三大舰队”，等等。对诸如此类的心理战招数，国人不能不多加警惕。

严复当年也面临同样的困扰，但他以坚定的态度，理智的剖析，揭露日本以及西方国家的动向，批评清朝当局的错误决策，对北洋海军官兵勇敢战斗和以死捍卫军人尊严，表达了无限敬意。

让我们随着当年严复的目光，透视甲午战争的前因后果，从甲午战争的实际发展过程，以及战争最后的败局，探寻历史的经验和教训。

清光绪二十年（1894）六月二十四日，日军混成旅团约七千人在朝鲜仁川登陆，随即进入汉城，控制战略要地。据日本海军大将竹下勇主编的《日清战役》有关资料披露，当时，日本外相陆奥宗光向日本驻朝公使大鸟圭介通报内阁会议的决定："在今日的形势下，开战已到不可避免的地步，在我免遭非议的范围内，可采取任何手段，以造成开战的口实。"七月十六日，日本和英国签订《日英通商航海条约》，得到西方怂恿，日本军队公然于七月二十三日闯进朝鲜王宫，劫持国王，扶持亲日的大院君发动政变。七月二十五日，公然要求清朝军队退出朝鲜。

这是日本政府蓄谋已久的战争行动。西方帝国主义国家的纵容，无疑助长了日本军国主义的野心。

严复在思索，一个曾经频繁派出"遣唐使"，引进中国文化，引进儒家伦理和佛家信念，甚至引进中国汉字，以其为依据创造日本文字的民族，为什么变得以中国为敌，兵戎相见？

光绪二年（1876），严复曾经随"扬武"号军舰到日本访问，他在东京湾的横滨，在九州岛的长崎，获得对日本这个国家、这个民族的感性认知。

"扬武"号是中国自己建造的军舰，修长的舰身，威武雄壮的炮火武备，堪称当时亚洲最先进的军舰。严复从日本海军和老百姓眼光中看到流露出的羡慕，也透出某种异样的眼色。光绪十七年（1891）秋天，中国"定远""镇远"铁甲舰访问日本，日本当局即以击沉"定远"号、"镇远"号为目标，决定制造四千二百吨的松岛级军舰。

严复的要好同学、"定远"舰管带刘步蟾对日本的野心，保持警惕。

军舰停泊横滨时，日本亲王设宴招待舰队官兵，刘步蟾却予以婉谢。他向本舰管轮陈兆锵说：“舰队出访在外，需要谨防偷袭和意外。我担心奸诈之徒，假借宴会之机，乘我不备，攻袭我舰。我必须留舰预防不测。请你代表我出席日本方面的宴会。”

刘步蟾还曾经上书李鸿章，指出日本整军购舰，剑指中国。中国应该改变疏于防日的状况，防备日本的扩张和进攻。

严复完全赞同刘步蟾这位老同学的真知灼见。

日本是一个岛国，上苍没有给他们以丰腴广袤的土地，物质匮乏。日本人总是感到不公。从日本人的目光中看得出，这是一个不愿意屈居人后的民族。这本无可厚非，好强，自立，应当得到赞许和肯定。不过，许多日本人既自大又自卑，反映他们内心矛盾的两面。他们的目光总盯着中国、俄罗斯富饶而广袤的土地，也时时觊觎邻国朝鲜，只想劫掠别人以自肥，那就未免卑劣而怯懦。

日本经过明治维新，资本主义急速发展，同时，确立了以“武国”和扩张的国策。日本作家井上清在《日本历史》中记载：一八九三年二月十日，天皇发布诏书：“兼六合而掩八纮”，乃是皇祖遗训。明治初年即制定了“大陆政策”，把朝鲜和中国定为“征服”的首要目标。一八九〇年十二月，首相山县有朋在帝国议会中强调要保卫日本国土“主权线”，也要“保卫”和主权线接壤的朝鲜“利益线”。

历史何其相似乃尔！君不见，当今日本不是又祭出了“周边相关事态法”“解除集体防卫禁令”吗？矛头所向，昭然若揭。

当年，日本政府一直加紧扩充军备，一八七二年十一月，颁布了征兵令，建立近代常备军。井上清在《日本近代史》中写道：“一八七八年十二月设立了参谋本部。参谋本部以将官为首长，直属天皇。”“参谋本部的设立，便正式宣告天皇制采取军国主义”，“以军备和对外侵略为国家最高目的”。一八八七年九月，日本参谋本部特别拟定了《征讨清国策》，加紧进行战争准备。以五年为期，瓜分中国，策划进攻北京，占领中国长江流域。

严复注意到东北亚地区，交汇着诸多矛盾和利害冲突，形势瞬息万变。日本处心积虑地首先占领朝鲜，以之作为进攻中国的跳板。从地缘政治考察，朝鲜处于东北亚的战略要冲，北面隔鸭绿江与中国相连，东南方邻对马海峡与日本相望，东北方以图们江与俄国交界。俄国、英国、美国、德国、法国、意大利等在朝鲜各有所图，都罔顾中国的利益，对日本取纵容和支持态度。

中国也注重朝鲜，已然看到形势的严峻。早在光绪十三年（1887）春，姚锡光曾经两次上书提出："今者拱卫京师必经营东三省，经营东三省必保存朝鲜。""若军旅不振，海备不完，则隐忧方切，何有乎朝鲜？"应"以东三省为根本，以北洋为声援"。否则，后果不堪设想。

当中国、日本军队同时出现在朝鲜，战争一触即发，御使张仲炘紧急呼吁："朝鲜与东三省壤地相接，为我国家势所必争之地"，"无论胜与不胜，朝鲜断不可弃，日本断不可和，惟有力与之争，期于必克"。户部尚书翁同龢和李鸿藻提出："倭人以重兵驻韩，日久未撤，和商迄无成议，不得不速筹战事，此乃一定办法。"清廷也采取了一定措施，加强防务战备。但是，以慈禧太后和李鸿章主导的当权者，一味避战妥协，幻想外国调停，失去了取得战争主动地位的机会。

日本，处心积虑，有备而来；中国，忍让求和，侥幸避战。战争不可避免地发生了。终于在朝鲜的丰岛海面（北纬36° 31'、东经126° 24'），日本海军偷袭清军舰船，挑起了战争。

七月二十一日，清廷租用英国"爱仁"号、"飞鲸"号商船运载一千七百名清军，由天津大沽起航增援在朝鲜的清军。北洋水师派"济远"号、"威远"号、"广乙"号三舰由山东威海卫出发护航。但是，这一机密的军事行动被泄露了，隐藏在天津军装局总办官员家里的日本奸细获得情报，将船队出发时间"先期电闻"日本军方。

七月二十三日上午十一时，日本联合舰队司令官伊东佑亨命令坪井航三海军少将率领"吉野"号、"秋津州"号、"浪速"号军舰组成先遣队从佐世保军港出发，驶向朝鲜群山浦海面。接着，伊东佑亨率领"松岛”号、“千代田”号、“高千穗”号、“桥立”号、“严岛”号、“葛城”号、“天龙”号、“高雄”号、“大和”号等九艘军舰相继奔向朝鲜海面。

北洋水师提督丁汝昌，预见日本海军极有可能袭击中国护航军舰，命令在威海卫的主力军舰生火待发，随时准备支援接应“济远”三舰。同时电告李鸿章，请求批准出航。丁汝昌原是淮军将领，虽不熟悉海军，但也不是无能之辈，他的预见是准确的。但是，李鸿章却力图避战保船，电令加以制止。于是，北洋海军临战被解除了防卫作战的权力。

七月二十三日，“济远”舰管带方伯谦率三舰航渡至朝鲜牙山。二十四日，“爱仁”号、“飞鲸”号运输船相继到达。方伯谦得到“倭大队兵船明日即来”的报告，“遂饬船上员弁赶催水手帮助陆兵驳运马匹、米石上岸，并令‘威远’先出牙山口外。”

七月二十五日寅刻，中国古代将一昼夜划分为十二个时辰，寅刻约为上午三时至五时。“济远”“广乙”从牙山出口，七时半，航抵丰岛西北，即“望见倭兵轮‘吉野’‘浪速’‘秋津州’横海来”。

据日本《日清战争》记述:七月二十五日七时二十分，坪井航三“在丰岛海上远远望见清国军舰‘济远’号和‘广乙’号，即时下战斗命令”。“吉野”号在“上午七时五十二分，在三千米的射击距离内，发射了第一炮”。接着，“秋津州”“浪速”两舰也发炮攻击“济远”号。

“济远”“广乙”舰被迫还击。

中国两艘军舰对日本四艘军舰，力量悬殊。双方展开激烈炮战，前后约近两小时。

日舰集中火力猛烈轰击“济远”舰。“济远”舰管带方伯谦放弃指挥，躲到了舰只铁甲最厚处。大副沈寿昌挺身而出，主动指挥各炮还击。战斗中，指挥台被日舰炮火击中，沈寿昌头部负伤，壮烈牺牲。二副林建章怒吼一声，继起指挥，猛烈发炮。不幸，日舰炮弹飞来，林建章胸部被弹，也壮烈牺牲。官兵们仍然奋勇作战，学生黄承勋、王锡三、刘鹍等十三人牺牲，二十七人负伤。战斗中，无一人退避。然而，方伯谦命令军舰转舵向西北方向逃离。

日舰“吉野”号是日本新购战舰，航速二十二点五节，而北洋水师的“济远”舰航速仅约十五节。日舰穷追不舍，企图俘获“济远”舰。方伯谦惊慌失措，命令悬挂起白旗。

“济远”舰官兵们愤慨了，不顾方伯谦的命令，继续抵抗日舰追逼。水兵王国成和李仕茂相互协同，一人操炮，一人及时搬运炮弹，操纵舰尾副炮，连连轰击“吉野”号。连发四炮，第一发击中“吉野”号指挥台，第二发击中“吉野”号舰艏，第四发再击中“吉野”号。“吉野”号“火起水进”，“转舵逃去”。方伯谦趁势驾舰逃往威海卫。

此方伯谦也是严复马尾船政学堂第一期同学，而且，一起留学英国。但是，他以自己的行动写下不光彩的一页，被钉在历史的耻辱柱上。

日舰“秋津州”紧逼中国“广乙”号军舰。“广乙”号是一艘小舰，排水量仅一千零三吨，航速十四节。马尾造船厂光绪十五年（1889）建成。而“秋津州”是一八九四年新建成的巡洋舰，排水量三千一百五十吨，航速十九节，火炮二十六门，四个鱼雷发射管。

“广乙”号水兵不以舰小而退缩。管带林国祥，也是严复马尾船政学堂第一期同学。他指挥发射鱼雷攻击。但因舰速太慢，先被“秋津州”炮火击中，鱼雷管被击毁。水兵们继续发炮抗击，击中“秋津州”号左舷。但是，“秋津州”号以速射炮猛烈还击，“广乙”号严重负伤，退出战斗，摆脱日舰的追击时，不幸在朝鲜十八岛附近海域搁浅。为了不使军舰落入敌手，林国祥命令凿毁锅炉，然后率领残余舰员离舰。“广乙”号军舰燃烧起火而毁坏。

“秋津州”号进逼中国另一艘军舰“操江”号。“操江”号是一艘木质炮舰，排水量九百五十吨，航速仅九节，马尾造船厂早期制造，已经服役二十六年。“秋津州”号追赶上“操江”号，威逼投降，劫夺了“操江”号和所运载的清军饷银二十万两。

七月二十五日上午九时许，日本“浪速”号军舰开始截夺“高升”号运输船。

“高升”号，中国租用的英国商船。营官骆佩德、帮带高善继带领两个营一千二百二十人和军火，乘船增援在朝鲜的清军。日舰“浪速”号迫近“高升”号。舰长东乡平八郎海军大佐命令“高升”号停航接受检查，随后胁迫“高升”号随“浪速”号航进。

茫茫大海，面对生死危机，“高升”号上的中国官兵大义凛然表示：“宁愿死，决不服从日本人的命令！”

骆佩德、高善继指挥士兵首先控制了所有吊艇，向日本人提出：“按照国际规定，要求让‘高升’号回到原出发的海口去。”英国船长高惠悌也表示：“轮船出发的时候是和平时期，这是一个公平、合理的要求。”在船上还有一个德国退役军官汉纳根，原是北洋水师总教习，临时自愿来朝鲜前线观察了解情况，也出面向日本人坚持说：“即使是已经宣战，要求返回原出发港，完全是公平、合理的要求。”日本“浪速”号舰长东乡平八郎充耳不闻，完全不顾国际法规定，于十二时三十分后，悬挂红旗，以发射鱼雷相恫吓。随即于十二时四十分发射鱼雷，右舷六门火炮，也一齐向“高升”号进行五次齐射。三十分钟内，没有武装防备的“高升”号被击沉。清军官兵落海。“浪速”号竟继续向海面上的清军士兵射击，实行疯狂的屠杀。中国士兵沉浮在水中，举起步枪还击，直至最后沉没。血溅波涛，碧海丹心，呼喊声压过海浪的呜咽，悲怆激越，气壮山河。战后统计，清军壮烈殉国者近八百人。

日本海军大将竹下勇主编的《日清战役》在百般掩饰其野蛮行径时，也不得不承认：“不久，判明是清舰‘操江’号和一艘挂英国商船旗的商船。‘操江’号立即向西退避，那艘商船继续前进，从‘浪速’号附近驶过。‘浪速’号发现该船搭有清兵，舰长当即命令英船停伡抛锚，‘浪速’号舰长是后来晋升海军元帅的东乡海军大佐。……‘浪速’号派军官上船。船长说，船上的清兵在出发时没有接到宣战的布告，要求让其返回大沽（商船出发地）……于是我再次发出‘立即弃船’信号，并于桅上升起表示危险的‘B’旗。随后即向‘高升’号发射鱼雷，开始炮击。”“下午二时许，‘高升’号于肖比奥尔（音译）岛以南三海里处沉没。这就是著名的‘高升’号事件。”《日清战役》还记载：“军舰

‘操江’号载有军费一万余元，步枪三百支，弹药一万余发，悉被我军缴获。”

“高升”号被野蛮击沉，暴露了日本的野心和丑恶。国际舆论一片哗然，日本人狡辩说是“行使交战者的权力”。而此时是七月二十五日，距离中日双方宣战的八月一日还有六天。

日本海盗在丰岛海面偷袭得计，举国狂热。明治二十七年（1894）八月一日，日本天皇发布对清国宣战诏书：“朕与和平相始终，宣扬帝国之荣誉于中外，不得不公开宣战。赖尔忠实勇武之有众，迅速恢复永久和平，以全帝国之荣誉。”同时，敕令募集五千万日元军事公债以充实战争经费。天皇甚至宣告“从宣战之日起，朕每日只食一餐”支援海军，歇斯底里地煽动战争。

甲午战争由此发端，日军有备而来，参战军舰八艘，平均航速十九点八节，大小火炮八十六门，配置有速射炮；清军参战舰船八艘，平均航速十三节，大小火炮三十七门，没有速射炮。军舰数量、武器性能对比悬殊，清军初战失利，士气低落，影响以后的战局。

丰岛之战后，日本大举增兵朝鲜。九月十三日，山县有朋大将来到汉城（今首尔）督战，九月十六日，日军攻陷平壤，清朝陆军被迫退出朝鲜。

九月十六日，丁汝昌率领北洋水师舰队出航，护送陆军增援朝鲜境内的清军。九月十七日，舰队集结在黄海北部大鹿岛东南海面。

伊东佑亨获得情报：“刻下敌舰队正集中于大孤山港外的大鹿岛附近，从事警戒。”即率领十二艘军舰“驶向海洋岛”，“以期会敌决战”，夺取黄海制海权。

九月十七日十一时半，北洋水师舰队“遥见西南黑烟丛起，知是日船”。水师提督丁汝昌、右翼总兵、“定远”舰管带刘步蟾和北洋水师总教习德国人汉纳根登上“定远”舰舰桥观察和部署战斗。丁汝昌下令官兵午餐。官兵们顾不上吃饭，纷纷进入战位。丁汝昌下令前进迎战日本舰队。

于是，近代从未有过的一场大海战开始了，北洋水师的命运，以至中国近代历史走向，由此发生转折。

中国近代海军的建立，是晚清洋务运动的重要支柱，寄托着洋务派富国强军的梦想。中国北洋水师的建立，本意在用不甚宽裕的财力，集中建设一支海上力量，“严防东洋”。从一八八〇年到一八九四年的十数年间，基本建成一支实力较大的舰队。拥有铁甲舰“定远”号、“镇远”号，巡洋舰“经远”号、“来远”号、“致远”号、“靖远”号、济远”号、“平远”号、“超勇”号、“扬威”号，炮舰“镇东”号、“镇西”号、“镇南”号、“镇北”号、“镇中”号、“镇边”号、“操江”号。练习舰“威远”号，运输舰“康济”号，另有鱼雷艇十一艘，布雷船“宝筏”号等。集结在黄海参与海战的共有三十四艘舰艇，总吨位约四万三千六百吨。

日本联合舰队是为发动侵略战争而编建的，拥有装甲舰“松岛”号、“严岛”号、“桥立”号、“吉野”号，巡洋舰“千代田”号、“高千穗”号、“比睿”号、“扶桑”号、“秋津州”号、“浪速”号、“葛城”号、“天龙”号、“高雄”号、“大和”号、“金刚”号、“武藏”号，辅助巡洋舰“西京丸”，炮舰“赤城”号、“摩耶”号、“鸟海”号，“天城”号、“盘城”号、“筑紫”号以及鱼雷艇等二十九艘舰艇，总吨位约五万二千吨。

中日双方参战舰艇实力对比：舰艇数量 42:29；总排水量 4.26:5.2；舰炮数约为 7：10。北洋舰队大口径舰炮占有约 2:1 的优势；鱼雷发射管数目基本相当；舰艇航速相当。

严复密切注意朝鲜海面战争的进展。在军舰上有他的同学，有他的学生，他关注战争的胜败，关注同学和学生的命运。

九月十七日，中秋过后四天了，海上愁云惨雾，秋风瑟瑟。大鹿岛东南锚地。上午十时，“镇远”舰瞭望哨发现远方海上有可疑的轻烟，十时三十分，“定远”舰瞭望哨确定：日本十二艘军舰竟悬挂着美国旗来袭。这显然不是日本舰长的个人行为。

丁汝昌命令以“定远”“镇远”舰为第一小队；“致远”“靖远”舰为第二小队；“来远”“经远”舰为第三小队；“济远”“广甲”舰为第四

小队；“超勇”“扬威”舰为第五小队。以“定远”舰“镇远”舰居中，各舰两翼展开，取“犄角雁行阵”，航速七节迎战。

日本伊东佑亨蓄意寻找北洋水师决战，以“松岛”舰为旗舰，以第一游击队的“吉野”“高千穗”“秋津州”“浪速”四舰为前导，“松岛”“千代田”“严岛”“桥立”“比睿”“扶桑”六舰为本队，“赤城”“西京丸”二舰为左翼，成单纵队向前寻战。日本方面矢口否认曾经悬挂美国旗作伪装。十二时零五分，伊东佑亨以第一游击队四艘舰为先锋，本队八艘舰随后，以单纵队，“作一字竖阵来扑”。

丁汝昌根据日本舰队变换的队形，命令以双横队迎敌。但是，各舰航速不一，变换队形参差不齐，不能保持有利的战斗态势。

两支舰队相距五千三百米时，“定远”舰的三百零五毫米主炮首先开炮。

日本第一游击队旗舰“吉野”号开炮。伊东佑亨命令率先攻击北洋舰队右翼。桦山资纪率领“西京丸”“赤城”号向前。但是，日舰“畏‘定（远）’‘镇（远）’二船若虎豹”，左转舵避开炮火打击。结果，右舷完全被暴露在北洋水师炮火下，“吉野”号被击中，“浪速”号被击中，“高千穗”号被击中，“西京丸”号被击中，“秋津州”号被击中，永田廉平大尉等五人当即毙命，另有九人负伤。

日军舰队右转摆脱，加大速度直扑北洋舰队右翼薄弱的“扬威”舰、“超勇”舰。“扬威”“超勇”两舰航速慢，没有装甲，又处于下风不利的阵位，相继中弹。“超远”管带黄建勋、“扬威”管带林履中仍然指挥舰员发炮打击日舰。终因中弹累累，起火焚烧。方伯谦指挥的“济远”舰慌乱中又撞击了“扬威”舰，“扬威”益发受伤。管带林履中看到军舰迅速下沉，无可挽回，奋然蹈海。落水的官兵，向他抛去绳子、木板，他推开不就。黄建勋与林履中几乎同时落水，也推开抛向他的长绳。

林履中、黄建勋都是严复马尾船政学堂第一期的同学。严复记得林履中平日沉静少言，与士兵同甘共苦；黄建勋出言戆直，慷慨大度，豪侠仗义。在马尾的日子，严复和他们彼此曾以人在舰在，誓与军舰共存亡互勉。此时，林履中、黄建勋践行誓言，随波而没，与军舰共存亡。

日舰“扶桑”号、“比睿”号、“赤城”号、“西京丸”落在后面，被北洋水师舰队截断。北洋水师“致远”“镇远”“定远”“来远”四舰，一起截击日军航速较慢的“扶桑”“比睿”“赤城”和“西京丸”。“定远”等舰以右舷火炮猛攻“松岛”号，“群炮萃于‘松岛’，击断其号旗之杆”，又击中其一座炮塔。

“定远”舰猛烈发炮轰击日舰，不料指挥台被震塌，丁汝昌坠落，身负重伤。“定远”舰管带刘步蟾代为指挥作战。各舰再接再厉，不断炮击日舰。

日舰“扶桑”号加足马力逃走，“比睿”号被迫从“定远”“靖远”之间仅七百米的间隙窜逃，陷入北洋水师数舰的包围，中弹累累，死伤惨重。

“来远”号向日舰“比睿”号发射鱼雷，可惜没有命中。“来远”等舰转而拦截、阻止“赤城”号逃遁。

“来远”号枪炮官谢葆璋，指挥各炮在八百米近距离开炮，一炮命中“赤城”号舰桥，当场击毙舰长坂元八郎太少佐和官兵多人。舰长被打死，“赤城”号改由航海长代理指挥。谢葆璋指挥各炮再接再厉，连续击中“赤城”号前部下甲板，“赤城”号蒸汽管爆裂，严重受损。

战斗中，“来远”舰也中弹起火，小弹药舱被引爆，枪弹四射。三管轮张斌元被烟熏得几乎窒息，在底舱强挣扎起来操纵轮机，保持军舰有效机动。火势在上甲板蔓延，浓烟滚滚，令人窒息。当此危急时刻，谢葆璋不顾毒烟熏人，冒着被火海吞没的危险，身先士卒，带领士兵截击火势。谢葆璋始终坚持站在最前面，组织士兵一点一线地将大火驱赶到军舰舷外，扑灭了大火。“来远”舰的大火被扑灭了，谢葆璋指挥继续炮轰敌舰。《海军实纪·述战篇》记载：“‘来远’受炮累累，船尾发火，烈焰飞腾，延及小弹子舱，枪弹四射，机舱为浓烟所蒙。各管轮受熏头目俱眩……枪炮官谢葆璋策励兵士救火渐息。”“来远”舰逼近“赤城”号三百三十米时，谢葆璋指挥迫近射击，击毙该舰新任代理指挥官。“赤城”号不得不以另一名大尉代理指挥。“来远”舰在短短的时间里，打得“赤城”号三换指挥官，日军官兵心胆俱裂。

日本浅野正恭在《日清海战史》中如此叙述：

> “赤城”向支那舰队之左，仅离八百五十码与之挑战，以右舷炮碎“来远”之甲板。一点二十分，忽一弹来中舰桥，舰长坂本少佐及兵员二人死焉，于是指挥权移于驾驶长。少时，又洞穿下甲板，丧其四人，且损坏蒸汽管，蒸汽喷发。正当危迫之际，运弹管又坏，不得已于通风管运送弹药，因致妨碍修机之事。于时上甲板又丧炮手四名，“来远”“致远”及“经远”诸舰迫其舰艉，危机迫于呼吸。“赤城”忽左转，一时巧脱虎口，暂行修理。敌舰再肉搏之，复接战，终被射断大樯。既而“来远”又于三百三十码之远以一弹中其舰桥，伤其新指挥官，乃以大尉代其位。

“来远”“经远”“致远”舰围攻“赤城”号，伊东佑亨在指挥舰上忧心如焚，惶恐惊惧。《日清海战史》记载：“当其困于敌舰围攻之时，伊东中将以为‘赤城’终不免沉没之厄运。”

战斗在海上持续进行。

下午三时左右，日本坪井少将接到右转的信号，他误解为要支援落在后面的日舰，便骤然左转。伊东佑亨原意命令左转，此时只得改为右旋，顺势运动至北洋水师舰队侧后，倒使北洋水师舰队腹背受敌。形势于北洋水师舰队不利。日本舰队以航速的优势，“以数倍于敌之速射炮相继轰击，其甲板糜碎无遗，上部构造物与其烟囱，则状如蜂窝”。北洋水师舰队各舰继续奋勇作战，丁汝昌虽身负重伤，包扎后仍然坐在甲板上，“激励将士，同心效命”。《日清海战史》记载：“支那舰队中，‘定远’终日格斗，为能尽其务者。”

海战中，“致远”号为掩护旗舰“定远”号，前出迎敌，不幸被鱼雷击中而沉没。北洋水师陷于被动。面对不利形势，北洋水师各舰奋力苦战，重创日军旗舰“松岛”号，使其失去作战和指挥能力，东乡佑亨被迫发出“各舰随意活动”的信号，改由“桥立”号代理旗舰。《日清海战史》如此描述：

> 当是时日军亦损失“松岛”，伊东中将移旗舰于“桥立”，“松岛”之遭害，在三点三十分至四十分之间也。……
>
> 日既没，追奔之游击队受信号而归本队，“松岛”“比睿”“西京丸”归国修理。支那舰队收合余烬，“镇（远）”“定（远）”二舰居中，环以“来远”“靖远”“平远”及炮舰二、水雷艇二相率遁去。日军之乘员大半疲劳，弹药消耗亦巨，不敢试夜战。且夜间为水雷艇来袭之好机会，乃谨防之。

实际上，北洋水师集合“来远”等舰，追击撤逃的日舰，直到日舰远遁，才整理队伍，撤向旅顺。当驶入旅顺港时，当时在北洋水师任职的英国人，目睹“来远”舰的上甲板被火毁损严重，居然连续战斗，安全返航，都惊讶于“来远”舰的顽强，连呼“奇迹”！

“来远”号枪炮官谢葆璋，天津水师学堂第一届毕业，是严复器重的一个学生。

清光绪六年（1880），天津水师学堂开办，由于几千年科举取士的影响，人们视海军技艺为末途，在北方招收不到合格学生，严复回到福建家乡招生。他到好友谢銮恩家中做客，见朋友十五岁的儿子谢葆璋机敏聪明，便用“月到中秋分外明”诗句为题测试他，又以《圣谕广训》的道理考问他，得到了满意的回答，觉得这是一个既“明义理”，又可教以“技艺”的人才，录取他为天津水师学堂第一期驾驶班学生。谢葆璋随严复到天津学习，光绪十年（1884）十一月毕业，分配到“威远”号军舰实习。光绪十三年（1887），中国向德国、英国定制的“致远”“靖远”“来远”“经远”四艘装甲巡洋舰和一艘鱼雷艇相继完工，李鸿章派北洋水师总查英国人朗威理及四舰管带（舰长）邓世昌、叶祖珪、邱宝仁、林永升各带两名天津水师学堂优秀毕业生去欧洲接舰。谢葆璋随邱宝仁在德国伏尔铿造船厂接收了“来远”号等两艘军舰，驶至英国与另两艘军舰会合。九月十二日，“致远”四舰拖带着在英国订购的鱼雷艇起航回国。

按照礼仪和海军传统习惯，新舰起航需要演奏国歌，可是，清王朝没有国歌，临时随机演奏了一首名叫《妈妈好糊涂》的曲子敷衍应付。

四艘铁甲舰各二千九百吨、时速十五点二五节（海里），穿大西洋，过好望角，经印度洋，于一八八七年十二月一日抵达厦门。四艘军舰原是为加强台湾、澎湖海防定造的，而清廷上谕：“此项船只造成，即应归入北洋水师操练。”第二年，即北上航行到天津，编入北洋水师序列。

清光绪十七年（1891），清朝海军在渤海检阅，李鸿章不无得意地说：“综核海军战备，尚能日新月异，目前限于饷力，未能扩充，但就渤海门户而言，已有深固不摇之势。”自一八四〇年鸦片战争以来，西方列强破门而入，中国人梦寐以求的是在海上抵御外国入侵，国家得以保全。

谢葆璋一直在“来远”号军舰服役，他和他的同伴经历风涛洗礼，有着大海的襟怀和水手的浪漫。人们不熟悉谢葆璋，可是他的女儿，却是蜚声海内外的著名作家冰心。冰心曾经在一篇文章里说，她在翻看父亲留存的信件中，看到一封叫张心如的来信，其中引有冰心母亲写的“秋分白露，佳话十年，会心不远，当日笑存之”的话，便去问父亲。冰心记述了他们之间有趣的对话：

> “这佳话十年，是什么佳话？”父亲和母亲都笑了，说：那时心如伯伯和父亲同在一艘兵舰上服役。海上生活是寂寞而单调的，因此每逢有人接到家信，就大家去抢来看。当时的军官家属，会亲笔写信的不多，母亲的信总会引起父亲同伴的特别注意。有一次母亲信中提到“天气”的时候，引用了民间谚

语："白露秋分夜，一夜冷一夜"，大家看了就哄笑着逗着父亲说："你的夫人想你了，这分明是'鸳鸯瓦冷霜华重，翡翠衾寒谁与共'的意思！"父亲也只好红着脸把信抢了回去。从张伯伯的这封信里也可以想见当年长期在海上服务的青年军官们互相嘲谑的活泼气氛。

谢葆璋这些可爱的青年，因日本发动侵略战争，义无返顾地投入战斗。

中日黄海大海战，各有损伤，无论是清朝水师，也无论是日本舰队，各有胜负，大体都保持着实力，不相上下。而且，中国海军尚有南洋水师、长江水师，仍然有相当实力。可惜，当权者误国，坐视失败。北洋水师的溃灭不在黄海之战，而在以后退守威海，失去应有警惕，无所作为，遭到日军偷袭而覆灭。

光绪二十一年正月十一（1895 年 2 月 5 日），凌晨，日军鱼雷艇潜入山东威海卫港内偷袭，炸沉"定远"号。六日凌晨，故伎重演，再炸沉"来远""威远""宝筏"三舰。谢葆璋在军舰爆炸沉没时落水，其时，正值天寒地冻，他依仗良好的水性，泅水上岸。后来，谢葆璋的好朋友张心如写诗记述道：

东沟决战甘前敌，威海逃生岂惜身。
人到穷时方见节，岁当寒后始回春。

以后，谢葆璋由萨镇冰举荐，担任中国当时最大的"海圻"号军舰副舰长，继而担任海军练营营长、烟台海军学校监督，继承严复主持天津水师学堂的传统，致力于培养中国海军人才。后任北洋政府海军部次长、南京政府海军部顾问，毕生为振兴中国海军而努力奋斗。

甲午之年，尽管当时中国海军的装备并不逊于日本，中国海军军人也不缺少忠勇之气，但是，千年第一封建大国仍然败于"蕞尔小国"日本，这是国家之败，是封建制度败于新兴的资本主义制度。

中国海军奋勇作战之前，失败就已经注定。李鸿章认为：“我军只八舰可用，北洋千里全资屏蔽，实未敢轻于一掷，致近畿门户洞开。”李鸿章给丁汝昌的指令是：“惟须相机进退，能保全坚船为妥。”然而，军队不能战，不能获胜，又何以保全？丰岛海面被偷袭，大东沟外海战不能取胜，居于下风，都与战前决策和指导思想有关。当北洋水师舰队退守旅顺口后，李鸿章判断日军兵船即将内犯，不日直奉必有大警。但他给丁汝昌的指令仍然是：“不必与彼寻战，彼亦虑我蹑其后。现船全数伏匿，将欲何为？用兵虚虚实实，汝等当善体此意。”旅顺失守，北洋水师舰队再退缩到威海卫港内以求自保，李鸿章的命令仍然是：“闻酋首向西船主言，甚畏‘定（远）’‘镇（远）’两舰及威台大炮厉害。有警时，丁提督应率船出，傍炮台线内合击，不得出洋浪战，致有损失。”

光绪二十年十二月二十五日（1895 年 1 月 20 日），节令大寒，一年中最寒冷的日子。日军三千五百人和马匹开始在山东半岛荣成湾登陆，前后五天时间，竟然没有受到有效抵制和抗击。丁汝昌预料日军舰队必然进攻威海卫，他决定“今则战船无多，惟有依辅炮台以收夹击之效”。他也预见了失败的结局：“若两岸全失，台上之炮为敌所用，则我军师船与刘公岛陆军，惟有誓死拼战，船沉人尽而已。”迟至一月二十三日，李鸿章给丁汝昌命令：“若水师至力不能支时，不如出海拼战，即战不胜，或能留铁舰等退往烟台。”李鸿章念念不忘的还是消极保舰，弃地退却。丁汝昌已经到了无路可走之境，给李鸿章回电：“海军如败，万无退烟之理，惟有船没人尽而已。”

清廷当局和海军上层既无斗志，北洋水师的崩溃自不可免。不少当管带的，当管轮的中、下层军官，大敌当前，苟且偷生，甚至狂嫖滥赌，在声色犬马中求得麻醉。有的用余钱购买鸦片烟土，吞云吐雾，在麻醉中以求一时解脱。“诸君皆以虎口余生，每以公余，日驰逐于酒阵歌场，红飞绿舞，虽陶情荡魂，亦触目惊心。……寄生炮弹之中，判生死于呼吸，人孰无情，谁能遣此，所以作醉生梦死之态者，亦知身非金石，何可日困愁城？不得不假借外物，庶有以遏制此方寸地也。”

凌晨，残月阴晦。日军八艘鱼雷艇潜入威海卫港内。三时五十分，北洋水师值班警戒舰发现日军鱼雷艇来袭，发出警报。各舰纷纷开火。日军鱼雷艇仓皇撤退。

日军九号艇退却时，遭遇横挡在前面的北洋水师“定远”军舰，无路可逃，趁势发射鱼雷，击中“定远”军舰左舷。“定远”舰爆炸，舰体倾斜，开始下沉。“定远”舰遭受鱼雷袭击的同时，开炮击中日军九号艇，打得日艇锅炉、汽管爆炸。日军弃艇逃走。天亮以后，“定远”加速下沉，抢救无效。刘步蟾愧怍交集，悲痛万分，几次自杀，被部下劝阻。

北洋水师遭受到致命打击，丁汝昌内心如焚，六神无主，官兵惶恐不安，整个舰队处于溃散无序状态。从丁汝昌到各舰管带，简直是麻木不仁，仍然失去应有警惕，没有采取切实防范。结果，悲剧再次发生。

次日凌晨，日军以五艘鱼雷艇继续大胆渗入威海卫港内，故伎重演，实施鱼雷偷袭。先后命中“来远”“威远”和“宝筏”号，三舰爆炸沉没，死伤官兵二百多人。

光绪二十一年正月十三日（1895 年 2 月 7 日），日军向刘公岛发动总攻。丁汝昌在“靖远”舰上指挥各舰反击，搁浅的“定远”舰的炮火也投入反击。至此，所谓威海卫保卫战，已是虚应故事了。

日军夺占了威海卫的坚固炮台，转过来打击中国舰队。在炮台威猛的火力下，“靖远”舰被击毁，开始下沉。

大势已去，刘公岛的陷落，不可避免。

光绪二十一年正月十六日（1895 年 2 月 10 日），丁汝昌、刘步蟾下令炸毁搁浅的“定远”舰和“靖远”舰。

当晚，刘步蟾吞烟服毒自杀。马尾船政学堂最优秀的学生，以死殉国。

“镇远”舰管带杨用霖，以军人的节烈举枪自杀。

严复闻讯，嚎啕大哭，痛悼同窗，痛悼总角之交的朋友。

二月十二日，丁汝昌吞烟服毒自杀。

清朝竭全国财力，费几十年工夫建成的北洋水师舰队，一夕竟然“樯橹灰飞湮灭”。刘公岛军港空余一座铁码头，在朔风冻雨中“冷冷清清凄凄惨惨戚戚”。

北洋水师，是清廷“洋务运动”“富国强兵”的标志，当时名列亚洲第一、世界第四。其实力，大大超过当时的日本联合舰队。当时，清朝有陆军一百万人，日本只有陆军二十余万人。战争发生时，清朝经济总量居世界第一，日本经济总量只有清朝经济总量的五分之一。如此悬殊比例，中国却被打败了。

李鸿章后来无可奈何地说：

> 我办了一辈子的事，练兵也，海军也。都是纸糊的老虎，何尝能实在放手办理？不过勉强涂饰，虚有其表，不揭破尤可敷衍一时。如一间破屋，由裱糊匠东补西贴，居然成一净室。虽明知纸片糊襟，然究竟决不定里面是何等材料。即有小小风雨，打成几个窟窿，随时补葺，亦可支吾对付。乃必欲爽手扯破，又未预备何种修葺材料，何种改造方式，自然真相败露，无可收拾。

上述的话，不见诸李鸿章的文字，由他人转述而来。但是，识者都认为可作李鸿章无可奈何供状看，道出了对李鸿章一生的臧否，反映了中国的窘困。

光绪二十七年（1901），李鸿章代表清朝与打进北京的八国联军签订《辛丑条约》，两个月后，他心力交瘁地死了。再两个月后，流亡日本的梁启超即写了《李鸿章传》。严复注意到梁启超的新作，对梁启超关于李鸿章其人和中国现状所作的分析，颇有同感：

凡一国今日之现象，必与其国前此之历史相应，故前史者现象之原因，而现象者前史之结果也。夫以李鸿章与今日之中国，其关系既如此其深厚，则欲论李鸿章之人物，势不可不以如炬之目，观察夫中国数千年来政权变迁之大势，民族消长之暗潮，与夫现时中外交涉之隐情，而求得李鸿章一身在中国之位置……吾敬李之才，惜李之识，而悲李之遇也。

九月，日本军队侵入辽东，攻陷九连、安东，十月，攻陷凤凰城，接着攻陷岫岩、金州、复县、大连湾和旅顺，十一月攻陷海城。中国纸老虎逐渐显露真相。京师震动，举国震动。日本的胜利，把中国打醒了。国难当头，山河破碎，集聚在京城的士子，群情汹汹。

按照陈例，甲午不是大比之年，只因慈禧太后六十“万寿”，朝廷特开恩科考试。追逐功名赶考的人，一时集合在此，突遭国难，青年人最先、也最强烈地感受震荡：“堂堂中华究竟是怎么啦？”

“中国举事，招招落后，焉能不败？！”

“今日之事岌岌乎危哉。日本人已经从海上、陆路侵入了中国，亡国灭种，大祸临头，逼得中国人不得不问个为什么了？”

今日域中，朝堂学府，街谈巷议，家家言时务，几曾有过？中国人终于开始从睡梦里醒来了，再也不是“噤若寒蝉”“闲谈莫论国是”了。

举国愤慨，激发了严复。面对中国千年未有的历史剧变，眼看着中国一蹶不振，哀国家之沦亡，悲个人前路渺茫，情何以堪？！

辽宁多处沦陷，山东势将难保，台湾危在旦夕，神州震荡！中国，路在何方？！

严复痛彻心肺地呼号：“日本以寥寥数舰之舟师，区区数万之众，一战而翦我最亲之藩属，再战而陪都动摇，三战而夺我最坚之海口，四战而威海之海军熸矣。”

严复之惨痛，比一般人的惨痛更深更烈。

北风呼号，落叶萧萧。

京城传来消息，大街小巷，工匠们仍然在忙着搭建彩棚，张挂灯笼，摆设香案，向路面上铺撒黄沙，为慈禧“老佛爷”六十“万寿”忙活。

忽然，一夜间，城门楼上出现了两副长长的对联。两行大字，触目惊心：

万寿无疆，普天同庆；
三军败绩，割地求和。

台湾省已归日本；
颐和园又搭天棚。

严复感叹：这不是对联，简直是揭帖！有人敢写，敢挂，是真血性汉子！

严复又陡然想起沈葆桢弥留时预先昭示的警报。

光绪五年（1879）十月下旬，两江总督府所在地南京，已是大地清凉，“金风瑟瑟井梧残”的秋天了，沈葆桢自知沉疴不起，深为“志事未竟，殁有余辜”而遗憾，“乘未泯之隙，披沥余悃”，口述折子上报慈禧太后：

> 窃以天下之弊，在于因循，矫其弊者，一变而为卤莽，其祸较因循尤烈。倭人夷我属国，虎视眈眈，凡有血气者，咸思灭此朝食。臣以为：兵家知己知彼之论，二者缺一不可，未有一无备豫而可冒昧尝试者也。……倘船械未备，稍涉好大喜功之见，谓其国空虚已甚，机有可乘；兵势一交，必成不可收拾之势。

可悲呀，可叹呀！当权者不听忠言，因循误国。本已在英国定制的铁甲舰，也以国库无银而退订，立即为日本抢购了去。正是这艘原本为中国定造的铁甲舰，成为黄海之战中的日本主力舰，击沉了中国的军舰。真是莫大的讽刺。

沈葆桢去世了，言犹在耳，而且不幸言中。日本军队已经打进了中国，“京官议论纷纷，皇上益无主脑，要和则强敌不肯，要战则臣下不能，闻时时痛哭”。当权重臣力主退让求和，认为火器不精，铁船不备，士卒不振，粮饷不敷，不如早和，以图事后振作。一派失败投降的气氛。李鸿章和清廷皇族，依然一心寄希望于英国调停，“甘心让敌，图安目前，而不顾后患”。

严复揭露这种“事后认真振作”的主张，不过是挂在嘴边、偷安苟活的遁词。鸦片战争以来，中国一次次求和，退让，国家形势一日比一日危急，“后病深于前病，后著不及前著”，哪里有什么“事后振作”？严复大声疾呼，痛切陈辞：时至今日，再若言和，“四千年之文物行将扫地以尽”，“和之一言，其贻误天下，可谓罄竹难书矣！”

严复仔细分析形势，指出：日本穷兵黩武，国家贫缺，中国求和，适应它的需要给予赔款，岂不是帮助日本侵略掠夺吗？这与驱使四万万人把自己捆绑起来交给仇敌有何区别？以为这样可以求得旦夕之喘息，不仁不智。

严复强调主张，中国不应该因为一次失利就停止抗战，对日抗战，要坚持打下去，打十年、二十年，与贼倭“任拼”到底。“诚如是，中、倭二者，孰先亡焉，孰后倦焉，必有能辨之者。”

尽管中国武器不精、兵不善战，也不能放弃抵抗。因为“兵虽乌合，战则日精；将虽愚怯，战则日来智勇；器虽苦窳，战则日出坚良”。严复客观地分析指出，北洋水师虽然失利，损失严重，但是，南洋水师力量尤在，可以一战。应当“作速筹款，设法购办军火”，以便再战。

严复更指出，向列强企求帮助不可为：“此时不独宜绝求和之心，且当去求助各国之志。何则？欲求人助者，必先自助。使我自坐废，则人虽助我，亦必不力，而我之所失多矣。”

历史的教训，幻想列强主持公道，最终总是中国吃亏，中国唯有自强一途。

当着日本军国主义大肆入侵，中国到了生死存亡的关头，中国民族自信心遭受严重打击，举国上下，弥漫着沮丧失败的气息，严复振臂高呼：坚持抗战！这是民族危难中，中国知识分子的良知，是浓郁的家国情怀，可贵的民族精神。

严复这种对家国忠诚的爱国主义情愫，自有渊源。八闽山水，黄河长江，亘古高原，广袤四海，时在严复心中；秦皇汉武的开拓，唐宗宋祖的繁盛，元明的远播域外，康乾的隆盛，激荡着严复；儒、道、释的智慧，朱熹、王阳明的哲理，唐诗宋词的璀璨，融汇在严复血液中。血脉相传，不绝如缕。

严复对于“贼倭”的极度憎恶和愤慨，对于外敌入侵的高度警惕，也其来有自。明朝中叶以来，倭寇频频袭扰劫掠中国东南沿海，戚继光、俞大猷转战浙江、福建的艰难，给严复以不可磨灭的印象。清同治十三年（1874），严复跟随沈葆桢急驰台湾，与入侵日军对垒，取临战的态势，“施以兵威”，终于迫使日本人知难而退。军人切身的感受，使严复深知和与战的转机，千钧一发，稍纵即逝。当敌人打进国土的时刻，面对入侵的“贼倭”，面临国破家亡的危险，严复放下个人诸多不如意处，毅然奋起。作为一个以“国士”自任的海军军人，不只有军人的节烈，更有军人的冷静和判断，这就是甲午战争中的严复。

自战争以来，暗夜无尽，严复“中夜起而痛哭”，哭家国，哭民族，哭同胞，哭朋友，哭子弟，严复心中的悲痛，比任何人都要深重惨烈，在甲午海战中死难牺牲的不是他的同窗好友，便是他的学生。

严复似乎看见大东沟海面激战。“致远”舰负伤，甲板起火，兵勇纷乱。邓世昌高声大呼：“我等尽忠卫国，生死早置于度外。今日之事，有死而已！不要乱，听我的命令。”

邓世昌决定以负伤之舰，撞沉日本主力舰“吉野”号，以一己之牺牲，换取全局的胜利。

“致远”军舰全速冲向日舰“吉野”。

海风呼啸，惊涛拍天。邓世昌屹立如山，身旁蹲坐着他的爱犬。

“致远”号眼看即将撞上“吉野”，却不幸被鱼雷击中，爆炸起火，甲板浸水，向日舰的冲撞停滞下来，遗憾终生啊！

邓世昌最后落水，怒目敌舰。

一个水勇将一块木板推给邓世昌。邓世昌环顾落水的官佐、兵勇，把木板推还给水勇。

邓世昌在波浪中下沉。爱犬浮涌过来，衔住了他的手臂，不让他下沉。邓世昌将它推开。爱犬又破浪过来，一口衔住他的头发。邓世昌流泪了，注目最后沉没的“致远”舰，紧抱着爱犬的颈项，一同沉入水中……

严复不禁悲从中来，泪流满面。他记起邓世昌来自广东东莞，记起在马尾船政学堂同堂切磋学习的种种，他牺牲时才四十五岁啊！

严复遥望京师，礼部大堂，朝廷下旨为壮烈殉国的邓世昌赐祭。

正中牌位上写着：

追赠太子太保，副将、简放总兵官按提督抚恤，世袭骑都尉兼一等云骑尉邓公世昌之位

光绪皇帝载湉御笔挽联悬挂两边：

此日漫挥天下泪；
有公足壮海军威。

堂上白烛高烧，香烟缭绕。

满堂悬挂着文武百官的吊奠、挽联素对，死有哀荣。

严复摇头太息：大东沟一战，铁甲舰沉没。一代英才，一代翘将，壮志未酬，魂归大海！岂是祭奠功臣，掩饰得了败绩的啊！

严复细数牺牲的同学知己，昨日音容宛在，历历在目，令人悲痛

不已：

邓世昌，“致远”舰管带，总兵、副将，广东番禺人。马尾船政学堂同窗。平素激励士卒，酷爱读书，一生廉洁，牺牲后，家无余蓄。

林永升，“经远”号军舰管带，左翼左营副将、总兵，福建侯官同乡，马尾船政学堂同窗。曾经在“建威”舰、“扬武”舰一道历练，同舟共济。在海战中壮烈战死；

沈寿昌，“济远”舰大副，当方伯谦畏葸逃跑时，挺身而出，指挥军舰作战，壮烈战死；

黄建勋，“超勇”号军舰管带，左翼右营副将，福建永福人，马尾船政学堂同窗。曾在“建威”舰、“扬武”舰一道历练，同舟共济。海战中壮烈殉国；

林泰曾，“镇远”号军舰管带，左翼总兵，加提督衔，福建侯官同乡，马尾船政学堂同窗。战争失败后自尽，以身殉国，年仅四十四岁，前途正未可限量啊！

林履中，“扬威”号军舰管带，右翼右营副将，福建侯官同乡，马尾船政学堂同窗。海战中英勇战斗，壮烈殉国；

杨用霖，“镇远”号军舰帮带，林泰曾自尽后接任管带，左翼中营游击、参将，福建闽县人，战争失败后，用手枪自尽，以死报国，年仅四十一岁。

刘步蟾，“定远”号军舰管带，右翼总兵，福建侯官同乡，马尾船政学堂的同窗好友，又一同留学英国，那是中国海军未来统帅之才。战争失败后自尽，以身殉国；

……

他们或战死，或自尽，与军舰共存亡，保持着海军军人的荣誉和节烈。

严复痛感海洋系国家的安危，多年来，外敌都从海上破门而入。明代嘉靖三十二年（1553），葡萄牙人窃据澳门；明代万历三十一年（1603）和明代天启二年（1622），荷兰人先后两次侵入澎湖、台湾；清初，英国人侵入广东，直到道光二十年（1840）发动鸦片战争；咸丰七年（1857），英、法联合舰队侵入珠江，北上侵入渤海，劫掠北京，火烧圆明园……外国铁甲兵轮，直迫中国海岸，整个中国像一个破壳的鸡蛋，暴露在坚兵利炮之下。海防有失，即如蚁穴溃堤，一泻千里，不可收拾。近代以来，海疆不靖，多灾多难，不堪回首，令人悲怆不已。

中国从明朝起，开始为保卫海防作战：

明嘉靖年，被逼抗击袭扰中国的日本倭寇、佛朗机（葡萄牙）、红夷（荷兰）、西班牙海盗；

清顺治十八年（1661），郑成功驱逐荷兰殖民主义者，收复被占据三十八年之久的台湾；

康熙二十二年（1683），施琅率师进军台湾，统一中国。

同治十三年（1874），沈葆桢兵发台湾，驱逐日本西乡从道入侵的军队，保卫了台湾。

光绪十年（1884），中法马江之战，法国军队入侵台湾。

……

西方列强武装入侵中国，划分势力范围，主要目的在贸易，而日本不同，目的在占领中国东三省、台湾，以至全中国土地。莫此为甚！令人想起中国谚语："人心不足蛇吞象"。蛇吞象，只是寓言故事，日本的一些人却果真怀有此种幻想。

国难当头，民族生死存亡危在旦夕，一个军人，特别是海军军人，首当其冲，感深痛切，倍于常人。也正是在这艰难困顿中，严复的爱国主义热情愈益炽烈，严复对时局的剖析愈益洞若观火。鲁迅曾经说：严复"是一个十九世纪末年中国感觉锐敏的人"。

第二十三章 『片土之剩，亦应保全』

严复注意到在自己家乡，在东南沿海，在台湾，抗日保台的战斗正如火如荼，未有穷期。

光绪二十年（1894）十一月，预感日本入侵台湾的威胁，光绪皇帝载湉给南澳总兵官刘永福谕旨：

> 东洋日虏，犯我中华，挑起冲端，窥视台湾，着南澳镇总兵刘永福急募兵八营，赶赴台湾帮办军务。

南澳岛，正处于东海、南海交界处。

清康熙时，设南澳总兵府，负责福建、广东和台湾防务，由南澳派往台湾戍守的将士，不绝于途。雍正二年（1724），明文规定：兵丁戍守台湾，六年一期更换。除每月饷银外，每户给米一斗。到了雍正七年（1729），为补助驻台兵丁养家的需要，共赏银四万两，按期均月发放，"俾兵丁本身食用既得宽舒，而父母妻子在内地者又得赡养"。到了乾隆五年（1740），又规定：除饷银外，家口居内地者，每月米一斗，银一钱三分。清政府采取各种措施，加强台湾的防务和管理。仅清乾隆四十七年（1782），一年时间就曾派出一千多人去台湾轮替戍守。将士们以自己的青春，乃至生命，开发台湾，保卫台湾。他们大多在戍守中殉职，大多归葬南澳。

南澳岛，处处澳湾，沙滩雪白，树丛浓绿，木棉花红。海边高处，一片坟茔地，矗立着“台湾水师协府林元宽墓”“澎湖副将蔡安国墓”，更有一百九十多座“戍台澎义冢”“万善同归义冢”。墓前，时时有新奉献的供果，留青烟缭绕的馨香。人们总不忘祭拜戍台殉国的孤魂。墓地周围，一片台湾相思树林，枝条依依，黄花密密，牵起两地相思，永系难忘的乡魂。

岛端有一处台湾渡，是南澳和潮汕一带人民与台湾通航、通商的泊点和中转站。熙来攘往，一片繁忙。明、清以来，南澳人迁居台湾，生养繁衍，他们的子孙，分布在高雄、台南、台北、台中、台东、嘉义、新竹、澎湖等地。据统计，今天祖籍南澳而居台湾的总人数比现居南澳本岛的人数还多。

南澳岛的深澳镇中有总兵府，门前两株古榕，树高摩天，十几个人拉着手才能合围，气根入地，生长成胳膊粗细的“小树”，四周更有无数气根须挂。一株树，一树林，枝繁叶茂，铺天盖地，大气磅礴，人称龙树、将军树、招兵树。当年，郑成功曾经在这里招募义兵，驱逐荷兰、西班牙的殖民者。甲午年，刘永福在这里临危受命，兵发台湾。

迫于日本随时都会发兵入寇台湾，光绪皇帝决定起用草莽出身的刘永福。

深夜，刘永福只身来到深澳镇中的无顶石牌坊，思绪万千。

“潮汕无亭胜南澳。”一座玉石牌坊，雄踞深澳镇石亭街中央。

石坊高八米，宽十米，三间五楼八柱。即使在大陆内地，也堪称雄伟建筑。在这海隅小岛，更显气势非凡。

石坊的梁柱、石架、石板，精雕细镂的人物、花卉、鸟兽，美轮美奂。主梁上“郑芝龙坊”四个大字十分醒目。石柱上镌刻着“都督奉旨加署总兵标统郑芝龙”一行大字，石坊上镌刻着“玉关独镇，铜柱永标”匾额。

明崇祯七年（1634），从台湾回归的郑芝龙被任命为南澳副总兵加总兵衔，驻镇南澳。巡守粤东、闽南，兼及台湾、澎湖。他特别关注所辖的台湾，在海上歼灭不断袭扰的荷兰“红毛夷”和日本倭寇。史载：“崇祯中，（荷兰红毛夷）为郑芝龙所败，不敢窥内地者数年。”“闽粤有红夷以来，数十年间，此捷创闻。”崇祯十六年（1643），明思宗朱由检颁布诏书，在南澳岛建立石坊，为郑芝龙纪功。

石坊建筑之初和建成之后，流传着许多传说。

汉白玉的石坊主体竖立起来了，不料，最后时刻，横梁竟对不上榫。无论是能工巧匠，还是力大无穷的壮汉，也休想让石梁移动半分，休想让石梁插进榫口。整整一天，什么办法都试过了，所有力气都用尽了，眼看功亏一篑，束手无策，人人摇头叹息：“哪怕是鲁班师爷再世，也没有法子啊！”

天黑了，人们垂头丧气地离开了工地。

第二天一早，人们发现巨石横梁，竟然严丝合缝地对上了榫口，架设到位。

人们惊诧不已，不知究竟，不知这奇迹是怎样发生的。

一个细心的老者，忽然发现从榫口处，有几只虱子爬出来，弹跳着，欢蹦着，转眼不见了。他猛地醒悟，高声说：“原来是虱母仙显灵！她见郑芝龙保国卫民，立下了汗马功劳，才赶着她的徒子徒孙，用他们力大无穷的、却又极小的身子，把石梁架正了。”

石梁合榫了，顶盖也从大陆启运了。人们翘首盼望，单等顶盖运抵南澳，一座纪功的丰碑便大功告成了。

运送顶盖的大船行进到走马埔海面，忽然传来郑芝龙归附清朝的消息。

原来，崇祯十七年（1644），李自成攻破北京，明思宗朱由检在皇宫后苑的煤山上吊自杀，明朝灭亡。不久，在南京新立的弘光帝也被清兵俘虏。郑芝龙在福州拥戴明唐王朱聿键为隆武帝，也失败了。隆武三年（1647），清朝局势大定，派洪承畴调兵遣将，招抚江南。郑芝龙便归顺清朝了。

消息传来，海上陆地狂风大作，波涛万丈，大船颠簸摇晃，把重达万斤的顶盖，掀翻到水里，沉入了海底。于是，南澳岛上的芝龙坊也就没了顶盖，永远不能完工。

人们传说，这又是虱母仙显灵。虱母仙先是为郑芝龙的有功而助一臂之力，后来怒其背叛明朝，投向清廷，把顶盖掀到海里，不让纪功坊落成。

刘永福深深感叹：中国历朝历代，流传许许多多传说和民谣，无不曲折地反映了人心向背和价值取向，发人深省啊！

刘永福并不在意郑芝龙由南明而投清的转变，他看重的是郑芝龙一心保卫祖宗留下的土地，一心保卫台湾老百姓。

许多人都以郑芝龙归顺清朝否定他的一生，说“郑芝龙勇于开拓，而无忠君志节”。但如果从顺应历史潮流来评判郑芝龙，就不能如此简单化了。郑芝龙为了抗击荷兰入侵者，率领他的部众归于清朝，是顺应中华民族和历史进步的趋向；当清廷已经完成了对中国大部的统一的时候，郑芝龙放弃南明，响应清廷统一的号召，也应该说是顺应中华民族和历史进步的趋势。几百年来，没有顶盖，没有最后完工的芝龙坊，一直矗立在南澳岛。即使遭遇大地震，也屹立不倒。这不无历史评判的意义吧？！

刘永福原是广西钦州的贫苦农民，参加了天地会的反清起义。一时间，太平天国运动席卷半个中国，失败以后，刘永福带领部属在中越边境“觅食”，聚众耕牧，设卡收税，称为黑旗军。清光绪十年（1884），法国殖民主义者为侵占越南，发动侵略战争。清朝廷颁发谕旨：“刘永福本系中国之人，即可收为我用，著以提督寄名简放，并赏戴花翎，统率所部出奇制胜。”刘永福配合清军将领冯子材，在越南战场上打败了法国军队。但那场战争，虽胜犹败，法国人终究占据了越南。刘永福回到国内，担任南澳总兵，实际上坐了“冷板凳”。

甲午年（1894），刘永福已是五十八岁了。当此民族危亡、国难当头时刻，他不顾个人恩怨，义不容辞，责无旁贷，慷慨应命。

刘永福张榜招募义兵。

榕树下，人头攒动。前来应募的人，争先恐后，呼兄唤弟，热气腾腾。

敌情重，军情迫！应募当兵的不仅有南澳本岛的，而且有远从潮汕各地渡海前来投军报效的。

“日本人怕是要打到台湾来了！”

“南澳人哪家没有兄弟姐妹在台湾呀，救台湾就是救自家人！”

台湾渡口，铳炮连声，锣鼓齐鸣。

湾澳里，艟艚船、哨艉船、花驾座船、赶缯船，整备待发。“黑旗军”两营精锐和新近募来的几百兵勇，已经束装登舟。

码头空场上，舞狮队跃跃欲试。

士绅恭请刘永福为狮子点目。刘永福须发如银，勇壮豪迈，不减当年。他举笔点睛，狮子骤然活了，在潮州大锣鼓的鼓乐声中，跳跃腾挪，在佛公、小鬼破葵扇的逗弄下，翻滚扑跌。火铳、鞭炮炸响，青狮一口气爬上了两丈高的木竿，人群中爆发出一片喝彩欢呼。

三声炮响，船队起航，向台湾进发。

风烟滚滚，号角声声，刘永福不由得记起了康有为在光绪十四年（1888）写的脍炙人口的《上清帝第一书》：

> 窃见方今外夷交迫，自琉球灭，安南失，缅甸亡，羽翼尽翦，将及腹心。比者日谋高丽，而伺吉林于东；英启藏卫，而窥川滇于西；俄筑铁路于北，而迫盛京；法煽乱民于南，以取滇粤……今海外掠地已竟，合而伺我，真非常之变局也。……

特别警醒的是“日本虽小……将翦朝鲜而窥我边”，果然言中。

刘永福率领几十艘战船，来到台南，筹备战守。刘永福专程到台北向台湾巡抚唐景崧建议说："形势紧迫，务需早做准备，建议抚台更改营盘，裁去老弱，添补精壮，加强防守。"

唐景崧却不以为意，也唯恐刘永福干预台湾北部防务，削弱他的势力。他敷衍地要刘永福只管守顾台南。

形势越来越严重，光绪二十一年（1895）三月，日本侵略军大举进犯台湾，三月二十五日攻占澎湖岛。台湾震动，潮汕震动，全中国震动。

因黄海北洋海军战败，朝廷曾将李鸿章贬职，拔去三眼花翎，褫夺黄马褂，以示惩处，而实际上，慈禧仍然信任、倚重李鸿章。英、法、美、日等外国人更把李鸿章看作可与之打交道的中国人，不断对清朝廷施加压力。此时，慈禧再度重用李鸿章，严词训诫光绪说："今日非他不能议和，授他全权，叫他去日本谈和。"

李鸿章在日本马关春帆楼，同日本伊藤博文谈判，签订丧权辱国的《马关条约》，规定割让"台湾全岛及所有附属各岛屿"，"并将该地方所有堡垒、军器、工厂及一切属公对象，永远让与日本"。

原还规定要割让辽东半岛，由于帝国主义之间划分势力范围的矛盾，俄、德、法三国出面干涉，日本不得不同意由清政府出钱"赎回"本属于自己的辽东半岛，而台湾仍需限期交割给日本。

光绪二十一年三月二十九日（1895 年 4 月 23 日），《马关条约》文本送到北京。面对割地、赔款的条款，举国为之屈辱、愤怒，人们痛斥"元戎甘割地，上将竟投戈……向来无一策，富贵只求和"。

北京街头，群情激愤，抗议如潮。去年会试高中状元的张謇，带头联络六百零三名举子，联名上书要求：废约拒和，迁都再战，变法图强。一时间，"章疏条陈，流涕谏阻，市肆行人，聚谈偶语，咸惴惴和议既成……皆裂眦切齿"。

第二天，在养心殿的东暖阁，军机大臣们逼光绪皇帝载湉在条约上"用宝"盖章批准，载湉愤怒地说："台湾一割，天下人心尽去，朕何以为天下主？"

孙毓汶秉承慈禧旨意，逼迫道："前线屡战屡败，如不签约，倭人将犯京师，怎么办？"

载湉说："前线屡败，皆由赏罚不严所致。此约关系重大，你要逼朕签约不成？应先请太后懿旨，再作定夺。"

长时间以来，慈禧一直垂帘训政，把持朝政。光绪十五年（1889），载湉二十岁，皇帝亲政典礼前夕，慈禧又授意搞了个《酌拟归政事宜折》，规定亲政后，外省折报，皇帝批旨，简放任命重要官员，都要由"皇上奏明太后，次日再颁谕旨"。慈禧立即批示："依议"。并且"永远存记"。也就是说无限期由她最后裁决一切。而这次当日本强迫签订和约割让台湾时，她却推托说："今日偶患感冒，不能见，一切请皇帝旨办理。"

延至光绪二十一年四月八日（1895年5月2日），载湉"宵旰彷徨，临朝痛哭，将一和一战，两害孰权，而后幡然定计"，怀着极其痛苦的心情，同意在《马关条约》上盖印。

台湾割让给日本，噩耗传来，台北等地鸣锣罢市，人们涌上街头，群情激愤。

"杀卖国贼李鸿章以谢天地祖宗！"

"宁战死而失台，决不拱手而让台！"

"与其生为降虏，不如死为义民！"

保卫台湾！保卫中国！台湾同胞和大陆人民同仇敌忾，发出了怒吼。

世居台湾苗栗县的丘逢甲树起旗帜，号召"守土拒倭"！

义士振臂一呼，四方群起响应。

丘逢甲老家在广东潮汕地区蕉岭，他的祖辈经过南澳迁来台湾，已历几代。他二十六岁中进士，做过工部主事。他的家园就是台湾，他要保卫祖宗的基业，他要保卫国家！他毁家纾难，拿出自己的家产，编练义勇军，准备浴血抗战。

苗栗县的爱国人士徐骧，立即组织起一支抗日义军。

彰化县的林朝栋，早在中法战争时，就曾组织义勇抗击法国侵略军。林姓是台中地方望族，早年从福建迁来台湾。林朝栋和台南人民发出了强烈的抗日吼声："桑梓之地，义与存亡！"

丘逢甲邀约林朝栋、徐骧和各地士绅，共商守土保民之策，主张拥戴台湾巡抚唐景崧和刘永福领导抗日保台。

光绪二十一年（1895）五月二十日，清廷下令唐景崧等台湾全省官员"陆续内渡"。

丘逢甲割指以血写书，呈送清朝廷，力陈务必保卫台湾。然而，没有得到清廷支持。

丘逢甲痛哭流涕，悲愤不已，发誓说："清廷虽弃我，我岂可自弃耶！我们决不当亡国奴！"

丘逢甲等经过商议，提出清廷割弃台湾，"万民不服"，自主抗日，万不得已，索性成立"台湾民主国"，拥戴巡抚唐景崧为"总统"，领导抗日。取年号为"永清"，明确表示永远忠于清朝，忠于中国。发布告示：

> 此次马关条款，于赔偿兵费外，复索台湾一岛。台民忠义，不肯俯首事仇……当此无天可吁，无主可依，台民公议……推戴贤者，权摄台政。事平之后，当再请命中朝，作何办理。

丘逢甲等人的本意，是在万不得已的情势下，为了师出有名，借以组织武装反对割让台湾，维护中国统一。但是，时至今日，有不肖子孙如李登辉，却以日本"皇民"自居，喋喋不休于"台湾独立"，不知有何颜面直对历史！

光绪二十一年闰五月二十三日（1895 年 7 月 15 日），上海《申报》刊登文章《论台民义愤亦足以震慑远人》：

> 遽以台岛数千里之腴壤，拱手而授之于日人。于是人心愤激，尽出而与日人为难，一若身可灭，家可毁，而台湾尺寸之

地断不能畀之于日人……台民之义声，适足以震动天下，俾薄海内外闻之，知中国固大有人在。我君可欺，而我民不可欺；我官可玩，而我民不可玩！

抗日烽火，燃遍台湾全岛。振奋了严复，振奋了国人。

五月二十九日，日本军队两千人在基隆附近登岸。

六月四日，唐景崧弃土逃回厦门。

台北失陷，日本侵略军逼近台南。从福建、广东前去开发台湾，创建了美好家园的大陆人，捐出了钱粮，拿起了武器；台湾土著同胞整备好弓箭、砍刀，同大陆兄弟并肩站立，“人自为战，家自为战”，抗击日本军！

日军攻陷新竹，派军舰偷袭刘永福驻守的安平港。刘永福组织抗击，指挥炮台开炮，击退日舰。

六月二十八日，唐景崧已经撤离台湾，台湾士绅们再三恳请刘永福就任“台湾民主国”总统，领导抗倭作战。

刘永福坚拒不受，说道：“守土地，保台湾，我责无旁贷。自问年将六十，万死不辞！至于你们带来的这颗大印，请带回去销毁。要紧的是大家决心御敌，互相协力，有钱帮钱，无钱出力，众志成城，执梃胜敌。”

刘永福慷慨宣誓：“身为大清之臣，守大清之地，分内事也，万死不辞。一时千载，纵使片土之剩，一线之延，亦应保全，不令倭得！”

刘永福自始至终，以朝廷命官、台湾军务帮办身份，以保卫大清国土为号召，在徐骧等台湾义军配合下，在台中、台南坚持抗倭作战。

日军将领桦山资纪以“大日本帝国台湾总督”的名义，通过英国领事向刘永福劝降，威胁说：“清国海陆之前军每战不利，其外出之师败于牙山，溃于平壤，覆于黄海。旅顺之要隘，威海之重地，相寻而陷，北洋水师之兵轮覆没殆尽……独以无援之孤军把守边陬之城池，大势之不可为，不待智者而可知也。”

刘永福针锋相对答复说："适以当权者衰庸误国，禁止各营接战，免伤和局，致令牙山、平壤、威海、旅顺等处兵机有失。非战之罪也，当轴者误之耳。不然，贵国即率倾国之师，亦未必能入中国境地也……余奉命驻防台湾，义当与台湾共存亡。"

义正词严，掷地有声。

刘永福等领导台湾人民坚持抗战，屡挫日军进攻。

刘永福多次派人回大陆请求支援。他给两江总督张之洞发出哀电："痛哭流血，乞速设法援救，守走生死，望公一言为定。"

十月三日，刘永福得到张之洞的答复是："台事奉旨不准过问，济台饷械，更迭奉严旨查禁。"

刘永福派吴桐林到福州向闽浙总督边宝泉求救，又到广州向两广总督谭钟麟求救，最后再到南京向两江总督张之洞求救，到处都得不到官府的支持。吴桐林只得写信给刘永福："内地接济无望，公宜早自为计。"

日军集中五万大军，分三路夹攻台南。

十月七日，日本能久亲王率领近卫师团从彰化向嘉义扑来。刘永福的部队会同抗日义军展开了嘉义保卫战。战斗十分惨烈，军民浴血奋战，誓死保卫国土。徐骧与奉命防守嘉义的王德标组织抵抗。军民齐心合力，连夜把地道挖掘到了日军阵地前面，敢死队由地道把地雷埋设在日本军营下面，午夜时分，引爆地雷，炸得日军人仰马翻，死伤无数。日本能久亲王也被炸成重伤，不久死去。

但是，嘉义终于失守。

十月十五日，日本"吉野""秋津州""八重山"共六艘军舰，重炮轰击打狗炮台，侵略军蜂拥登陆。十月十六日，日军攻占凤山，迫近台南，形成从后侧夹击台南之势。

在台南的正北面，徐骧等率领的义军防守曾文溪一线，苦战多日，打退日军多次进攻。日军以两万八千多人的优势，向只剩几千人的疲惫之师猛攻，炮火轰毁了义军的防御工事，冲到了义军最后的阵地前。徐骧大吼一声："中华，中华！我所至爱。大丈夫为国捐躯，死而无憾！"

他率领高山族健儿，向日军发起反冲锋，壮烈殉国。

眼见英雄成白骨，
好头颅未易苍生苦。
心化血，
血成雨！

至此，台南陷入重围。日本人宣称："台南四周已为铁桶，不管刘永福如何剽悍，插翼也难飞了。"

日军统帅部向所属部队通告刘永福的相貌特征说：刘永福"身高五尺六寸，额宽有皱纹，鼻稍高，耳稍大，颊骨隆起，口小而尖，腰不弯曲……"，严密布置要活捉刘永福。

刘永福得不到清朝廷的支持，粮已绝，弹无几，面对剩下的黑旗军精锐和从南澳征募来的青年，他痛苦万分。刘永福左右的人劝他说："弹药不多，粮已告罄，还是赶快撤出台湾吧。"

刘永福放声长叹："虽无粮，何以对百姓？"

刘永福苦无出路，来到台南城中白莲庵，焚香跪拜，求签问卜，祈求神给他启示，指明何去何从。

刘永福祷祝说："我刘某为国为民，今日受困已达极点，如有何项生路，望神指示。或去，或匿居台湾呢？"终于求得一签云："木有根枝水有源"，为君计，今日事至如此，我做神的亦无主意也。

刘永福求朝廷，得不到支持；求神，神也无主意。他据守海角一隅的安平炮台，组织最后的抵抗。

兵穷食尽孤城在，
空使将军唤奈何！

两广总督谭钟麟派人给刘永福送来一万两银子，要刘永福分发给各营兵丁，然后火速撤回广东。刘永福忧愤至极，放声长叹："内地诸公误我，我误台民！"

在清廷已经签约割地，得不到大陆任何支持的情况下，刘永福和台湾百姓为保家卫国，同日本侵略军进行殊死战斗，坚持了五个多月，显示了中国军民抗日杀敌、保家卫国的决心。

农历九月初二（10 月 19 日），刘永福在中国船员的帮助和掩护下，藏在英国商船"的里士"号的水泡舱，含恨离开台湾。

英雄扼腕，壮士折戟。

光绪二十一年九月十七日（1895 年 11 月 3 日），上海《申报》发表了《答客问刘大将军事》：

> 客问：台湾已割给日本，皇上亦经允准，为臣下者自宜奉身而退，不复交兵，而刘永福死守台南不去，与日本复动干戈，目以叛臣，谁曰非是？
>
> 答曰：中国自与日本交兵，攻则败，守则退。平时自命为兴朝名将者，一望见日本之旌旗堡垒，无不战战兢兢，面色若死灰，奔避唯恐不速，独刘大将军忠肝义胆，誓不以尺寸之地轻让敌人，以弹丸黑子之台南，既无糗粮，又无军械，而能与部下黑旗兵士，戮力固守，累月经年，虽大事无成，终归退让，而其皭然不污之志，则固可昭然大白于世间，岂能信口訾议为叛臣！
>
> 客又问：刘永福原为南澳镇总兵，今称之为大将军，岂非纰缪？
>
> 答曰：台湾已割予日本，谕令南澳镇总兵开缺内渡，名义不存，姑以大将军称之，有何纰缪？……忝颜媚敌之庸流，诽谤义薄云天之伟人，请从此住口。

"守大清之地，分内事也。纵使片土之剩，一线之延，亦应保全，不令倭得！”刘永福的话，慷慨铿锵，掷地有声。

严复感佩至深，拍案而起：“中国不会亡！”

严复读了好友、诗人黄遵宪的《台湾行》，既感悲愤，又复振奋：

城头逢逢擂大鼓，苍天苍天泪如雨，
倭人竟割台湾去！
……
成败利钝非所睹，人人效死誓死拒，
万众一心谁敢侮？

严复关注马尾船政学堂的同学在甲午战后的奋起。因战败被革职的“广乙”号军舰管带林国祥，以及曾经赴美国留学的吴敬荣等，回到广东水师，揩干净身上的血迹，知耻而后勇，继续战斗。林国祥担任广东水师左翼分统，吴敬荣担任“伏波”号军舰管带，着力防范日本的扩张和侵略，在南海上有一番作为。光绪三十三年除夕（1908 年 2 月 1 日），他们率领“伏波”号等六艘军舰，在珠江口外九洲洋鹅颈海面查扣了日本走私军火的“二辰丸”；宣统元年（1909）驱逐了窃据东沙岛的日本人西泽吉次，收回了东沙岛；宣统元年四月初三（1909 年 5 月 21 日）起，率领“伏波”“琛航”军舰巡阅西沙群岛，遏制了法国殖民主义者入侵的图谋。

一九二〇年，日本南兴实业公司，企图染指西沙群岛，向当时法国在西贡的海军部试探，法国驻西贡的海军司令复函说：“查海军档案中，并无关于帕拉塞尔（指中国西沙群岛）的资料。惟就本人所知，虽无档案可稽，敢负责担保帕拉塞尔并不属于法国。”

一九二一年八月，当时的法国内阁总理兼外长白里安明确说：“由于中国政府自一九〇九年已确立自己的主权（指广东水师巡视西沙群岛），我们目前对这些岛屿提出要求是不可能的。”

第二十四章 『决论』三篇，挽救危亡

本书开篇，严复长年蓄积，胸中块垒，格格欲吐，于光绪二十一年正月初十（1895 年 2 月 4 日），时令立春，在天津《直报》发表《论世变之亟》，两千八百言，字字震撼，句句惊心。

一个月后，二月初八（3 月 4 日），开始连着四天，在《直报》连续发表《原强》。近一万三千言。

几天后，二月十七日(3 月 13 日)，连着两天在《直报》发表《辟韩》，两千七百言。

三月初三(3 月 28 日)，在《直报》发表《原强续篇》，两千七百言。

四月初七起（5 月 1 日至 8 日）连着八天，在《直报》发表《救亡决论》，一万两千言。

日本入侵，掠占土地，中华民族到了生死存亡的最后关头，严复要唤起国人赶快从迷梦中醒来。他反思甲午战争失败的教训，总结洋务运动的不足和弊病，旗帜鲜明地宣示，事已迫在眉睫，不改变，将亡国灭种；要变法图新，就要向西方取经，寻求富国强兵之路；而要学习西方，必须批判历史痼疾，从根本上变法图新。

这组文章，不是随机即兴而作，而是深思熟虑，总体统筹，谋篇布局，精心安排，环环相扣，意气相连。每篇文字不长，厚积薄发，深入浅出，意蕴深长。严复久久酝酿于心，一朝喷发，如“银瓶乍破水浆迸”，如“黄河之水天上来”，势不可挡，力透纸背，洞穿人心。

《论世变之亟》是这组文章的总纲，是以后诸篇的导论，开宗明义，大声疾呼：中国到了自秦以来所未有的最紧迫、最危急时刻！今天日本侵入中国的祸患，不是一朝一夕而来的啊。“观今日之世变，盖自秦以来，未有若斯之亟也。”“中倭之构难，究所由来，夫岂一朝一夕之故。”祸从何起？病根子在哪里？在于中国观念落后于西方。

比较了中西文化的异同，严复剀切陈词：既然知道生病了，应当赶紧疗救。国人须放下私利，做通达时务的真人才，变法图强。不如此，“其祸可至于亡国灭种，四分五裂，而不可收拾。”这是不是危言耸听呢？“知我罪我，听之阅报诸公。”

文章离经叛道，石破天惊。所发言语，闻所未闻，所剖道理，是人人心中所有而第一个被说了出来。在国人中引发强烈反响，按当下时髦的说法，不啻爆响了一颗震撼弹。

严复随后推出《原强》。“原本穷末”，追根究源，寻求中国富强的根源。劈头提问说：今之讲西学、谈洋务者，知道近五十年西人中一宗大事吗？严复不待回答，他知道中国没有人知道，他要把西方真理之火，输入中国人的心里。

严复说：西方出了个达尔文，英国人，积几十年努力，著有《物种探源》。其书一出，“一新耳目，更革心思”。欧洲、美洲几乎家家都有此书，影响所及，泰西之学术、政教大变。其中，两篇最要紧，一是物竞，一是天择。揭示了生物进化的科学原理。

达尔文（Charles Robert Darwin）曾于一八三一至一八三六年的五年间，乘英国皇家海军“贝格尔”号勘探船环球航行考察，基于长期对动、植物进行大量考察和研究，形成了生物进化的概念。一八五九年出版《物种探源》，阐释以自然选择为基础的进化论。恩格斯赞誉达尔文的进化学说，是十九世纪自然科学三大发现之一。严复倾心于进化论，但他所特别强调的是：“动、植如此，民人亦然。”

严复在《原强》中以主要篇幅，着重介绍了英国学者斯宾塞尔（Herbert Spencer）的社会达尔文主义。斯宾塞尔与达尔文是同时代人，他把达尔文进化论学说应用于社会学研究。而这正是严复所需要的。严复推崇斯宾塞尔于一八七三年出版的《群学肄言》（Study of Sociology），即《社会学研究》：

> 斯宾塞尔者……宗天演之术，以大阐人伦治化之事，号其学曰“群学”……又用近今之格致之理术，以发挥修齐治平之事。

严复说：斯宾塞尔书中“《明民论》《劝学篇》二者为最著。《明民论》者，言教人之术也；《劝学篇》者，勉人治群学之书也”。

严复论述，数学、名学（逻辑学）使人认识事物联系的必然性；力学、质学（化学）使人认识事物发生的原因、演变和效果；生物学使人认识事物的连续性、复杂性；心理学使人认识互相感应的微妙；天文学、地质地理学使人认识事物的总体性，各学科因果相生，功效互待，互为依存。而群学（社会学）是所有学问的依归，社会学是包括其他所有学科知识的综合科学。“学问之事，以群学为要归。唯群学明，而后知治乱盛衰之故，而能有修齐治平之功。”严复所看重的，是斯宾塞尔提出的西方科学方法，能够齐家治国平天下。严复一再强调：

> 一种之所以强、一群之所以立……盖生民之大要三，而强弱存亡莫不视此：一曰血气体力之强，二曰聪明智虑之强，三曰德行仁义之强。是以西洋观化言治之家，莫不以民力、民智、民德三者断民种之高下，未有三者备而民生不优，亦未有三者备而国威不奋者也。

严复念兹在兹的是寻求治国救世的良方。

严复还认定西方经典理论与中国传统文化相通。后来，在《群学肄言》的“译后赘语”中写道：

> 不佞读此在光绪七八之交，辄叹得未曾有。生平好为独往偏至之论，及此始悟其非，以为其书实兼《大学》《中庸》精义，而出之以翔实，以格致诚正为治平根本矣。每持一义，又必使之无过不及之差，于近世新旧两家学者，尤为对病之药，虽引喻发挥，繁富吊诡，顾按脉寻流，其意未尝晦也。

严复如此说，可能包含使中国人减少抵制西方哲学的情绪，易于接受这舶来学说的原因吧。其实，斯宾塞尔写《群学肄言》，只是对西方近代社会发展进程进行论述，严复的解读，则是要借西法以治疗中国痼疾。可以说，是经严复改造、补充后的社会学说。“西为中用”，严复用心良苦。

对于今天的青年读者来说，要读懂严复的文言文，实在有点难为他们了。笔者年届八十，所幸少年时得到过一点古文熏陶，即便如此，读严复的文章，仍然要出几身汗，还只能“不求甚解”。上面的引述，只为探索严复思考的脉络，不足以包括严复文章的精义。

严复的《原强》是“合时而作”，有十分强烈的针对性。

接下来，严复以主答客问的形式，酣畅淋漓，生动而深刻地展开辩驳、论述，促使国人猛醒，联系当下现实进行思考：

> 由是而观吾中国今日之民，其力、智、德三者，固何如乎？往者日本以寥寥数舰之舟师，区区数万人之众，一战而翦我最亲之藩属，再战而陪都动摇，三战而夺我最坚之海口，四战而威海之海军熠矣。

严复痛切地说：

民力已苶，民智已卑，民德已薄……岁月悠悠，四邻眈眈。恐未及有为，已先作印度、波兰之续，将斯宾塞尔之术未施，而达尔文之理先信。矧自甲午迄今者几何时，天下所振兴者几何事，固诸君所共闻共见者耶！鸣呼！吾辈一身无足惜，如吾子孙与四百兆之人种何！

严复剖析了中国历史和现实后，强调说：

斯宾塞尔曰："富强不可为也，政不足与治也。相其宜，动其机，培其本根，卫其成长，则其效乃不期而自立。"是故苟民力已苶，民智已卑，民德已薄，虽有富强之政，莫之能行。盖政如草木焉，置之其地而发生滋大者，必其地之肥硗、燥湿、寒暑与其种性最宜者而后可。……达尔文曰："物各竞存，最宜者立。"动、植如是，政教亦如是也。

严复最后总结说：

是以今日要政，统于三端：一曰鼓民力；二曰开民智；三曰新民德。……此三者，自强之本也。

四天之后，严复推出《辟韩》。

据《扪虱新话》："退之（韩愈）辟佛老，儒者皆宗其说。"而严复径直大书"辟韩"，批驳韩愈的《原道》，直指几千年来的封建专制。

韩愈，唐代政治家、文学家，唐宋八大家之首，他的文章历来被奉为圭臬。清初康熙三十四年（1695）吴楚材、吴调侯编选了一部《古文观止》，风靡一时。其中就选了韩愈的《原道》。选注中说："孔孟殁，大道废，异端炽。千有余年，而后得《原道》之书辞而辟之……是大有功名教之文。”

严复反其道而行之，选择了这个被认为是宗师的韩愈，颠覆历来的定评，以韩愈极力维护封建专制的论述为靶子，痛加批驳。惊世骇俗，振聋发聩，在一片哗然之后，引起深思。严复举出韩愈谬误要害：

> 韩子又曰：“君者，出令者也；臣者，行君之令而致之民者也；民者，出粟米麻丝、作器皿、通货财，以事其上者也。君不出令，则失其所以为君；臣不行君之令，则失其所以为臣；民不出粟米麻丝、作器皿、通货财以事其上，则诛。”嗟呼！君民相资之事，固如是焉已哉？

引述到此，严复讥刺说：“哎呀，君民相互的关系，果然如此这般吗？”紧接着，辛辣地批驳说：

> 孟子曰：“民为重，社稷次之，君为轻。”此古今之通义也。而韩子不尔云者，知有一人而不知有亿兆也。老子之言曰“窃钩者诛，窃国者侯。”……窃尝闻“道之大原出于天”矣。今韩子务尊其尤强梗、最能欺夺之一人，使安坐而出其为所欲为之令，而使天下无数之民，各出其苦筋力、劳神虑者，以供其欲，少不如是焉则诛，天之意固如是乎？道之原又如是乎？

严复尖锐地批驳道：韩愈排斥孔孟、老子之言于不顾，完全欠缺思考！针对韩愈的“天生圣人”“君权神授”的谬论，集中批驳说，君权并非上天给予，相反，君权是从人民那里盗窃而来。批判的矛头，直指封建专制：

> 秦以来之为君，正所谓大盗窃国者耳！国谁窃？转相窃之

于民而已；既已窃之矣，又惴惴然恐其主之或觉而复之也，于是其法与令猬毛而起，质而论之，其什八九皆所以坏民之才、散民之力、漓民之德也。斯民也，固斯天下之真主也，必弱而愚之，使其常不觉、常不足以有为，而后吾可以长保所窃而永世。

严复大胆斥责说：秦以来的皇帝正是窃国大盗！而人民是天下的真正主人！统治者害怕人民觉悟起来夺回属于人民的权利，才要使他们既弱且愚，使他们昏昏然不觉醒。为了永远窃取权力，霸占天下，统治者制定了多如牛毛的法令。所有这些法令，直截了当地说，十之八九都是有害的：损坏人民之才智，分散人民之力量，削弱人民之道德。严复岂止批判韩愈，更直接动摇封建统治的老根儿。

《辟韩》一出，引起极大反响。以往，人们心有所感，没有能够理之成章。如今，严复如此明白宣言，说出了他们想说而没有说的话，舒心解气，不禁高声叫好。严复成了这一代人的代言人。反对者，则如同被挖了祖坟，气急败坏，如丧考妣，肆意咒骂。自认为洋务派中坚人物的两江总督张之洞，读了严复的文章，大叫："反了反了！乱臣贼子，大逆不道，人人得而诛之。"要对严复发出通缉，甚而打算派人刺杀严复。只是康有为居中缓颊，张之洞才中止了发疯一样的行动。

严复在批判封建专制的同时，力主向西方学习，进行改革维新。他赞美说：西方善国"道在去其害富害强，而日求其能与民共治而已。……西洋之言治者曰：'国者，斯民之公产也；王侯将相者，通国之公仆隶也。'西洋之民，其尊且贵也，过于王侯将相；而我中国之民，其卑且贱，皆奴产子也"。人民本是主人，而中国历代统治者把人民当作奴隶，怎么能够不败？！

严复向往西方，但是，他是清醒的，以进化论的观点，看待中国的现实，主张渐进的改革，"民之可化，至于无穷，惟不可期之以骤"。民主、自由只有在历史条件成熟的时候，才能够实现：

然则及今而弃吾君臣，可乎？曰：是大不可。何则？其时未至，其俗未成，其民不足以自治也。彼西洋之善国且不能，而况中国乎！今夫西洋者，一国之大公事，民之相与自为者居其七，由朝廷而为之者居其三，而其中之荦荦尤大者，则明刑、治兵两大事而已。何则？是二者，民之所仰于其国之最急者也。……民之弗能自治者，才未逮、力未长、德未和也。

严复对西方各国，也不是全盘肯定，他清醒地看到其不足。在《原强》中就指出：

西洋诚为强且富，顾谓其至治极盛，则又大谬不然……盖世之所以得致太平者，必其民无甚富亦无甚贫，无甚贵亦无甚贱；假使贫富贵贱过于相悬，则不平之鸣，争心将作，大乱之故，常由此生。

严复指出，西方科技、生产发展，电邮、汽舟、铁路三者，“归之一二人掌握而有余，此虽有益于民生之交通，而亦大利于奸雄之垄断。垄断既兴，则民贫富贵贱之相悬滋益远矣”。“贫富之差，则虽欲平之而终无术矣。”

近世以来，严复和无数仁人志士为实现民族复兴的中国梦，上下求索国家富强的良方，试验过各种路径，严复当年的认识，对于今天的人们，仍然有借鉴意义。

当时，举国笼罩在一片失败、颓丧的气氛中，严复挺身而出，高声呼唤，不要自馁，只要去除弊端，鼓民力，开民智，新民德，“诚如是，三十年而民不大和、治不大进，六十年而中国不克与欧洲各国方富而比强者，正吾莠言乱政之罪可也！”

严复充满信心地预言三十年、六十年中国的变化，这种理性的认知和浪漫主义的激情，今天读来仍然叫人热血沸腾。严复敢于放言，如果他的预测不验、不准，拿他问罪好了。中国人没有理由不为自己的民族自豪。

毋庸置疑，严复有他的局限性。如同历代知识分子一样，他把希望寄托于明君，期待一个明白事理的皇帝支持变革维新。严复终不免再次受挫。

二月间，李鸿章由顾问、美国人福世德陪同，在日本马关与日本全权大臣伊藤博文谈判停战议和。日本恃强威逼。李鸿章据理力争。一个叫小山丰太郎的日本狂徒，竟然枪击李鸿章，打伤李鸿章面颊。国际舆论大哗，同声表示谴责。

日本顾虑因此陷于被动，同意议和，提出了苛刻条件：朝鲜脱离中国；割让辽东半岛和台湾澎湖诸岛；赔款白银三万万两；开沙市、重庆、苏州、杭州、长沙为商埠。消息传来，中国朝野愤慨。

严复急草《原强续篇》，于光绪二十一年三月初三（1895 年 3 月 28 日）刊出，发出警号：日倭处心积虑多年，企图夺我内地之山川，打进中国。当此之时，国人必须奋起救亡，要救亡，只有抗战！持久抗战！“十年二十年转战，以任拼与贼倭没尽而已。诚如是，中、倭二者孰先亡焉，孰后倦焉？”

严复揭露“日用其兵，求以其邻为富，是盗贼之行也”。“害农商，戕民物，戾气一消，其民将痛。倘军费无所得偿，吾不知倭之所以为国。”严复指出“倭学西法徒见皮毛”，“不务和其民，培其本，以待其长成而自至，乃欲用强暴，力征经营，以劫夺天下……无其本而强为其实，其树不颠仆者寡矣。”

严复的预言，应验不爽。五十年后的一九四五年，日本这棵暴发户般膨胀的树轰然倒了，日本战败。军国主义的恶行，终于结出恶果，日本人民遭受屈辱和苦难。

严复是智者，对中国、对日本的分析，都切中要害。

光绪二十一年四月初七（1895 年 5 月 1 日），严复推出《救亡决论》。

从二月四日发表《世变之亟》至今，近一百天里，严复陆续发表《原强》《辟韩》《原强续篇》，在这一组文章的最后，严复总括结论，挖掘封建主义老根，论证变革维新第一紧迫的要务在于“开民智”，从根本着手，培元固本。民智乃富强之原儿。开拓民智，才能够变革维新。而要开拓民智，则必须废除八股封建取士制度。文章开宗明义：

> 天下理之最明而势所必至者，如今日中国，不变法则必亡是已！然则变将何先？曰：莫亟于废八股。夫八股非自能害国也，害在使天下无人才。其使天下无人才奈何？曰：有大害三：其一害曰：锢智慧……其二害曰：坏心术……其三害曰：滋游手。

严复深刻论述了封建文化为害几千年，必须彻底废除。文章结尾，严复痛心疾首总结说：

> 昨者，有友相遇，慨然曰：“华风之敝，八字尽之：始于作伪，终于无耻。”呜呼！岂不信哉！岂不信哉！

严复坦露心声说，我曾经想不痛不痒轻轻地说，又怕不足以振聋发聩；我想大声疾呼，又一定会骇俗而惊世。时至今日，我宁愿被世人看作狂人，也决不能够顺从世俗，支支吾吾，言不由衷，自我陷入作伪、无耻旧辙。

> 今日请明目张胆为诸公一言道破可乎？四千年文物，九万里中原，所以至于斯极者，其教化、学术非也。……因其劫持，遂生作伪；以其作伪，而是非淆、廉耻丧，天下之敝乃至不可复振也。

严复最后再三强调，挽救中国危亡，必须学习西方科学文化！“此吾《决论》三篇所以力主西学而未尝他及之旨也。”

严复的文章，引领潮流，在知识分子中激起强烈反响，无疑推动了一场前所未有的爱国行动。此时，全国举子聚集北京参加科考，严复唤起了他们沉睡已久的忧国忧民的家国情怀。严复精辟犀利的文字，闻所未闻的论述，引发举子们放下功名的考虑，开始进行忧国忧民的思考。严复发出时代最强音，为中国人提供了崭新的思想武器。

光绪二十一年三月二十八日（1895 年 4 月 22 日），日本逼签《马关条约》，消息传来，以康有为、梁启超为首的广东、湖南举子联名上书，要求拒签条约。四月初七（5 月 1 日），康有为、梁启超邀集全国十八省一千三百多名举子集会“公车上书”，声势浩大，震动朝野。

汉朝曾经允许下层官吏和百姓上书言事，由公书令接待，谓之“至公车上书”。此时，一千多人在京师禁地聚众议事，通过了康有为起草的《上清帝书》《上都察院书》，要求绝不能割让台湾，拒签和约、迁都再战、变法维新。这是近代中国的大事件。

“公车上书”发生在严复《决论》三篇发表的一百天期间，绝非偶然。人们从“公车上书”所提的诉求，可见严复《决论》三篇的深刻影响。

第二十五章

由今之道，变俗图新

“决论三篇”引起的反响，着实让严复兴奋不已，他看到了舆论的力量，体会到话语权的重要。以海军军人的思维，清醒地认识到必须建造一个可以进攻的阵地，必须有一个自己发声的平台。此时，外国人在中国办报，有如雨后春笋，多达一百八十多家，严复决心也办一份报纸。严复与好友夏曾佑、王修植、杭辛斋创办《国闻报》，于光绪二十三年十月初一（1897 年 10 月 26 日），在天津发行了。报馆设在天津租界紫竹林道，名义上与日本人合办。

这一天，节令立冬，又恰是朔日初一。严复特意选在今天报馆开张，报纸发行。期盼农历十月小阳春带来好运，寄托着他和朋友们的美好祝愿，寄托着他们对冬去春来的期盼。

其时，以康有为、梁启超主导的维新活动名震天下，轰轰烈烈，许多人都期望一朝成功，除旧布新。严复却清醒地看到，变革维新，哪里能够一蹴而就，绝“不可期之以骤”。他“痛心切齿”意识到，“今日之事，正坐平日学问之非，与士大夫心术之坏，由今之道，无变今之俗，虽管、葛复生，亦无能为力也”。他要从点滴做起，一步一步，脚踏实地开民智、新民德。严复在《〈国闻报〉缘起》中宣告：本报“略仿英国《太晤士报》之例……一曰通上下之情，一曰通中外之故。为一国自立之国，则以通下情为要义；塞其下情，则有利而不知兴，有弊而不知去，若是者国必弱。”

《国闻报》从创刊到光绪二十五年（1899）正月被迫全部转入日本人之手，严复和他的朋友们坚持宣传变革维新，力主切实、认真地向西方先进文化学习。报纸集中火力于三个方面：一、持续批判旧传统，锲而不舍地向封建文化糟粕宣战；二、批判张之洞的《劝学篇》，向“中学为体、西学为用”的主张宣战；三、批评康有为的“保教、保种、保国”论，向维新盟友的谬误宣战。在批判中探索中西融合，“会通中西”的道路。《国闻报》与梁启超、黄遵宪在上海创办的《时务报》南北呼应，推动了思想解放。

光绪二十四年四月十七日（1898年6月5日），严复在《国闻报》发表散文《道学外传》，别开生面，以文学语言，嬉笑怒骂，刻画了一个村学究，一个老“古董”，一个老顽固，暴露八股害人、封建误国之深之烈。

> 至无论何乡，试游其地，必有面戴大圆眼镜，手持长杆烟筒，头蓄半寸之发，颈积不沐之泥，徐行偻背，阔颔扁鼻，欲言不言，时复冷笑，而号为先生长者其人者。观其人，年五六十矣；问其业，以读书对矣；问其读书始于何年，则又自幼始矣。……试入其室，笔砚之外，有《四书味根录》《诗韵合璧》《四书典林》，无他等书。其尤博雅者，乃有《五经汇解》之经学、《纲鉴易知录》之史学、《古文观止》之古文、《时务大成》之西学。微问之曰：“先生何为乐此？”答曰：“国家之功令在是也。”

于是，试着问他：“假如功令改变怎么办？”儒生怒而斥道：“功令改了国家将亡，你不要做此亡国之言！”再三诘问，儒生怒，儒生无言。再问儒生：“先生亦阅报吗？”儒生答道：“今日之报，即今日之乱民也。西人之民主，部落之陋习罢了。中国就是改了民主，你未必就是总统，中国开了议院，你未必就是议员。即使中国真的被瓜分了，我辈的锦衣玉食也还是少不了的。你何必哓哓不休！”

一个酸臭迂腐的儒生，一个顽固的卫道士活灵活现，跃然纸上，触手可及。

严复慨然，向国人发出警号：中国积两千年之政教、风俗，培养出此辈人才，为时久矣，此辈既充塞国中，就可能上而执政、下而教育后生，必然最终断送整个民族的前途啊！

严复高高举起西学的旗帜，对旧学进行理论批判，反复揭露封建科举制度的弊害。对旧学的三个主要部分作了理论剖析，深刻指出“宋学义理”只是理学的唯心主义；“汉学考据”只是穷研词章句笺的烦琐哲学；“八股辞章”不过是拘泥形式的文字游戏，所有这一切不但“无实”“无用”，而且有害，应当统统去掉。严复大胆宣言：“一不为古人所欺，二不为权势所屈，使理真事实，虽出于仇敌不可废也，使理谬事诬，虽以君父，不可从也。”严复义无返顾地向封建思想和封建统治挑战，放声呼唤思想自由、学术自由。

晚清洋务运动兴起，不少人打起学习西方的旗帜，但是，所学各有不同，所论各有所异。其中，“中学为体，西学为用”的主张，大行其道，张之洞的《劝学篇》最具代表性。张之洞居两江总督之高位，一贯标榜改革，确实曾经积极引进西方技术，兴办矿山、铁路，他并不一概反对向西方学习，而主张西方的器物、技术和科学知识可以用来富强中国，但是，不能动摇和损害中国本体。其核心是“旧学为体，西学为用”。实质在保国、保皇、保教。张之洞极力宣扬：“三纲为中国神圣相传之圣教，礼政之原本，人禽之大防”，“不可与民变革”，不可抛弃，不可动摇。为什么“三纲”绝不可废？张之洞说：“知君臣之纲，则民权之说不可行也；知父子之纲，则父子同罪，免丧、废祀之说不可行也；

知夫妇之纲，则男女平权之说不可行也。”张之洞尤其反对民权，气急败坏地说：“使民权之说一倡，愚民必喜，乱民必作，纪纲不行，大乱四起。”简直天都要塌下来了。他的言论、主张正是维护清朝统治所需要的。光绪皇帝载湉在光绪二十四年六月初一（1898 年 7 月 19 日）对张之洞的《劝学篇》大加赞许：“持论平正通达，于学术人心大有裨益。”昭告各省“广为刊布，实力劝导，以重名教而杜危言”。于是，“中学为体，西学为用”便俨然成为国策了。

严复在《救亡决论》中，直击“中学为体，西学为用”的要害：“盗西法之虚名，而沿中土之实弊。”反复剖析“中政为本，西艺为末”和“立于中学以西学辅其不足”的错误。在《与〈外交报〉主人书》中，严复指出：

> 体用者，即一物而言之也。有牛之体，则有负重之用；有马之体，则有致远之用。未闻以牛为体，以马为用者也。中西学之为异也……故中学有中学之体用，西学有西学之体用。分之则并立，合之则两亡。议者必欲合之而以为一物。且一体而一用之，斯其文义违舛，固已名之不可言矣，乌望言之而可行乎？

严复通俗而辛辣地斥责“中体西用”说人为地把中西文化自身的“体”与“用”割裂开来，非牛非马。名不顺，行不通。严复在批判中体西用、中主西辅、中本西末的论争中，鲜明地提出“会通中西”：

> 然则今之教育，将尽去吾国之旧，以谋西人之新欤？曰：是又不然。……必将阔视远想，统新故而视其通，苞中外而计其全，而后得之。其为事之难如此。

严复廓清中国近代各种文化思潮，得出清晰的认识，促进了中国几代人的思想解放。

严复在向旧学宣战，向“中体西用”宣战的同时，对于康有为、梁启超主张的保国、保种、保教提出批评。严复集中批判孔教，先后发表了《有如三保》《保教余义》《保种余义》，指出：“孔教之行于中国，为时若此之久，为力若此之专”，但是，怎么样呢？由于民智不开，人们并不信奉孔子，“今支那之妇女孺子。则天堂、地狱、菩萨、阎王之说，无不知之，而问以颜渊、子路、子游、子张为何如人，则不知矣。支那之穷乡僻壤，苟有人迹，则必有佛寺尼庵。岁时伏腊，匍匐呼吁，则必在是。无有祈祷孔子者矣”。严复号召：“累孔教，废孔教，正是我辈！只须我辈砺节砺行，孔教固不必保而自保矣。”

严复在一八九七年三月给梁启超写了一封长信，就他发表的《古议院考》和宣传孔教提出批评，有理有据。梁启超在回答严复的长信中，心悦诚服地说：“二月间读赐书二十一纸，循环往复诵十数过，不忍释手，甚为感佩，乃至不可思议。今而知天下之爱我者，舍父师之外，无如严先生；天下之知我而能教我者，舍父师之外，无如严先生。……来书又谓教不可保，而亦不必保。又曰保教而进，则又非所保之本教矣。读至此则据案狂叫，语人曰：不意数千年闷葫芦，被此老一言揭破。不服先生之能言之，而服先生之敢言之也。”

梁启超受严复思想影响，逐渐放弃“保教”的主张。后来发表了《保教非所以尊孔论》，表明他的主张。一九二三年，梁启超在《中国近三百年学术史》中说：“严又陵、复。他是欧洲留学生出身，本国文学亦优长，专翻译英国功利主义派书籍，成一家之言’。”“清末三四十年间……学界活力之中枢，已经移到‘外来思想之吸收。”“清末思想界，不能不推他们为重镇。”

清光绪二十四年四月二十三日（1898 年 6 月 11 日），光绪皇帝载湉颁布定国是诏，宣布变法维新。一时间，人们希望中国真正实行变革。而严复一贯认为事物不可能“骤变”，虽如此，他还是在《国闻报》连发了多篇文章，积极参与变法的鼓吹和推动。这年正月初六至十四日（1月27日至2月4日），严复写了《拟上皇帝书》，在《国闻报》连载，提出了三点变革建议：一“联各国之欢”，与西方国家建立良好关系；二“结百姓之心”；三“破把持之局”。文章发表时，没有署名。但文章不胫而走，世人都知是严复所著。

七月二十九日（1898年9月14日），光绪皇帝在乾清宫召见严复。

曾经担任过福建学政的王锡蕃在《奏保人才折》中，向光绪皇帝举荐严复说：“北洋水师学堂总办候选道严复，本船政驾驶学生，出洋学习，于西国典章名理之学，俱能探本溯源，精心研究，中学亦通贯群籍，著述甚富，水师情形，尤其所熟知专习，久在北洋供差，奉公之外，闭户寡合，其立品尤为高卓。”

严复对皇帝召见，盼望已久，《拟上皇帝书》所陈述的意见，较之以往的文章，在内容和措辞上都有所缓和，对清朝统治也有所颂扬。考究严复的思想，他并无推翻清朝帝制的思想准备，所向往的是有一个明君，能够变革维新，实行英国式的君主立宪民主，使中国重新振作，从此富强起来。所以，对于载湉的赐见，严复多少有受宠若惊的喜悦。严复被召见五天之后，《国闻报》刊载一篇报道：

> 上月二十九日，严又陵（复）观察蒙恩召见乾清宫，……上问：“本年夏间，有人参汝在天津国闻报馆主笔，其中议论可都是汝的笔墨乎？汝近来尚在国闻报馆主笔否？”严对曰：“臣非该馆主笔，不过时有议论，交于该馆登报耳。”上又问：“汝所上报之文，其中得意文章有几篇？”严对：“无甚得意者，独本年正月间有《拟上皇帝书》一篇，其文颇长，当时分作六七日登报，不知曾蒙御览否？”上云：“他们没有呈上来，汝可录一通进来，朕急欲观之。”严对曰：“臣当时是望皇上变法自强，故书中多此种语，今皇上圣明，业已见之行事，臣之言论已同赘旒。”上曰：“不妨，汝可缮写上来。但书中大意是要变什么法？”严对：“大意请皇上于未变法之先，可先

> 到外洋一行，以联各国之欢；并到中国各处，纵人民观看，以结百姓之心”云云。上微叹曰：“中国就是守旧人多，怎好？”此外闻垂问事甚多，约奏对三刻钟之久。严观察既退，遂回寓，将春间登报稿本上紧修缮，以备进呈，想日内已经御览矣。

七月二十九日（9月14日），严复在乾清宫觐见载湉，侃侃而谈。殊不知，对载湉皇位的颠覆已经临近，对维新变革的绞杀已经箭在弦上。载湉直觉危机四伏，皇位岌岌可危，一句“中国就是守旧人多，怎好？”深怀忧虑和愁苦。

只是严复泛泛听去，没有深思，没有能够听出载湉忧心忡忡，没有听出载湉的危在旦夕的急迫。在觐见最后时还建议“变法之先，可先到外洋一行，以联各国之欢；并到中国各处，纵人民观看，以结百姓之心”。这些建议，或许有益，但与载湉的期待和求助，文不对题，答非所问，如此不切实际，“远水不解近渴”，叫人不禁生发“百无一用是书生”的感慨。

七月三十日（9月15日），严复觐见次日，载湉即召见杨锐给予密诏，即所谓“衣带诏”：“近来朕仰窥皇太后圣意，不愿将旧法尽变……故不得不徐图之，此近来之实在为难之情形也。朕亦岂不知中国积弱不振，至于阽危，皆由此辈所误。但必欲朕一旦痛切降旨，将旧法尽变，而尽黜此辈昏庸之人，则朕之权力实有未足。果使如此，则朕位且不能保，何况其他？今朕问汝，可有何良策……，尔等与林旭、谭嗣同、刘光第及诸同志等妥速筹商，密缮封奏。”载湉加重叮嘱“朕实不胜焦急翘盼之至！”这种紧迫之情，严复在此前一天觐见时，竟毫无察觉。

八月初二（9月17日），严复觐见后第三天，光绪皇帝便指示康有为紧急离京出走：“朕今命汝督办官报，实有不得已之苦衷，非楮墨所能罄也。汝可迅速出外，不可迟延。”

八月初三（9月18日），严复在通艺学堂演说，犹自侃侃而谈，大谈《西学门径》。“宣讲西学源流旨趣，并中西政教之大原”，“登坛说法，口讲指画，数点钟之久，孜孜不倦”。而对瞬息万变的危局，依旧浑然不觉。

八月初四（9 月 19 日），慈禧太后突然从颐和园回到紫禁城内西苑（三海）。皇宫内外雷声滚滚，杀气腾腾。

八月初五（9 月 20 日），严复在与林旭会面时，得知慈禧已经发出命令，所有政令、诏书都须经她过目。严复方才猛然醒悟，大势已去，皇帝危在旦夕。

八月初六（9 月 21 日），慈禧下诏恢复垂帘听政，发动戊戌政变，囚禁了光绪皇帝。

由康有为、梁启超主导的“戊戌变法”，中国走向近代化的一次短命的试验，不过一百零三天便夭折了。史称“百日维新”。

八月初七（9 月 22 日），严复紧急离开北京，返回天津。

在紧张得叫人喘不过气来的十天时间里，严复经历了中国权力中心的大变动，他由高度热昏，直跌落到万丈深渊的冰窟窿。由庆幸被皇帝召见，满怀从今而后一展国士之才的期待，突然重重地摔落尘埃，万念俱灰，茫然不知所措。

消息从北京传来，慈禧下令逮捕了谭嗣同、林旭、杨锐、刘光第、杨深秀、康广仁等六人。

严复愤怒至极，一反小心谨慎的态度，于八月十二日（9 月 27 日），在《国闻报》上发表新闻报道:《视死如归》。公开报道了谭嗣同遭到逮捕的消息，赞颂谭嗣同为国家强盛，为民族兴旺，为真理献身的大无畏气概：

> 有某国驻京公使署中人前往谭嗣同处，以外国使馆可以设法保护之法讽（劝说）之。谭嗣同曰：“丈夫不做事则已，做事则磊磊落落，一死亦何足惜。且外国变法未有不流血者，中国以变法流血者，请自谭嗣同始。”

八月十三日（9 月 28 日），慈禧下令，不经审判，以“纠约乱党，谋围颐和园，劫持皇太后”的罪名，将谭嗣同、林旭、杨锐等六人在北京菜市口弃市杀害。悬赏十万两白银通缉康有为、梁启超。时人称颂谭嗣同、林旭、杨锐、刘光第、杨深秀、康广仁为“戊戌六君子”。

《国闻报》继续发表言论，斥责清朝廷，表现出可贵的坚持真实、捍卫真理的无畏无惧。严复的朋友郑孝胥就曾为他担心，在日记中写道：“日来《国闻报》指斥朝政，略无忌惮，意在挑衅，彼必有以待之者，惟严又陵当益危耳。”

据说，慈禧对主张维新变法的首要人物恨之入骨，“尝手书维新党之姓名，张诸座右，以志其恨”，等待时机处置、镇压。其中就有严复。“戊戌政变”后，清廷除杀害谭嗣同等六人外，查禁报馆，捉拿主笔。被株连的达五十四人之多，严复也曾经被参，侥幸身免于祸。后来，《国闻报》又屡次被参，严复被迫将报馆真正出让给日本人经办。

严复悲愤不已，在维新变法失败，“六君子”牺牲不久，奋笔写下一诗《古意》：

情重身难主，凄凉石季伦。
明珠三百琲，空换坠楼人。

严复注明说：“伤林暾谷旭也。”又注说：“绿珠词……乃为清德宗（光绪）发愤而作，不仅指晚翠（林旭）也。”

严复更写了《戊戌八月感事》：

求治翻为罪，明时误爱才。
伏尸名士贱，称疾诏书哀。
燕市天如晦，宣南雨又来。
临河鸣犊叹，莫遣寸心灰。

严复对维新变法失败无限惋惜，对血腥镇压表示强烈愤慨，同时表达了继续前行的意志。

十月，林旭牺牲后三个月，严复再赋诗三十六韵《哭林晚翠》：

相见即长别，都来几昼昏。

池荷清逭暑，丛桂远招魂。（余以戊戌六月晤晚翠，而晚翠以八月遇难。）

投分欣倾盖，湛冤痛覆盆

……

严复仍然哀痛不已，又写诗说：

莫言天醉人原醉，欲哭声收泪不收。

辛苦著书成底用？竖儒空白五分头。

严复的悲哀是深沉的，哭声住了，泪流不止，仰天呼号：辛苦著书又有什么用啊，不谙世事的书生空自熬白了头！

严复反思“戊戌变法”的教训，强调改革必须因势利导，循序而进。康有为、梁启超的维新变法，并不谋改变皇族统治，却把最高统治者和决策人排除在外，其后果可想而知。变法失败，“六君子”被杀，严复认为“康、梁难辞其咎”。

许多年以后，后人不吸取历史教训，结果也是悲剧，错失历史机遇，引人深思。

第二十六章

拳祸，国变，颠沛南下

光绪二十六年（1900），庚子年，国变之年，对严复个人说，也是事变之年。酸甜苦辣，惊恐侥幸，大悲大喜，接踵而来。严复这叶扁舟，在狂涛中颠簸、漂流。

戊戌政变，严复侥幸没有被追杀，但是，余波未已。光绪二十六年正月二十四日（1900年2月23日），清廷再发通令：《国闻报》“造作谣言，混淆是非，诽谤朝廷”，严禁发行。严复脱不了干系，惴惴然不得安宁。

三月，义和团进入北京，北京附近的保定、清苑、定兴、涿州等地成为义和团活动中心。义和团一位首领张德成和女首领林黑儿带领义和团进入天津。“处处设坛，家家铸刀。”风潮所及，河南、山西、内蒙古、陕西、甘肃、黑龙江，以至江苏、浙江、云南、广东，凡是帝国主义势力侵略所到之处，都燃起了排外灭洋的烈火。成百座外国教堂被拆毁了，一批假洋人之势、欺压百姓的教徒恶势力被惩处了。清廷先是镇压义和团，此时转为利用义和团排外。

五月，《国闻报》刊发文章《论拳匪》，反对排外，却指拳民为“匪”，激起愤怒。五月初九（6月5日），义和团发出《警告〈国闻报〉》揭帖。

义和团势如燎原烈火，已成为帝国主义瓜分中国的巨大障碍，英、德、俄、美、日、意、奥等八国，蓄意夸大事态，借机联合出兵入侵，企图一举瓜分中国。

英国派出一名少将，率领英军两千人、海军陆战队一千两百人、印度军队两千三百人；法国派出一名少将，率领法军两万多人；德国派出瓦德西陆军元帅，率领两万三千七百多人；俄国派出一名中将，率领俄军两万多人；日本派出一名中将，率领日军两万两千多人；美国派出一名上校，率领美军五千九百多人；意大利派出一名大校，率领意军两千六百多人；奥地利派出三百人，总共约十万五千一百人，各种火炮约二百七十二门，气势汹汹地扑向中国的国门天津大沽口。

此时，清朝军队集结在北京地区约六万五千人，天津地区约两万五千人，山海关地区约一万四千人，共有约十一万人。全国总兵力，则约一百万人。然而，清军没有能够组织有效的抵抗。

五月二十一日（6 月 17 日），八国联军攻陷大沽口炮台。

五月二十五日（6 月 21 日），清廷被迫宣战。

天津，是义和团活跃的中心，严复举家至天津英国租界躲避。

与此同时，天津被八国联军炮火威胁，随时有陷落的危险。清军前线部队，虽在各自指挥官带领下拼死抵抗，但是，没有统一指挥防御作战，危城不保，已成定局。后来，严复记述：“庚子之役，身困租界之中者匝月，颠沛南下。”

六月十五日，八国联军在俄国海军旗舰上开会决定，从水陆两路进攻大沽要塞。

大沽口要塞由大沽、北塘、新城三部分组成，南北两岸各有炮台两座。主炮台在白河口南岸，有各种口径火炮二百八十四门。要塞兵力约五千五百人，由天津镇总兵罗荣光指挥。

罗荣光，湖南乾州（今吉首）人。早年随曾国藩转战各地，此时，守卫大沽炮台，激励士卒坚守阵地。

六月十六日，八国联军送来劝降通牒。罗荣光断然拒绝。

六月十七日夜，八国联军发动突袭。

罗荣光指挥炮台向麇集在海河中的侵略军军舰开火，打得敌舰起火爆炸。但是。炮台孤军无援，敌军蜂拥而至。罗荣光和官兵坚守阵地到最后，壮烈牺牲。直隶总督荣禄在奏折中说：

该提督率弁兵，鏖战六时之久，并经击坏敌船六艘。嗣因子弹药库四处被毁，力不能支，以致营台被陷……

《清史稿·罗荣光传》记述：

炮台毁，荣光愤极归。拔刀杀眷属，曰："毋令辱外人手。"遂出赴难，一仆随之，不知所终。他日，得其尸（大沽炮）台下。仆尸也在焉。

罗荣光，坚持战斗到最后一息，捍卫了军人的尊严。

六月二十七日，八国联军炮火摧毁了设在天津东机器局的天津水师学堂。《天津县志》记载：

失陷之际，军官宗永德、候补千总知不能守，恐火药资敌，乃挥兵卫散去，自引火药焚其库，与敌同死。

罗荣光、宗永德和官兵们明知不可为而为，慷慨赴难，视死如归，守卫着一个军人的天职和忠贞，守卫着清朝破碎的国门，守卫着中华民族的尊严！

天津水师学堂，虽不是战斗部队，但是，严复作为学堂总办，作为一名现役军官，有责任安排学堂的保全或撤退，负责学员的去向和保存，严复自身的进退也需听从上司的命令。然而，这一切均不见文献记载，也不见诸严复的文字。后来，严复在《〈海军大事记〉弁言》中说：

“庚子排外祸作，清朝群贵以祖宗三百年社稷为之孤注，迨城下盟成，水师学堂去不复收，盖至是，不佞与海军始告脱离，而年鬓亦垂垂老矣。”也语焉不详。

据考，庚子年六月初一（6 月 27 日），天津水师学堂被八国联军炮火轰毁，六月十六日（7 月 12 日），严复离开天津，三天后，八国联军铁蹄踏进天津城。

这一时间节点很关键。严复是在天津水师学堂被毁以后，侵略军攻占天津以前三天，离开天津。在此期间，他有可能去处理水师学堂善后事宜。在清廷的统治、指挥系统已然土崩瓦解，溃不成军、炮火纷飞、兵荒马乱的时候，不能要求严复有完全合乎军人的举动，更不要说在败军乱阵中有超常的表现。我们看到的是严复带着妻儿乘船南下避难。

六月十六日（7 月 12 日），天津英租界太古码头，聚集着逃难的人们，焦急地等待招商局的轮船，离津南下避难。严复携带他的家人也拥挤在人群中焦急候船。

近处炮声隆隆，人人惶惶不安。

一个受聘于天津水师学堂任驾驶、航海及天文学教习的英国人马克里希可，此人同时兼任上海《字林西报》通讯员，后来曾任《京津泰晤士报》主笔，著有《天津租界被围记》《中国外港居留记》。马克里希可在候船的人群中看到了严复。他在日记写道：七月十二日，星期四，天气炎热，气温达到华氏一百零二度（摄氏四十度）。食死尸的传染病传播者苍蝇，到处都是。突然中国军队的二磅头炮弹打到中街（今解放路）。咪哆士道（今泰安道）的联军炮队开炮回击。大批难民准备到南方避难。“在人群中，我看到了严复，他是中国海军人员，一个进步的开明绅士。”马克里希可描述，他和严复两人目光刚一对接，严复便立刻转开了。他发现严复的目光犹疑、忧郁和不安。

轮船驶向上海，船上天气闷热，缺乏医疗条件。严复的一个幼小的孩子，是严复认为最聪明的一个孩子，却病得奄奄一息，命在垂危。无处求医，无处问药。严复抱着他，口中喃喃念佛许愿，希望上天保佑他不死。然而，一切都无济于事，孩子终于在战乱逃难中夭折。

一九〇一年初，严复在上海写给沈葆桢之子的一首诗中说：

去年六月船南下，直此关山未解围。
沧海狂流横莽莽，晨光前路远微微。
相看白发盈头出，长恐青山与愿违。
垂涕为君通一语，华亭千载鹤孤飞。

当此民族危难，个人命途多舛，严复苦不堪言。

严复经历了海上风涛砥砺，得益于海军严格训练，而要成为一个合格的优秀的军人，尤需战争淬火。严复是否通过了战争淬火？

南唐后主李煜在国破家亡后，有《破阵子》词：

四十年来家国，三千里地山河。凤阁龙楼连霄汉，玉树琼枝作烟萝，几曾识干戈。　一旦归为臣虏，沈腰潘鬓消磨。最是仓皇辞庙日，教坊犹奏别离歌，垂泪对宫娥。

如果严复当时读到此词，不知道作何感慨？

第二十七章 《天演论》与巧姻缘

严复拼命想跻身仕途，总是事与愿违，好不容易等到了光绪皇帝召见，巴望从此否极泰来，遇到明主，一展雄才，谁知皇帝自身不保。“皮之不存毛将焉附？”严复绝望之余，只有走历来知识分子的老路，退而著书立说。但是，严复究竟不甘于像他的前辈朱熹那样，也跑到武夷山去，结庐深山，讲学授徒。严复从历史走来，饱经近代以来民族苦难，又经西风熏染，家国情怀，挽救危亡，无时或忘！严复的志向，是要使中国富强起来。担当这一使命，他义不容辞，责无旁贷，即使力不从心，也要勉为其难！甲午战争的惨败，宣告了洋务运动失败，治标不治本的徒劳；“百日维新”的夭折，再次证明事情“不能期于骤”，必须从“启民智、新民德”的根本着手，“标、本同治”。不改变国人的思想，不改变旧的因袭，是不会成功的。严复要把西方全新思想的天火，引进东方，引进中国，促进中国大变革。

严复精心选取了赫胥黎的《进化论与伦理学》(Evolution and Ethies)，严复为这本推介西方思想的书取了个中国名字:《天演论》。于光绪二十四年(1898)出版。

一本薄薄的书，大约不足九万字，开启了真理智慧之门，为中国先进青年开了“天眼”，引发了熊熊大火，映红了中国天空。

清末追随孙中山，活跃于政坛的风云人物胡汉民说：

> 自严氏书出，而物竞天择之理，厘然当于人心，而中国民气为之一变。

这应该是当时人的直接认知和感受。

清末学者，曾任驻美国旧金山总领事、驻日本使臣的黄遵宪如此称赞说：

> 今日已为二十世纪之世界矣，东西文明两相接合。而译书一事以通彼我之怀，阐新旧之学，实为要务。公于学界中，又为第一流人物，一言而为天下法则，实众人之所归望者也。

著名学者胡适说：

> 严复是介绍西洋近世思想的第一人……自从《天演论》出版（1898年）以后，中国学者方才渐渐知道西洋除了枪炮兵船之外，还有精到的哲学思想可以供我们的采用。
>
> 《天演论》出版之后，不上几年，便风行全国，竟做了中学生的读物了。读这书的人，很少能了解赫胥黎在科学史和思想史上的贡献。他们能了解的只是那“优胜劣败”的公式在国际政治上的意义。在中国屡次战败之后，在庚子辛丑大耻辱之后，这个“优胜劣败，适者生存”的公式确是一种当头棒喝。给了无数人一种绝大的刺激。几年之中，这种思想像野火一样，燃烧着许多少年人的心和血。“天演”“物竞”“淘汰”“天择”等等术语，都渐渐成了报纸文章的熟语。

数年之间，许多的进化名词在当时报章杂志的文字上，就成了口头禅。无数的人，都采来做自己的和儿辈的名号，由是提醒他们国家与个人在生存竞争中消灭的祸害。向尝一度闻名的陈炯明以“竞存”为号。我有两个同学名杨天择和孙竞存。就是我自己的名字，对于中国以进化论为时尚，也是一个证据。我请我二哥替我起个学名的那天早晨，我还记得清楚。他只想了一刻，他就说，“‘适者生存’中的‘适’字怎么样？”我表同意；先用来做笔名，最后于一九一〇年就用作我的名字。

鲁迅曾经热情洋溢地写道：

我也知道了中国有一部书叫《天演论》，星期日跑到城南去买了来，白纸石印的一厚本，价五百文正。翻开一看，是写得很好的字，开首便道：

“赫胥黎独处一室之中，在英伦之南，背山而面野，槛外诸境，历历如在机下。乃悬想二千年前，当罗马大将恺彻未到时，此间有何景物？计惟有天造草昧……”

哦，原来世界上竟还有一个赫胥黎坐在书房里那么想，而且想得那么新鲜？一口气读下去，“物竞”“天择”也出来了，苏格拉底、柏拉图也出来了，斯多噶也出来了……

鲁迅还回忆说，他读《天演论》，有老辈子人反对，但他“仍然自己不觉得有什么‘不对’，一有闲空，就照例吃侉饼、花生米、辣椒，看《天演论》”。

最具权威的当推毛泽东的评论，一九四〇年毛泽东说：

以严复输入的达尔文的进化论，亚丹·斯密的古典经济学，

> 穆勒的形式逻辑与法国启蒙学者孟德斯鸠辈的社会论为代表，加上那时的自然科学，是“五四”以前所谓新学的统治思想。在当时，这种思想，有同中国封建思想作斗争的革命作用，是替旧时期的中国资产阶级民主革命服务的。

当然，也有很强烈的质疑和反对的声浪，可是，严复真理在手，所向披靡，赢得了许多年轻人的心，帮助青年人接受西方新知识和新思想。

《天演论》还成就了一段奇缘，演绎出一曲绮丽华美的乐章。

光绪十八年（1892），严复中年丧妻，随后娶了江莺娘为妾，就一直没有续弦再娶妻子。光绪二十六年（1900），义和团兴起，天津、北京地区很不安宁，有钱人纷纷逃往上海。严复也离开天津租界紫竹林的住处，乘船避往上海。

严复到一家茶馆喝莲子羹，在邻桌发现了一本《天演论》，他顺手翻开，只见在“且由是而立者强，强者昌；不立者弱，弱乃灭亡”一句的旁边，赫然一行批字：“强者未必恒强，弱者未必恒弱，强弱之势，相对相成，势随时转，终有化时，此方为天演之公义也。”

议论透彻，字迹清丽娟秀，严复叹服惊诧间，书的主人已飘然而至，竟然是一个妙龄女子，她匆匆赶来寻找遗忘在茶桌上的书。看到自己的书在一个男子的手里，她向前致意，腼腆地说：“先生，您拿着的书是我的。”

严复却只顾称叹：“批得好，很有见地！”

女子笑着重复说：“先生，我说这本书是我忘记在桌上的。”严复这才醒悟，回应说：“啊，这书是你的，也是你批的？”女子羞怯地说：“是我一时随手写下的。”

严复更加吃惊了，连声说：“写得好，写得好！”

女子咻咻笑了，问道：“先生，请问您贵姓？”

严复呵呵笑了，回答说：“不佞严复。”

这下轮到女子惊倒了，面前立着的居然是《天演论》的译者，大名鼎鼎的严复！女子不信有此机缘，有此幸运。

女子名朱明丽，殷实家的千金，知书达理，受过良好教育。

交谈之下，严复慨叹不意间难得遇一知音。朱明丽则喜出望外，巧遇明师。一个愉悦，一个钦佩，相约再会。此时严复中匮乏人，朱明丽待字闺中，正合上了俗套：天作之合。

一九〇〇年，严复四十六周岁，正当最具魅力的中年，名噪一时，潇洒倜傥。看到这里，读者诸君一定很想领略严复的风采。可惜当年没有互联网，不能“人肉”严复。笔者且抄录严复的学生、商务印书馆函授学社副社长周越然的《追忆先师严几道》的文字以飨读者：

> 清光绪三十三年（1907）……我考入复旦，实在是因为我的翻译。那天的翻译题目，是校长（严复）亲自出的。其中有“嫠妇”之名，除我之外，大都不知道是什么意思，所以有不完卷者，有交白卷者，校长阅卷时，只见我一本完全卷子，他在卷面写了“翻译妥当，英文极佳”八个大字。这是后来学长兄章凤阶告诉我的话……
>
> 开学约一星期之后，我们看见一个通告云：明日下午一时，校长莅临致训，届时全体学生应在大厅静候。
>
> 我们坐在凳上，回过头去远远地望。不久，校长果然走进大门来了。他有小须，他持手杖，他快步而入，后面跟了好几个人——有的是职员，有的是仆从。他走进大厅的时候，我们赶快站立。他很客气，伸出了并且放平了左手，向地上按而又按——就是叫我们坐下的意思。他自己及其他的人，全不停留，进到后面的客室中去。
>
> 我们或坐或立，或默谈，或张望，等了好久好久之后，经过相当时间之后，庶务员又来报告道：“校长今天不讲话，就要走了。”
>
> 一瞬眼间，他出来了——依旧携手杖，依旧有人跟，依旧

用手向地上按而又按。我们当然起立欢送。……

我要描写他的手杖。

手杖之色不一，有黑的，有黄的；先师的手杖是黄的。手杖之质亦不一，有藤的，有木的，先师的手杖是木的。手杖又有弯柄的与不弯柄的，先生的手杖是不弯柄的。普通手杖，不镶金银，先生的手杖是镶金的，并且附以宝石的。我在他家中，用手偷偷提了两提——轻而坚，不知是何木料，何处出产。他出门时提了那根手杖，真是“神气”，他圆圆的脸，微微的须，缎袍缎褂，瓜帽便鞋，加以随从数人。

手杖讲毕，继言译著。

《天演论》是他的处女作。最初出版者，是大型本，由吴芝瑛（女士）手书上石。（今天的读者大多没有见过石版印刷，那是把书稿手写在特殊的石版上，放置在带圆盘的机器上，刷上油墨，一页一页印出来。）那时正是清末新学将兴，智识饥荒之际。此书一出，最顽固的蒙师，也谈起“弱肉强食”来了，也讲起“适者生存”来了。我有个同乡，出入无不以此书自随。他亲口对我说道：“我已经念过五十余遍。我能背诵全书，一字不漏。”我没有试验他，不过阅众可以明白当时此书的流行力，及文化界的诚意钦佩。

《原富》的分量，比较《天演论》大得多，但是它的文字，比较容易些。吾国素贫，且无工业，清末尤甚。所以当时试官出的策题，不外理财、工业两门，先师的书，适应其时。靠它取得功名的人，指不胜屈。某科某省解元，一字不改地抄袭了一二千字。浙江某科举人，也有类似的行为。我们不能怪试官无目力，我们只能称严氏文章好。

《群学肄言》通论一般科学。比较难懂。因此，它的读者没有前两种那样多。

《穆勒名学》，我没有仔细读过，先师似乎未曾全译。这本书所得的读者，恐怕最少吧。

《群己权界论》的读者也不多，但是它的功劳真不小。当时许多人，以为自由是无限制的。他们常常说："这是我的自由（例如道旁便溺）。你哪里可以干涉我？"其实，你有自由，我也有自由，你我的自由，是相互牵制的。这一类人的误会，《群己权界论》打破了不少。

《社会通诠》那本小册子，复旦曾经做过教科书。原著的文字，哪里及得到译本的文字来？我们对于原作，越读越多恶感，我们对于译本，越读越多好感。……我们在课堂中过意地瞎话道，"他（指校长）收了我们的学费，还要译出书来骗我们的钱。可恶啊，可恶！"

在他以前，制造局已经翻译了许许多多西洋书；在他之后，各书肆也曾翻译过许许多多西洋书。但是他的译著，读起来好像是创作，总觉得容易懂些。他的文字，并不浅显——他不写白话。他好用古典，又喜制造新名……关于翻译西书。他虽然不一定能够"绝后"，但他实已做到"空前"。他的译著所以这样盛行，所以取得当时读者无限的钦佩，都因为他实行"信、达、雅"主义的缘故。

透过上述文字，我们对严复的动作、风貌、做派、师生关系，以及他的主要译著，有个大体印象了，让我们还回到上海滩的罗曼蒂克故事里来。

严复与朱明丽邂逅，接下来，便是喜结连理了。与坊间流行的一副谐趣对联暗合，传为佳话：

因荷而得藕

有杏不须梅

仅从读音分辨，便是：

因何而得偶
有幸不须媒

这姻缘之巧，堪与汉代司马相如巧遇卓文君的故事相媲美。故事精彩，故事奇巧，近乎传奇、演义，但是，绝非虚构。有黄遵宪在光绪二十八年（1902）写给严复的信为证：

嗣闻公在申江（上海的别称），因大作而得一好姻缘，辄作诗奉怀，然未审其事之可信否也。诗云：
一卷生花《天演论》，姻缘巧作续弦胶。
绛纱坐帐谈名理，胜似麻姑背痒搔。

严复的影响如此强烈，如此深广，他究竟译述了什么天书，引入了几束圣火？我们且大致梳理一下：

赫胥黎的《进化论与伦理学》（Evolution and Ethics），严复取译名为《天演论》，光绪二十二年（1896）开始翻译，光绪二十四年（1898）戊戌变法前后出版；

亚当·斯密的《国富论》（An Inquiry into the Nature and Causes of the Wea1th of Nation），严复取译名为《原富》，光绪二十三年（1897）开始翻译，光绪二十八年（1902）全书出版；

斯宾塞尔的《社会学研究》（Study of Sociology），严复取译名为《群学肄言》，光绪二十三年（1897）开始翻译，光绪二十九年（1903）出版；

约翰·穆勒的《论自由》（On Liberty），严复取译名为《群已权界论》，光绪二十六年（1900）开始翻译，光绪二十九年（1903）出版；

孟德斯鸠的《论法的精神》（Spirit of Law），严复取译名为《法意》，光绪三十年（1904）开始陆续出版；

甄克斯的《政治简史》(History of Politics)，严复取译名为《社会通诠》，光绪三十年（1904）出版；

约翰·穆勒的《逻辑体系》(System of Logic)，严复取译名为《穆勒名学》，光绪二十八年(1902）开始翻译，光绪三十一年(1905）出版；

耶方斯的《名学浅说》(Elementary Lcssons in Logic)，光绪三十四年（1908）翻译，宣统元年（1909）出版；

宓克的《支那教案论》……

严复有选择地翻译西方经典著作，涵盖了西方现代经济学、政治学、社会学等重要方面的基本原理，输入西方新思想的精华，特别是进化论的世界观、历史观，经验主义的认识论和方法论，自由、民主、平等的社会政治理念，冲击中国旧有的思想体系和价值观念，改变中国人的旧思维，进而引起中国发生变化。这是一个浩大的系统工程，需要时日，需要长期一点一滴积累，需要“水滴石穿”的持久努力。

严复首先选择译述《天演论》。一八五九年，英国达尔文出版了他的惊天著作《物种起源》，用事实说话，阐释了生物进化规律是“物竞天择，适者生存”。颠覆了人类起源的神话，揭示了万物进化的本来面貌，传播一种全新的世界观、历史观，引发了一场科学思想革命。一八九四年，赫胥黎出版了他的《进化论与伦理学及其他论文》，运用达尔文生物进化论的观点揭示人类社会发展、变化，指出“适者生存”的规律同样适应于人类社会。同时指出，人不同于动物，人类社会不同于自然界，受社会伦理的约束和影响。

严复倾注了最大努力，推介英国社会学家斯宾塞尔的《群学肄言》。斯宾塞尔主张社会进化论，被称作社会达尔文主义。斯宾塞尔认为，人类社会的进化是一种自然过程，不应受人为的干扰。他反对人为地阻断进化过程，也反对人为地推进进化过程。他赞颂竞争中的强者。

严复肯定赫胥黎的“适者生存”的所以“适”，是因为能够努力自强，而不是一味被动，最终成为被天所选择、所肯定的“适”者。但并不完全赞同赫胥黎；严复肯定斯宾塞尔的自然进化规律也适应于人类社会的观点，但不同意他的“任天为治”的消极、无所作为的观念。他也不完全赞同斯宾塞尔。严复从中国现实需要出发，保留和发挥了赫胥黎、斯宾塞尔思想的积极内容，更从中国古代的荀况、刘禹锡、柳宗元等人著作中吸取了“与天争胜”“制天命而用之”的积极观念，强调“物竞天择，适者生存”，人不应该无所作为“任天而治”，要自强不息，力求成为竞争中的胜者、“适”者。“天道变化，不主故常”，“世道变化，后胜于今”，“物各生存，宜者自立”，“保群进化，与天争胜”。这是严复进化论，强调“人之争天而胜天者，又皆天事之所苞，是故天行人治，同归天演”。人在适应自然规律中能动地有所作为。

有西方学者说，严复的翻译篡改了原著。他们不理解严复不是为翻译而翻译，严复是“借他山之石以攻玉”，是为改变中国而借天火。诚然，严复的翻译，应该说是“译述”，他不亦步亦趋，原文照译，而是“译文取明深义，故词句之间，时有所颠倒附益，不斤斤于字比句次”。严复更夹译夹议，或借题发挥，加写许多按语，表达自己的理念。或添枝加叶，曲译原文，间接表达自己的理念。如《天演论》译文将原著导论分为十八篇，正文分为十七篇，而且加了篇名。更对其中二十八篇加写了按语。全书不足九万字，按语约占三分之一。如此一来，正像吴汝纶在序言中所说：“赫胥黎氏之旨趣，得严子乃益明。”

《天演论》手写原稿，署名“侯官（福州）严复学”，而不是严复“译”，明白表示严复的定位和用意。

又如亚当·斯密的《国富论》，有一处原文为：

古代埃及人、印度人和中国人，都不奖励外国贸易。他们的财富似乎全然得自内陆的航行。

严复将书名译为《原富》，这一处的文字的译文则为：

埃及、印度、支那三古国皆有海禁，以内地市场已广，不愿有外交致窥伺。然而是三国者，皆古盛而今衰。

严复对原著有所增删，强调“三古国皆有海禁……皆古盛而今衰。”不难看出，严复借题批判闭关自守。

严复在《天演论》“译例言”中说：

《易》曰：修辞立诚。子曰：辞达而已。又曰：言之无文，行之不远。三者乃文章正轨，亦即为译事楷模。故信、达而外，求其尔雅。

严复的译文，今天读来，可能十分吃力。但是，文笔优美、典雅，曾经风靡一时。《天演论》的开篇，引得千万人反复吟诵。就是今天读来，也还是能够感到严复散文的优美。特别是，深奥的理论著作，写得如此有文采，如此形象生动有趣，可见严复为传播真理，传道解惑，苦心孤诣，精益求精。我们不妨读一读严复的美文：

赫胥黎独处一室之中，在英伦之南，背山而面野，槛外诸境，历历如在几下。乃悬想二千年前，当罗马大将恺彻（Caius Julius Caeser，今译为恺撒）未到时，此间有何景物。计惟有天造草昧，人功未施，其借征人境者，不过几处荒坟，散见坡陀起伏间，而灌木丛林，蒙茸山麓，未经删治如今日者，则无疑也。怒生之草，交加之藤，势如争长相雄。各据一抔壤土，夏与畏日争，冬与严霜争，四时之内，飘风怒吹，或西发西洋，或东起北海，旁午交扇，无时而息。上有鸟兽之践啄，下有蚁蝝之啮伤，憔悴孤虚，旋生旋灭，菀枯顷刻，莫可究详。是离离者亦各尽天能，以自存种族而已。数亩之内，战事炽然。强者后亡，弱者先绝。年年岁岁，偏有留遗。未知始自何年，更不知止于何代。苟人事不施于其间，则莽莽榛榛，长此互相吞并，混逐蔓延而已，而诘之者谁耶？……

第二十八章 《原富》与山夫

一八九七年，严复开始翻译亚当·斯密于一七七六年出版的《国民财富的性质和原因的研究》，译名改作《原富》。严复给国人讲了一个故事。

欧洲中南部，阿尔卑斯山脉绵延横亘在法国、意大利、瑞士、列支敦士登、奥地利、德国、斯洛文尼亚七国边界。法国与意大利交界处的勃朗峰，高四千八百米，雄伟壮美，风光旖旎，向来是旅游胜地。游客多在法国边界的沙蒙尼租用山民的骡马、雇用山夫作向导翻越高山。原先，山民作向导，不受限制，游客也可自由选择雇用。后来，法国政府规定，“凡为山夫，必先由官员察验后发给凭证，始得执业”。结果不到二十年，“山夫健者皆亡，而骡马亦无一可用者”。于是，许多游客不再来沙蒙尼，而从别处游历高山，沙蒙尼由盛而衰了。严复感叹说：“此事虽小，而可以推其大者矣。”

严复讲这个故事，当然不是因登山旅游而情满于山，他是借此以“言王政之所由废兴”，要国人从中得到启示。他在《原富》按语中讲得肯綮而明白：第一，统治者必须尊重经济规律，顺应经济发展自然趋势，“一国财赋之事，惟其理有固然，斯其势有必至，决非在上者所得强物从我，倒行逆施也”。第二，要让人民有自谋生计的充分自由，只要统治者不去干扰，就造福多多。“民之生计，只宜听民自谋，上惟无忧（扰），为裨已多。”第三，统治者硬加干扰，必然事与愿违，经济萎缩，赋税减少。“政烦者其国之岁殖必退也。”

严复为什么在写了《原强》一系列文章后把焦点转向经济？

我们来看严复自述：戊戌变法失败以后，“仰观天时，俯察人事，但觉一无可为。然终谓民智不开，则守旧、维新两无一可”。“所以屏弃万缘，惟以译书自课。”严复经历了诸多挫折后，没有退缩，更没有逃避，而是向深层探索救亡之道。他认为，只有“洞识中西实情者日多一日”，中国才不会沉沦，即使暂时不清醒，将来终有复苏的一天。严复指出，中国所以贫弱，“由于内治者十之七，则于外患者十之三”，“坐不知外情，不求自奋已耳”。亚当·斯密所提出的“富其君主而又富其人民”的主张，正是疗救中国贫穷落后的良方，是救亡之道，自强之谋。严复“闵同国之人于新理过于蒙昧，发愿立誓，勉而为之”，把西方家喻户晓的《原富》，翻译成书，使国人了解西方“国富之实”和所以富强的缘由，指出当权者的谬误，“从其后而鞭之”。严复想得更远，“切而言之，则关于中国之贫富；远而论之，则系乎黄种之盛衰”。

在万马齐喑的环境里，我们一方面看到严复“自叹身游宦海，不能与人竞进热场，乃为冷淡生活；不独为时贤所窃笑、家人所怨咨，而掷笔四顾，亦自觉其无谓”。另一方面，仍然孜孜不倦，前后用了五年时间，译述《原富》，以“西学为图”，把中国最需要的西方文明精华引进来。严复那拳拳爱国之情，那悲天悯人的古道热肠，今天依然叫我们怦然心动。

在中国浩于烟海的典籍中，此前没有一部政治经济学著作，严复第一个向国人推介西方古典政治经济学。由于历史条件的原因，没有发生大的影响，但是，对于中国经济学的启蒙、引导和普及作用，却显而易见。

严复不止于单纯翻译，而是自觉地追寻中西融合，一方面普及西方先进文化思想，一方面从中国典籍中印证、阐述西方学者的理论。亚当·斯密的《国民财富的性质和原因的研究》，约五十五万字，严复写了约八万字的按语，针对中国现实，修正和发展，形成自己的经济学论述。亚当·斯密主张自由竞争的经济秩序，严复指出，中国先秦时即有“因民之所利而利之”的主张。他引述司马迁《史记》所说“善者因之，其次利道之……各劝其业，乐其事，若水之趋下”。提出“因势乘便，顺民所欲”，“听民自由”，“无所梗阻”。严复赞扬宋朝王安石变法“千古相臣，知财计为国之大命，而有意理财养民”，强调“生财之术多门，而民富必基于政美”。

严复以亚当·斯密的观点反思中国传统的经济思想，批判重义轻利的传统观念说，汉代以来，俗儒以言利为耻，这是无视国计民生。严复批判以农为本、以商为末的传统观念说:“农工商贾，固皆相养所必资，而于国为并重。”中国失误在于“贵本而贱末”。严复指出只重积累，不重消费，是忘记了发展生产、加大积累的原旨。中国人的消费观念向来提倡省着花钱，而不大去想如何多挣多花。严复不无揶揄地指出:“今使一国之民，举孜孜以求富，既富矣，又不愿为享用之隆，则亦蔽民而已。况无享用财物丰盈之后，民将缦然止足。”增加财富的目的是为了满足人民的需要，如果增加财富而不相应地增加消费，直接违背生产财富的原意，必然妨碍人民生产积极性的持续发挥。

严复还就对外贸易、进出口平衡、海关、反殖民主义、反垄断、反贪腐等等，提出了一系列精辟论述。为中国民族资本主义经济发展提供了理论武器。

严复的这些论述，颠覆了中国千百年来的固有观念，促人猛醒。严复说，他的译著“字字都用戥子称出”，是反复衡量而后说的，希望引起人们重视。

在甲午战争失败后，国人哀伤于大厦将倾，穷途末路，惶惶不可终日，全中国一片低迷、颓丧。严复个人也命途多舛。但是，他始终从世界大势看中国，坚信中国是“无不有之国”，中国人是“无不能之民”，大声疾呼，努力治愚、疗贫、起弱，中国必将转弱为强，转贫为富。

严复阔视远想，发出惊人的预言：二十世纪后，“雄于宇内者非震旦（中国）即美利坚也”。在清朝末世，在民国前途未卜，在多数国人忧心忡忡、摇头叹息的时候，敢于预言“雄于宇内者非震旦（中国）即美利坚也”，而且预言如此准确，除去严复，能有几人？

第二十九章 『自由』的真谛

“物竞”“天择”，严复引进中国的第一把火，迅速形成燎原之势。严复又译述了英国约翰·斯图尔特·穆勒（John Stuart Mill）的《论自由》，继而把“自由”之火引了进来，如同风助火势，大火熊熊燃烧起来。于是，中国人，特别是知识分子对于“自由”有了开创性的认识。

严复提倡自由，看重自由的意义。他从富国利民的根本需要出发，强调只有自由，才能充分动员和启发人民的创造性。严复在《〈老子〉评语》中明白指出：“今日之治，莫贵乎崇尚自由，自由，则物各其所自致，而天择之用存其最宜，太平之盛可不期而自至。”严复还说：“吾未见其民之不自由者，其国可以自由也，其民之无权者，其国之可以有权者……毁民权者，天下之至愚也。”时时对中国封建专制文化进行猛烈抨击。

严复比较了中西文化的差异，指出自由或不自由，是西方先进、中国落后的分水岭。“中国之弱，非弱于财匮兵窳，而弱于政教之所以不中，坐不知平等自由公理，而私权奋压力行耳。”不自由则造成中国政治、文化的专制与落后。

在严复看来，“自由为体，民主为用”，是西方文化胜于中国的内在动力。“自其自由平等观之，则捐忌讳，去烦苛，决壅弊，人人得以行其意，申其言，上下之势不相悬，君不甚尊，民不甚贱，而联若一体”。民主是自由的表现。

然而，中国传统道德和等级森严的制度，扼杀了自由思考，自由创造。“自由一言，真中国历古圣贤之所深畏，而从未尝主以为教者也。”“自由、平等、民主、人权、立宪、革命诸义，为吾国六经历史之不言固也。”那么，什么是自由？严复期待中国有一种生动的政治、思想局面：

> 须知言论自由，只是平实地说话求真理，一不为古人所欺，二不为权势所屈而已，使理真事实，虽出之仇敌，不可废也；使理谬事诬，虽以君父，不可从也，此之谓自由。亚里士多德尝言：“吾爱吾师柏拉图，胜于余物，然吾爱真理，胜于吾师。”即此义耳。

严复还从中国古代智者“特立独行，不循流俗”，对自由的坚持，说明自由的可贵：“吾观韩退之（韩愈）《伯夷颂》，美其特立独行，虽天下非之不顾。王介甫（王安石）亦谓圣贤必不徇流俗，此亦可谓自由之至者矣。”

在严复之前和他的同时，有谭嗣同发出猛烈批判传统的声音：“二千年来之政，秦政也，皆大盗也。”惊世骇俗，激烈如火，呼唤冲决一切罗网。而只有严复，是中国近代提出全面的、系统的自由论的第一人。严复的论述闪耀着理性的沉思和哲学的思辨。

严复所以选择译述穆勒的《论自由》，因为穆勒强调思想自由、言论自由、个性自由，对于个人和社会发展的重要性和必要性。“要想给每人本性任何公平的发展机会，最主要的事情是容许不同的人过不同的生活。”穆勒同时又指出，人离不开社会，必须遵守法律或约定俗成的道德行为规范。简言之，人皆有按照自己意愿行事的自由，他人不得干预，但是，以不妨碍、不损害他人为限。穆勒还论述到中国这样一个曾经有过伟大成就的国家，自从不断压制、泯灭人的个性、自由以来，便“几千年来原封未动”。尤其激起严复共鸣。

一九〇四年三月，《东方杂志》创刊号以充满感情色彩的文字，推介穆勒的学说和严复的翻译：

欧学东渐，自由说盛，然所谓自由者，必有界域。我国社会骤闻其说，遽尔昌言，往往以不知权界，侵人损己，流于狂恣，则由于未明其说之本原也。是书为英人约翰·穆勒（John Suart Mill）所著，原名*On Liberty*。穆氏为英儒巨擘，学识迥绝，所著则受赞美。兹篇首释思想言论自由；次释行己自由……；次论国群、小己权限之分界；终论自由大义之施行。其精理名谈，洵万世之奇著也。穆氏自言是书得力于其妻者甚多，则其妻亦达人之俦乎？又得严氏之华藻以译之，其传东土无疑也，吾愿与当世学士共鼓舞而迎之。

确实，穆勒和妻子哈丽特共同撰写了这部书。穆勒与妻子哈丽特·泰勒的哀婉动人的爱情故事，他们夫妻志同道合的友谊，他们对于自由真义的信守和践行，更使这本书的魅力倍增。我们来看《论自由》的“穆勒自序”：

以伉俪而兼师友，于真理要道，有高识遐情，足以激发吾之志气……其于是篇也，吾实为所感而后作，是中最精之义，吾与彼共之。吾乃今以是长供养此宝爱悲伤之旧影而已。盖是之为书，犹吾平生他所纂述者，曰吾作可也，曰吾妻之作亦可也。

穆勒满怀爱意和激情说：我妻子哈丽特·泰勒在真理、哲学、卓越识见、美好情操方面，都是我的老师和朋友，是她激发了我的志气。这本书实在是受她鼓舞、感动后而写的。不仅这一本书，就是过去我所写的书，说是我写的可以，说是我妻子所写也可以。今天，这些书，是我对妻子宝贵而悲伤的记忆珍藏。

一八三〇年春天，哈丽特的朋友福克斯把穆勒介绍给她。此时，穆勒二十四岁，青年才俊，受人青睐。哈丽特年方二十三岁，风姿绰约，仪态万方。起初，穆勒俨然以老师的面目出现，交谈中，发现哈丽特对哲学有着清晰的洞见、独特的悟性和精辟的见解，他不由得刮目相看了。哈丽特向他谈起雪莱，热情洋溢地说："雪莱，英国伟大的诗人，渴望自由，反对专制暴政，向往理想的社会。英国王室和教会百般压迫他，迫使他不得不永远离开自己的祖国。后来，竟不幸葬身大海的狂涛巨浪。他的积极浪漫主义诗章，将流传千秋万代！我喜欢他的《解放了的普罗米修斯》，我喜欢他的《西风颂》，你听：'严冬如来时／哦／西风哟／阳春宁尚迢遥？'"

听着哈丽特如歌的声音，看着哈丽特潮红的双颊，注视哈丽特明丽的双眸，穆勒醉了。他们思想共鸣，心灵碰撞，相见恨晚。

是的，相见恨晚。哈丽特在十八岁的时候，就与比她大十一岁的商人约翰·泰勒结婚，已经有了两个孩子，第三个孩子正等待出生。穆勒和哈丽特之间，横亘着难以逾越的高墙。然而，哈丽特结识了穆勒，身心感到无比愉悦。她以母性的温柔，欣赏和珍爱这年轻的天才，决心要帮助他成才。而穆勒从哈丽特敏捷的思维、清晰的见解，得到了启迪和鼓舞。他庆幸寻找到了知音，寻找到一个心所归依的人。"心有灵犀一点通"，两个人相互敬慕，相互爱恋，激情如火。

恋爱自由，婚姻自由，是人人得而有之的最基本的权利，是男男女女拼死力争的权利。古今中外，概莫能外。虽然如此，自由不能破坏合法的婚姻，自由不能逾越伦理道德的规范。一八三二年夏天，哈丽特致信穆勒，理性地决定终止他们的来往。穆勒痛不欲生，无可奈何，精神委顿，“江郎才尽”，再也写不出好文章了。哈丽特看着一颗新星黯淡了，一个可以对人类做出贡献的青年思想家消沉了，她心碎了。哈丽特辗转反侧，寤寐思之，终于再主动致信穆勒，恢复他们的交往。穆勒得到了新生。穆勒与哈丽特彼此倾心爱慕，时为不能实现灵肉完全结合而痛苦。在长达二十年的时间里，始终保持着纯洁的友情，成为终生的挚友、诤友。穆勒在《自传》中写道：“与哈丽特的友情是我此生的荣幸和最大福气，而且也是我们相遇后我试图为人类进步所做的、或希望做的大部分事情的源泉。”

直到哈丽特的丈夫去世两年后，穆勒与哈丽特结婚，共同幸福生活了七年。可是，天不假以永年，哈丽特染上肺结核，在法国度假时去世，埋葬在法国阿维尼翁的圣维兰公墓。穆勒不能让心爱的妻子“千里孤坟无处话凄凉”，在公墓附近买屋，陪伴而居，一往情深地“夜夜长留半被，待君魂梦归来”。

爱情，婚姻，是最私人、最需要自由的领域，两位自由论的导师却甘愿遵守最不自由的约束，保持了纯真，保持了圣洁，屹立在道德的制高点，最终赢得永恒的爱情，“赢得生前身后名”。说他们受最不自由的约束，莫如说他们按照最自由的信条规范个人自由的行为。

严复为穆勒精辟的理论所折服，为穆勒与哈丽特的爱情故事所感染，为他们秉持自由的真谛和高尚情操所打动。

严复在光绪二十六年（1900）前就已经翻译完毕《论自由》，起名为《自由释义》。可是，严复举家南逃上海时，仓皇之中，书稿和许多宝贵书籍，都留在天津租界居屋里，全部在战乱中遗失了，被一个外国人得到。这个外国友人发现是严复的译稿，设法寄还严复。

译稿失而复得，严复进行修改，于光绪二十九年（1903）出版。

如同严复所有译著一样，《论自由》也不是直译，而是译述，甚至可以称作是改写。严复没有像翻译《天演论》那样写大量按语，而是在“译者序”“译凡例”里把紧要的话都说了。也在译文里“窃附己意”，把所要补充和强调的内容实行“加塞儿”。后来的研究者说，严复后期思想趋向于保守,《论自由》多反映出严复保守倾向。我们且看严复的论述。

穆勒原书题 *On Liberty*，理应直接译作《论自由》。严复最早的译稿书名为《自由释义》。出版时，改题为《群己权界论》。乍看去，书名既不简略鲜明，又显得拐弯抹角。以致鲁迅都说“连书名也很费解了”。不仅如此，严复还弃用通常用的“自由”二字，选用了古体字“自繇”。为什么?

严复在不足二百字的“译者序”中说:“必明乎己与群之权界，而后自繇之说乃可用耳。”言简意赅，点出文章的核心。他接着说，十年间，人们常常说“自由”，守旧的人把自由看作洪水猛兽，惊恐惧怕;喜新的人又把自由看成恣意放肆。二者皆不得要领。只有明白了个人与群体权力的界限，自由的学说才可以用啊。

严复在“译凡例”中进一步解释说:“原书文理颇深，意繁句重，若依文作译，必至难索解人，故不得不略为颠倒。”“由繇二字，古相通假”，“不作自由者，非以为古也”，是因为人们对自由有诸多曲解和误读，特意用“自繇”，略示区别而已。

在中国，戊戌变法失败以后，民主革命思潮汹涌澎湃，人人都讲自由、民权、平等，但是，对于自由，可以却是各说各话，莫衷一是。正是在这样的背景下，严复一改书名，二弃用“自由”，用古语“自繇”，三将原来长达一千六百字的序言，重写为仅不足二百字的精彩“微博”。文章虽短，真是“微言大义”。由此可见严复良苦用心。

严复阐述群体与个人的辩证关系:“自人群而后，我自繇者，人亦自繇，使无限制约束，便入强权世界，而相冲突。故曰人得自繇，而必以他人自繇为界。”严复强调:“自繇者，乃自繇为善，非自繇为恶。”

严复还指出:“民欲得自由之乐者，必国家行法之权大伸，而辅之以兵力。”他举北美政治的例子说:“民果齐心一志，以求治安，将自由之体，不期而自获。”“民志齐同，而人人守法，以此而得自由”才是最可贵的。

法国十八世纪启蒙思想家、法学家孟德斯鸠说:“自由是做法律所许可的一切事情的权利；如果一个公民能够做法律所禁止的事情，他就不再有自由了。”中国也有“从心所欲不逾矩”之说。个人的自由，“不逾矩”，才有充分的自由、持久的自由。

严复批判中国封建专制，倡导学习西方先进文化，引入西方自由思想、个人主义思想，但又不完全同于西方，他走在中西文化融合的道路上。

严复以后，世界发生了许多变化，中国发生了许多变化。当今世界，假借自由而行霸权，假借自由而行垄断，假借自由而行暴力，假借自由而罔顾法律，假借自由而罔顾公德……比比皆是，无论东方，还是西方，都存在许多不尽如人意的弊端，存在许多无知和曲解，严复留给我们的遗产，需要我们去学习、理解，从中获益，以指导我们的人生。

第三十章 《庄子》新解

一九一六年，严复历年研究、评点的《庄子评语》书稿结集出版。这又是一个特立独行的阐释。

大凡中国人都知道庄子。庄子（约前369—前286）名周，战国时宋人，大致在今河南商丘一带。织草鞋为生，做过漆园吏的小官，有时穷得揭不开锅。可是，当楚王以千金重礼和丞相的高位聘任他时，他却拒绝了；说宁愿做一只爬行在淤泥中的乌龟，自由自在，也不愿做被人供奉在祭台上的龟甲。大概正是这种令人起敬的精神，所以闻一多先生曾经说："中国人的文化上永远留着庄子的烙印。"

庄周著《庄子》，三十三篇，十多万字。内篇七:《逍遥游》《齐物论》《养生主》《人间世》《德充符》《大宗师》《应帝王》，一般认为是庄周所著，外篇、杂篇为庄周门人所作。人们一提到《庄子》，首先想到《逍遥游》篇，自在悠闲，遗世而独立，随心所欲，与天地精神独往来。一副生不逢时、遁世隐居的形象。严复在《庄子评语·内篇总篇》却提出了一个完全不同于传统相因的阐释：

> 尝谓内七篇秩序井然，不可棼乱……开宗明义，首告学者必游心于至大之域，而命其篇曰《逍遥游》……一命一义，而寓诸不得已。是故庄子者，非出世之学也。

“非出世之学。”严复强调，要不受已有成见束缚，从《逍遥游》到《齐物论》，从《养生主》到《人间世》，依序逐步领会，理解庄子的处世哲学。

严复在给弟子《致熊纯如》中，说得更明白：

> 平生于《庄子》累读不厌，因其说理，语语打破后壁，往往至今不能出其范围。其言曰：“名，公器也，不可以多取；仁义，先王之蘧庐也，止可以一宿，而不可以久处。”庄生在古，则言仁义，使生今日，则当言平等、自由、博爱、民权诸学说矣。

中国历史长河中，典籍汗牛充栋，而《庄子》独具鲜明个性，亦庄亦谐，大智大慧，自由浪漫，奇思妙想，运用寓言故事，演绎深邃的人生感悟和处世哲理。《养生主·庖丁解牛》的故事家喻户晓，是《养生主》的核心篇章。

一个厨师为文惠君宰牛，刀锋顺着牛身的自然经脉，游走在筋骨关节的空隙，刀锋落处，皮肉分离，动作如《桑林》的舞步，节奏如《经首》的旋律，整个牛身被分解，而牛甚至还不知道正在死去。文惠君大为称奇：“善哉！技术可以精湛到如此地步啊。”厨师踌躇满志，说：“我注重的是‘道’，是规律，远超越技术的层面了。”说着，把用了十九年也没有卷刃的刀收藏起来。文惠君大悟，越发佩服，称赞道：“善哉！听厨师一席话，我懂得了养生之道了。”

千百年来，人们多是沿着这一思路来领会“庖丁解牛”的。然而，严复发出了不同的声音：《庖丁解牛》“其所以善行、善言、善数、善闭、善结，皆不外依乎天理，然何以能依天理，正有事在也。”“管夷吾得此，故下令如流水之源，又能因祸以为福，转败以为功。”

严复认为：处理复杂的社会和管理国家，如同“庖丁解牛”，要“因其固然”，“依乎天理”，顺着自然规律行事。管仲吸取了庄子的思想，掌握了事物的规律，治理国家便无障碍，祸福、成败顺利转化，获得成功。其指导思想不是“无为”，恰恰是有为（“有事”）。颠覆了所谓道家“无为”的定评，肯定“无为”，正是“有为”。道家不是“出世”，而是“入世”。

《应帝王》中也讲了一个故事：阳子居问老聃说：“有一个官吏很精明，很勤快，办事很果断，可以和明王相比吗？”

老聃说：“虎豹因为有美丽的花纹，猿猴因为敏捷，猎狗因为会捕狐狸，所以被捉来为猎人利用。小吏办事岂可与明王相比？”

阳子居恭谨地请教说：“敢问明王之治是怎样的？”

老聃说：“明王治理国家，功盖天下而不居功，教化惠及万物，而人民并不觉得受制，各得其所；自己藏而不露，游于无所有的境界。”

严复批注说：

> 此篇言治国宜听民之自由、自化，……为帝王者，其主治行政，凡可以听民自为自由者，应一切听其自为自由。
>
> 自夫物竞之烈，各求自存以厚生。以鸟鼠之微，尚知高飞深穴，以避矰弋熏凿之患。人类之智，过鸟鼠也远矣！岂可束缚驰骤于经式仪度之中，令其不得自由、自化？

《庄子·天道》更强调为君要效法天道，尊重自然规律，无为而贵。安静自然无为，各尽其责。严复批注说：“上必无为而用天下，下必有为为天下用。”即“凡一切可以听民自为者，皆宜任其自由”，“凡属国民宜各尽其天职，各自奋于其应尽之义务也”。强调统治者“无为”，顺应自然，让人民自由自为，尽自己的义务，天下就安定了。

《庄子·在宥》反复提倡自在宽容。严复批注说:“人人皆自修自治,无劳他人之庖代……使人人皆知自治自修,则人人各得其所,各安其性命之情。”

庄周究竟是什么人,似乎一直没有定论,严复因为《在宥》的论述,推测庄周即杨朱:“颇疑庄与杨为叠韵,周与朱为双声,庄周即《孟子》七篇之杨朱。”

《庄子》问世以来,影响深远而广泛。我们读过唐代大诗人李白的“大鹏一日同风起,扶摇直上九万里。假令风歇时下来,犹能簸却沧溟水”(李白《上李邕》)。多由个人际遇而发感慨,自诩“仰天大笑出门去,我辈岂是蓬蒿人”。以“天子呼来不上船,自称臣是酒中仙”为傲。而我们看到的严复,用西方文化思想阐释中国古籍,要从《庄子》里撷取为我所用的哲理,寻求照亮航路的灯火。严复对公元前的著作《庄子·人间世》,也密切联系当下,提出切中时弊的论述。他鉴于《人间世》论及事物变化的因果关系,批注说:

> 今日所种之因虽微,而其结果可以至巨,观于吾国金陵(南京)、天津诸条约,皆成今日绝大厉阶。

严复从《庄子》引申,愤懑地抨击帝国主义强迫清廷订立的不平等条约,是给中国造成巨大灾害的根源。我们强烈地感到严复念念不忘、孜孜以求,古今中外,上下求索,寻求救国济世之道。受其感染,对一部《庄子》重新解读。

第三十一章 『筹安会』及其他

严复的译著，宣告中国近代思想文化史上里程碑式的巨人，横空出世。他力主融汇撷取中、西文化之长；倡导群己平衡的民主、自由理念；致力于标本同治的渐进改革。“阔视远想，统新故而视其通，苞中外而计其全，而后得之”。不同于左宗棠、李鸿章、沈葆桢、张之洞的洋务运动；不同于康有为、梁启超的维新变法；不同于孙中山、黄兴的革命。这是近代中国人救亡图存的又一可贵探索，严复确立了自己的历史地位。

否极泰来，随后十几年，严复可说是青云直上，“功成名就”了。

光绪二十六年（1900），上海成立民间的“中国国会”，推举名重一时的容闳为会长，严复被推举为副会长。

光绪二十七年（1901）严复被聘主持开平矿务局工作。

光绪二十八年（1902）严复被聘为京师大学堂编译局总办。

光绪三十一年（1905）严复协助创办复旦公学。

光绪三十二年（1906）严复被举荐任复旦公学校长。被聘为安徽高等学堂监督。

宣统元年（1909）严复任编查馆二等咨议官、福建省顾问官。清廷特赐文科进士出身。

宣统二年（1910）严复以“硕学通儒”的身份任资政院议员。被授予海军协都统衔。

宣统三年（1911）严复被特授海军第一等参谋官。

武昌起义爆发后，严复作为南北和谈代表团成员，参与同黎元洪会谈。

民国元年（1912）严复任北京大学校长，雄心勃勃，期望“用以保持吾国四五千载圣圣相传之纲纪、彝伦、道德、文章于不坠”。但那不是做事的年代，半年后即辞去校长职务。

严复任海军部编译处总纂。

严复被袁世凯聘为公府（总统府）法律外交顾问。

民国二年（1913）严复领衔发起成立孔教会。

民国三年（1914）严复被推举为“约法会议”议员。

严复被袁世凯任命为参政院参政。

严复任海军部编史处总纂。

民国四年（1915）严复任中华民国宪法起草委员，列名筹安会发起人。

在此期间，有几件事，对严复有莫大影响。

光绪三十一年（1905）春，严复为开滦煤矿的利益到伦敦与英国人交涉。此时，恰巧也在伦敦的孙中山，慕名拜访严复。交谈之下，严复坚持自己一贯反对激进革命的态度，主张改革应从加强教育、提高国民素质入手。孙中山也坚持自己的主张，必须推翻封建帝制。二人各坚持自己的信念，又相互尊重，孙中山礼貌地向严复说：“俟河之清，人寿几何？君为思想家，鄙人乃实行家也。”

宣统元年十二月（1910 年 1 月到 2 月间），皇帝家找上门来，亲赐严复文科进士身份。多年来，严复前赴后继四次投身科考，梦寐以求一个科举的“正道”出身，却每每名落孙山。他感到不平，感到屈辱，而现在，竟然轻而易举地落到了头上。虽然这个名分，对于他没有什么实用价值，但他还是很在意，很看重这一份承认，珍贵这一份认可。严复立即更新了名片，在显著位置印上“文科进士”头衔。清廷指派严复创作大清帝国国歌，严复欣然命笔，堆砌华丽辞藻，歌曰：“巩金瓯，承天帱，民物欣凫藻。喜同胞，清时幸遭。真熙皞，帝国苍穹保。天高高，海滔滔。”皇帝在宣统三年八月十三日（1911 年 10 月 4 日）发布上谕：“声词尚属壮美，节奏颇为叶和（谐和），著即定为国乐，一体遵行。”再次对严复恩典褒奖，严复受宠若惊，喜不自胜。

另一方面，严复固执地保持着从前那份扭曲了的被屈辱的心态，写下这样的诗句：“无何八股亡，大耻未由濯。晚虽蒙荐赏，何异遭呼蹵。”居然还叹息再也没有机会通过科举证明自己了。

宣统三年八月十九日（1911 年 10 月 10 日）晚，辛亥革命的枪声在武昌响起，湖北新军协统黎元洪被革命党推举为都督，成为革命领导人。北京派出南北和谈代表团去武昌谈判，因为黎元洪毕业于天津水师学堂管轮班，是严复的学生，于是，严复也就和代表团一起赴武昌。十二月十一日到达汉口后，第二天，严复就过江与黎元洪见面交谈。严复随即给宣统皇帝的老师陈宝琛写信说：“复于（八月）廿二下午过江，以师弟情分往见黎元洪，渠备极欢迎，感动之深，至于流涕。黎诚笃人，初无意于叛，事起为党人所胁持，不能摆脱，而既以为之，又不愿学黄兴、汤化龙辈之临难苟逃，此其确实心事也。私觌处所不在武昌，而在青山之氇呢厂，党人有名望者约有二三十在彼。谈次极论彼此主旨。语长不及备述。约而言之，可以划一如左……”随后，南北和谈易地，改在上海进行。不几天，严复可能觉得自己是多余的，便提前单独离开上海回北京。

在中国发生革命的历史关头，严复卷入事变漩涡中心，经受历史的检验，决定个人的取舍和进退。

一九一五年八月二十三日，北京西单石驸马大街一处大宅挂起一副招牌：“筹安会事务所”，理事长杨度，副理事长孙毓筠，理事严复、刘师培、李燮和、胡瑛。通电全国派代表来北京讨论国体问题。经过多方策动，到十二月十一日，参政院开会，各省代表一千九百九十三人全票拥护君主制，一致“恭戴今大总统袁世凯为中华帝国皇帝”。袁世凯假意推辞一番，次日早晨便迫不及待地宣布接受帝位。

理事长杨度何许人也？湖南人氏，中国近代史上一个怪人。他参与了康有为、梁启超发动的“公车上书”，参加了强学会，积极鼓吹维新、立宪；又是袁世凯的主要幕僚，推动袁世凯称帝，恢复帝制；却也是孙中山、黄兴的挚友；还是黑帮大佬杜月笙的门下客。更不可思议的是，在严重白色恐怖年代，他加入中国共产党，成为周恩来直接联系的地下党员，做了有益的工作。一九三一年九月去世，生前为自己写下一副挽联：“帝道真如，而今都成过去事；医民救国，继起自有后来人。”一九七六年周恩来病危辞世前，公开宣告杨度是中国共产党党员。杨度多变的身份，甚至是绝然相反的两个极端身份的转换，反映了中国历史的复杂多变，反映中国人在近百年来选择的困惑与艰难。

一九一五年八月二十二日，大热天，杨度来到北京东城国子监周学胡同严复住所，投入名刺：“国史馆副馆长、参政院参政，湘潭杨度皙子”拜。杨度天花乱坠，从谈治疗严复哮喘病，到读《天演论》的心得，侃侃而谈，赢得了严复好感。接着便恭请严复共同发起成立筹安会。严复最后勉强表示，那就列个名吧。

时人把杨度、严复等六人称作“筹安六君子”。此“六君子”与前“戊戌六君子”在人们心目中，一个地下，一个天上。人们对谭嗣同、林旭等“六君子”高山仰止，备加赞礼；对杨度、严复等六位，则嗤之以鼻，鄙夷唾弃。“筹安会”一开始活动，就受到谴责。当时，天津《广智报》刊载了漫画《走狗图》，正中画着袁世凯头戴冕旒，身披龙衮，垂拱而坐。四面是四条狗，四个恢复帝制的吹鼓手：筹安会大将杨度、胡瑛、孙毓筠、严复。著名报人刘禺生在《洪宪纪事诗》中记载说，坊间传说筹安会“六君子”在中山公园的“来今雨轩”聚会，胡瑛说：“外间皆呼我等为走狗，究竟是不是走狗？”杨度曰：“怕人骂者是乡愿，岂能任天下事哉。我等倡助帝制，实行救国，自问之不愆，何恤乎人言。即以‘走狗’二字论，我狗也不狗，走也不走的。”孙毓筠曰：“我不然，意志既定，生死以之，我狗也要狗，走也要走的。”严复曰：“我折衷其说，狗也不狗，走也要走的。”胡瑛曰：“然则我当狗也要狗，走也要走。”次日，“走狗”言志的笑谈，传遍天津、北京。

坊间传说“来今雨轩”聚会，不可考，严复称从来没有参与“筹安会”具体实际活动，署名而已。但从坊间传说，真切反映出人们是多么憎恶“筹安会”，多么强烈反对袁世凯复辟帝制。

九月二十三日，严复曾经给熊如纯写信说：

> 筹安会挂名籍端，颇缘被动。一昔杨皙子来寓，宣布宗旨，邀共发起，复言吾国之宜有君（二字作众主解）。而舆尸征凶，此虽三尺童子知之，讨论余地，本属无多，独至继此而言，谁为之主，则争点发生，窃所疑惮。鄙意颇不欲列名，以避烦聒，杨乃以大义相难，谓：“某既知共和国体无补救亡，即不宜苟安，听其流变。”又云：“此会宗旨，止于讨论国体宜否，不及其余。”就令反对君宪亦成表见，意态勤恳，乃遂听之。而次日贱名乃登报矣。

袁世凯称帝失败，严复受到非难和谴责。只是因为他的名望，人们尊重他传播《天演论》的贡献，事后没有予以追究。严复对列名“筹安会”后悔不已，在给朋友信中曾多次表示懊悔：

> 筹安会之起，杨度强邀，其求达之目的，复所私衷反对者也。然而丈夫行事，既不能当机决绝，登报自明，则今日受责，即亦无以自解。

后人指责严复由鼓吹维新改革，转而拥戴袁世凯恢复帝制，特别是辛亥革命已经推翻封建帝制后，如此主张，是逆历史潮流而动。让我们先回到当时历史环境来考察和破解严复的作为。

武昌起义爆发后，清王朝统治土崩瓦解，全中国处于无政府状态。从十月二十二日到十一月九日，首先是湖南宣布独立。接着江西、陕西、山西、云南、安徽、上海、贵州、浙江、江苏、广西、广东、福建一个接一个宣布独立，十一月十一日海军宣布起义反正。中国走向何方？谁也不知道。严复看在眼里，急在心里。他坚持一贯的主张，力主循序渐进，呼吁有一个强有力的人物或集团来收拾残局，稳定已经垮塌、解体的国家。他选择了袁世凯。十一月七日，严复用英文给英国《泰晤士报》驻中国首席记者莫里循博士（George Ernest Morrison）写了一封信，刊登在一九一一年十一月二十八日《泰晤士报》上。发表时莫里循在前面加了一段话："寄上一份有关人类利益的文件供你们发表。这是一位学识渊博的学者写的信，他主要靠自学掌握了超群的英文知识。他是中国博学的学者之一，他的名字家喻户晓。他在向中国介绍西方教育方面也起过重要作用。他曾留学英国，将最著名的现代英国哲学著作译成中国文言文。寄给你们这封以古雅的、道地的英语写成的信，我未作丝毫改动。"

从严复这封信中，我们可以窥见严复当时对形势的判断和忧虑。

与莫理循书

一九一一年十一月七日于

北京东城金鱼胡同

……

我国目前这场起义的远因和近因可归纳如下：（一）摄政王及其大臣们的极端无能；（二）心怀不满的新闻记者们给中国老百姓头脑中带来的偏见和误解的反响；（三）秘密会党和在日本的反叛学生酝酿已久；（四）近几年来长江流域饥荒频仍，以及商业危机引起的恐慌和各个口岸的信贷紧缩。这些就是共同导致目前灾难的因素。……

因此当两支部队接到命令调往汉口惩处那里的造反士兵时，他们敢于第一次起而抗争，并宣称“不！我们不打自己的同胞”，或者更确切些说：“我们不打我们的同种同族！”可以说这简直就像个法力无边的魔王，霎时间将悉心经营二百七十年的大清王朝推向绝境，进而将中华帝国碎为齑粉。……

这两天我没有得到任何确切的消息，但据说在上海将召开一个真正的人民代表会议。他们没有军队办不成事，因而在武昌或别的地方也会有一个军队的代表会议。有了这两个政治团体，他们将试图解决问题。一旦他们像个样子了，他们将向北京政府发号施令！他们允许目前这个王朝在法律上存在呢，还是干脆将其废除代之以中华共和国呢，还是他们相互战斗直到最后，而以一个中国的波拿巴为最终结果呢？现在没有人敢于预言。

但依我愚见有一点可以肯定，即如果他们轻举妄动并且做得过分的话，中国从此将进入一个糟糕的时期，并成为整个世界动乱的起因。直截了当地说，按目前状况，中国是不适宜于有一个像美利坚共和国那样完全不同的、新形式的政府的。中国人民的气质和环境将需要至少三十年的变异和同化，才能使他们适合于建立共和国。共和国曾被几个轻率的革命者如孙逸仙和其他人竭力倡导过，但为任何稍有常识的人所不取。因此，根据文明进化论的规律，最好的情况是建立一个比目前高一等的政府，即，保留帝制，但受适当的宪法约束。应尽量使这种结构比过去更灵活，使之能适应环境，发展进步。可以废黜摄政王；如果有利的话，可以迫使幼帝逊位，而遴选一个成年的皇室成员接替他的位置。……

如果听任一些革命党人的种族敌对情绪走向极端的话，现在满族人确实毫无防卫能力了，可是蒙古、准噶尔等等又将以何处为归宿呢？他们会同纯粹的汉人一道组成一个广袤的、难以驾驭的共和国吗？还是他们会从今宣布独立？两者似乎都不像！前者不可能，因为有种族仇视问题以及感情、习俗、法律、宗教的完全差异；后者不可能，因为他们的政治力量不足。于是这些广阔的地域连同它的人民势必要归属附近的某个强国。一旦出现这种情况，“分裂中国”的老问题就来了。愿苍天保佑我们免受浩劫！当最坏的事情发生时，任何自认为文明开化的人民都负有责任，因为他们具有防止它发生的能力。

……

据此，我们还能够简单判定严复倒退、复辟吗？严复有他自己的关于中国国情的思考。今天应该如何评价？对现实有什么借鉴意义？

多年来，爱惜严复的人们，用被杨度“盗名”为“筹安会”发起人来为严复开脱。这不符合历史事实，反有损严复。严复当时的思想和取舍，在他的信中已经说得很明白，他始终坚持自己的一贯主张。以他的自负的秉性，也不可能容许杨度或其他什么人强其所难，违心地去附和他所反对的主张。杨度是在得到严复“列个名”的许可后，才在报刊上将严复列名发起人。如果严复认为被盗名，以他的名望，随时可以发一纸声明，予以澄清。但从八月到十二月近四个月时间里，严复没有这样做。后来，严复光明磊落地承担责任，自我谴责：“丈夫行事，既不能当机决绝，登报自明，则今日受责，即亦无以自解。”

严复没有消沉。第一次世界大战在欧洲爆发，严复以其世界性的眼光，关注战争进程，预测发展趋势，思考中国当如何应对。他忧国忧民，关切战争之后，中国将会处于什么样的地位？他认为对中国而言，这是一个机遇。中国应该当机立断，站在正义方面，参加协约国战斗。否则，战后将无立身之地。严复拒绝无所作为，又站出来讲话了，写文章发表政见了。《清华大学学报》二〇〇一年第二期刊发了学者王宪明的《严复佚文十五篇考辨》的文章，认为北京《公言报》一九一七年二月十日至五月二十一日署名“地雷”之多篇文章，系严复所作。是严复关于第一次世界大战的评述文章。我们在一九一六年十月二十五日严复《与熊纯如书（四十）》中，看到这样的文字："近日复颇有文字刊登京中新出之《公言报》，老弟曾见之否？"虽不能以此断定署名"地雷"的文章即严复所作，但证明严复还在写文章，而且在《公言报》发表。前些时，有天津的严孝潜写信向严复的侄孙严名查询，严名回信答复："民国初年几道公在北京确曾用'地雷'为笔名发表文章……我还问过何姓表姑婆（指严复的甥女何纫兰），她说：许多'地雷'文章就是在她家写的。几道公同她讲，八卦中之复卦为'地雷'，所以以'地雷'充笔名。"

一九一四年，第一次世界大战在欧洲爆发，严复关注世界形势，他在给朋友信中透露："复自欧陆开战以来，于各国胜负进止，最为留神，一日十二时，大抵六时皆看西报及新出杂志也。"严复判断，"欧战告终之后，不但列国之局，将大变更；乃至哲学、政法、理财、国际、宗教、教育，皆将大受影响。"关乎中国百年以内的兴衰存亡，中国应当参加协约国，这是"千年仅有之时机，中国出死求生之运会"。"时机一失，不可复追者也。"于是，为了国家、民族的兴亡，严复在一九一七年再度公开发表他的政见。

十五篇以"地雷"署名的文章，首篇发表于一九一七年二月十日，醒人的标题：《时乎时不再来》，开宗明义说：

> 吾国亟宜加入战团。……事机间不容发，使当途稍有世界眼光，所宜当机立决，不待再计，以为吾国之福。假其举棋不定，筑室道谋，将事机一过，后悔莫追，而中国将永远陷于孤立之域。

十五篇文字，或长或短，剖析战争和世界走势，分析利害取舍，忧国忧民，犀利深刻，说理思辨，鞭辟入里。拳拳爱国之心，令人感动。

严复暮年，忍辱负重，以病弱之躯，作最后一搏。

第三十二章

明灯不熄

列名筹安会，对严复损害极大，人们谴责、讨伐、惋惜、失望，爱他、敬他为中国带来了闻所未闻的新思想，又鄙夷、憎恶他竟为袁世凯张目。严复的声名一落千丈。从民国五年（1916）到民国八年（1919）的四年间，严复备受精神和病痛的煎熬和折磨。多年来吸食鸦片，长期积累的毒素恶性爆发，哮喘病无法控制。形销骨立，弱不禁风，寸步难行，痛不欲生。严复在给家人的信中，痛苦诉说：

> 最苦者，每次上车下车，无论何站月台上，总有几百步好走，此即要我之命，因行至半途，大喘辄作，此时心慌气塞，甚者二便都要出来，如无歇息处所，巴不得便坐在地上。

严复身心的痛楚，严复的无可奈何，严复的苦苦挣扎，跃然纸上。这何止严复，这是旧时中国的形象。

民国九年（1920）八月，大暑天，严复回福州“避寒”。是避自然天气之寒，也是避人世之寒吧！

在此期间，严复有《阳崎词稿》，其中《摸鱼儿》，可见他的心境：

傍楼阴、湿云凝重，黄昏虫语凄絮。秋魂孱僽惊寒早，谁念天涯羁旅？从头数，问陌上相逢，可料愁如许？今休再误。早打叠心苗，销凝意蕊，忍与此终古。　茂陵病，挨得更更寒雨。此情依旧无主。微生别有无穷意，错认晓珠堪语。君莫怒。便舞凤回鸾，讵就轻轻谱？移商换羽。算海涌天风，成连归矣，霜泪冻纮柱。

民国十年(1921)夏天，严复到福州鼓山避暑养病。病情日趋严重，沉疴不起，回天乏力。九月二十七日（1921年10月27日），严复病逝。临终前，他预感时日无多，曾在十月三日立下遗嘱，对自己一生作了总结，对儿女寄予最后期望：

嗟呼！吾受生严氏，天秉至高。徒以中年倏忽，一误再误，致所成就，不过如此，其负天地父母生成之德，至矣！耳顺以后，生老病死，倏然相随而来，故本吾自阅历，赠言汝所，其谛听之。

须知中国不灭，旧法可损益，必不可叛。

须知人要乐生，以身体健康为第一要义。

须勤于所业，知光阴时日机会不复更来。

须勤思，而加条理。

须学问，增知能，知做人分量，不易圆满。

事遇群己对待之时，须念己轻群重，更切毋造孽。

哲人远逝，留下了不尽的话题。严复身后，关于他的评价，随着中国大局的变化，随着研究的深入而起伏，而变化，甚而有截然相反的论述。不过，在人们心目中，严复不愧是中国近代文化巨人，他引进、推介进化论，影响了几代人，他的一生，贯穿着中国人文传统与西方文化的融合。严复高擎爱国、科学的火炬，明灯不熄，闪耀不灭。

希腊神话中的英雄普罗米修斯违背万神之王宙斯的旨意，偷将火种传入人间，人世间从此有了光明，有了温暖，而普罗米修斯却被罚在高加索的荒山，每天遭受鹫鹰啄食肝脏的痛苦。他的肝脏被吃掉了，又复长出来，又再被吃掉，反复无穷，直到有人自愿出来代替他。严复是东方的普罗米修斯。

二〇一五年三月一日　北京

二〇一五年五月二十日　再改于北京

附录一 严复行年简表

清咸丰三年（1854） 一岁

农历十二月初十（1月8日）生于福建侯官（今福州）南台苍霞洲。初名传初，乳名体乾。

清咸丰九年（1859） 七岁

开始入私塾读书。

清同治二年（1863） 十一岁

开始从宿儒黄少岩读经。

清同治五年（1866） 十四岁

春，娶王氏为妻。

六月，父死，家贫，随母亲返侯官（福州）阳岐乡祖居。

十一月，投考马尾船政学堂（求是堂艺局），以第一名被录取。入学后改名宗光，字又陵。

清同治十年（1871） 十九岁

以优等成绩毕业于马尾船政学堂。入列“建威”号军舰海上实习。航海至往新加坡、槟榔屿等地。

清同治十一年（1872） 二十岁

入列马尾船政新建造的“扬武”号军舰实习，随舰访问日本长崎、横滨等地。

清同治十三年（1874） 二十二岁

日军入侵台湾，应檄随“扬武”舰去台湾“以示兵威”，奉命测量台东背旂、莱苏屿各海口，侦察侵台日军部署。

清光绪三年（1877） 二十五岁

被派往英国留学，航经三大洋，沿途考察海洋。入格林尼治皇家海军学院学习，开始注意调查研究考察西方社会、政治，研习西方哲学、社会科学著作。深得中国驻英公使郭嵩焘赏识，随其对英国、法国考察，切磋探讨中国富强之道。

清光绪五年（1879） 二十七岁

从英国格林尼治皇家海军学院毕业，经纽卡斯尔号军舰实习。六月，应召提前回国，担任马尾船政学堂教习。改名复，字几道。

清光绪六年（1880） 二十八岁

应李鸿章征调，先后任天津北洋水师学堂英文正教习、会办、总办，前后二十年，“开北方风气之先，立中国兵船之本”。

清光绪十一年（1885） 三十三岁

回原籍福建参加“乡试”，落第。

清光绪十四年（1888） 三十六岁

赴北京参加“顺天乡试”，又落第。

清光绪十五年（1889） 三十七岁

出任天津北洋水师学堂会办（副校长）。

再去北京参加“顺天乡试”，第三次落第。

清光绪十六年（1890） 三十八岁

任天津北洋水师学堂总办（校长）。

清光绪十八年（1892） 四十岁

妻王氏卒，娶江莺娘为妾。

清光绪十九年（1893） 四十一岁

再回原籍福建参加乡试，第四次落第。

不与闻外事，“摒弃万缘，惟以译书自课”，发愤研习西方哲学、社会科学著作。

清光绪二十一年（1895） 四十三岁

哀甲午战争失败，痛悼同窗及弟子牺牲，常中夜起而大哭。

正月初十至三月初四（2月4日至3月29日）在天津《直报》先后发表《论世变之亟》《原强》《辟韩》《救亡决论》《原强续篇》等文，呼唤救亡图存，变法维新。

清光绪二十二年（1896） 四十四岁

出任“俄文馆”总办。

协助张元济在北京办“通艺学堂”，宣讲西学，推动维新变法运动。

清光绪二十三年（1897） 四十五岁

与王修植、夏曾佑等在天津创办《国闻报》。严复发表大量文章，宣扬学习西方先进思想、文化，推动思想解放和维新变革。

清光绪二十四年（1898） 四十六岁

正月初六至正月十四日（1898年1月27日至2月4日），在《国闻报》连续发表《拟上皇帝万言书》。

七月二十九日(9月14日)，光绪皇帝载湉召见严复。《国闻报》发表有关报道。

八月初六（9月21日），慈禧发动戊戌政变，维新变法夭折。次日，严复离开北京。

严复主持《国闻报》发表谭嗣同等被捕报道。

严复译《天演论》由湖北沔阳卢氏慎始基斋木刻出版、天津嗜奇精舍石印出版。此后，《天演论》在中国先后出版三十多个版本，广为流传。

清光绪二十六年（1900） 四十八岁

义和团进入天津、北京。八国联军入侵中国。侵略军炮火毁坏天津北洋水师学堂，六月初一（6月27日）八国联军侵占天津东机器局北洋水师学堂。六月十六日（7月12日），严复举家离开天津，避往上海。

娶朱明丽为继室。

在上海“名学会”，讲演名学（逻辑学）。

唐才常在上海主持建立民间国会“中国国会”，推选容闳为会长、严复为副会长。

清光绪二十七年（1901） 四十九岁

严复应聘赴天津主持开平矿务局事务。

清光绪二十八年（1902） 五十岁

严复应聘为京师大学堂编译局总办。

严复译《原富》由上海南洋公学译书院出版。

发表《致〈外交报〉主人书》批判“中学为体，西学为用”。

严复译《群己权界论》，由商务印书馆于九月出版。

清光绪三十年（1904） 五十二岁

辞去编译局职，离京赴沪。

严复译《社会通诠》由商务印书馆出版。

清光绪三十一年（1905） 五十三岁

协助马相伯创办复旦公学。

春，因开平矿务局讼事赴英国，在伦敦会见孙中山。

严复著《英文汉诂》由商务印书馆于五月出版。

严复著《评点老子道德经钞》，于八月在日本东京出版。

严复译约翰·穆勒《名学》，由蒯氏金粟斋出版。

清光绪三十二年（1906） 五十四岁

任上海复旦公学校长，不久辞职。

在上海青年会作《政治讲义》演讲，后由商务印书馆出版。

严复译孟德斯鸠著《法意》，于八月由商务印书馆出版。

受聘为安徽安庆高等学堂监督（校长）。

清光绪三十三年（1907） 五十五岁

夏，离开安庆高等学堂。

清光绪三十四年（1908） 五十六岁

受聘为审定名词馆总纂。

清宣统元年（1909） 五十七岁

受聘为宪政编查馆二等咨议官、清理财政处咨议官、福建省顾问官。

受赐文科进士出身。

严复著《名学浅说》由商务印书馆出版。

清宣统二年（1910） 五十八岁

以“硕学通儒”身份被征为资政院议员。

冬，被授以海军协都统衔。

清宣统三年（1911） 五十九岁

被授海军第一等参谋官。

武昌起义爆发，参加南北和谈代表团赴武昌与黎元洪洽谈。

民国元年（1912） 六十岁

二月，被临时大总统袁世凯任命为北京大学校长，自兼文科学长，“用以保持吾国四五千载圣圣相传之纲纪、彝伦、道德、文章于不坠”。坚持反对停办，为保存北京大学持续发展做出努力。

八月，被任命为海军部编译处总纂。

年底，辞去北大校长职。

被聘为公府（总统府）法律外交顾问。

民国二年（1913） 六十一岁

六月，领衔发起成立孔教会。

民国三年（1914） 六十二岁

一月，被推为“约法会议”议员。

五月，被任命为参政院参政。

十二月，被聘为海军部海军编史处总纂。

民国四年（1915） 六十三岁

欧战爆发后，将外国报刊有关消息、社论，编译成中文《居仁日览》供袁世凯浏览。

七月，被指定为中华民国宪法起草委员会委员。

八月，应杨度之邀列名为拥护袁世凯称帝的“筹安会”发起人。

民国五年（1916） 六十四岁

因“筹安会”事受谴责，又因长期被鸦片毒害，哮喘病日渐加剧。

民国六年（1917） 六十五岁

二月十日至五月二十一日，北京《公言报》先后发表署名“地雷”的《时乎时不再来》等十五篇文章。有研究者认定“地雷”为严复笔名。待确证。

民国八年（1919） 六十七岁

将北京大阮府胡同新居起名“愈懋草堂”，自称“愈懋老人”。

民国九年（1920） 六十八岁

八月，回福州避寒。

民国十年（1921） 六十九岁

农历九月二十七日（10月27日），病逝于福州故乡，与王氏妻子合葬于阳崎鳌头山。

附录二 主要参考书目

1.《严复集》，王栻主编，中华书局 1986 年版。

2.《严译名著丛刊》，严复译，商务印书馆 1981 年版。（含《天演论》《原富》《群学肄言》《群己权界论》《社会通诠》《法意》《名学》《名学浅说》）。

3.《〈严复集〉补编》，孙应祥、皮后锋编，福建人民出版社 2004 年版。

4.《严复文选（注释本）》，牛仰山选注，百花文艺出版社 2006 年版。

5.《严复：天演论（附：论自由）》，严复译、杨佩昌整理，中国画报社 2010 年版。

6.《严复年谱新编》，罗耀九主编，鹭江出版社 2004 年版。

7.《郭嵩焘日记》，郭嵩焘著，湖南人民出版社 1982 年版。

8.《郭嵩焘等使西记六种》，王立诚编校，中西书局 2012 年版。

9.《左宗棠年谱》，罗正钧编，岳麓书社 1982 年版。

10.《沈葆桢与福建船政》，林崇墉著，联经出版事业公司 1987 年版。

11.《沈葆桢研究》，卢美松主编，海风出版社 2000 年版。

12.《清史稿》，赵尔巽主编，中华书局 1977 年版。

13.《清鉴》，印鸾章编，上海书店 1985 年版。

14.《清末海军史料》，张侠等编，海洋出版社 1982 年版。

15.《海洋与中华民族》，海军军事学术研究所 1991 年 3 月内部资料。

16.《'93 年严复国际学术研究会论文集》，福建省严复研究会编，海峡文艺出版社 1995 年版。

17.《科学与爱国——严复思想新探》，习近平主编，清华大学出版社 2001 年版。

18.《百年严复 · 严复研究资料精选》，苏中立等编，福建人民出版社 2011 年版。

19.《严复思想述评》，周振甫著，上海中华书局 1940 年版。

20.《寻求富强：严复与西方》，（美）本杰明·史华滋著，叶凤美译，江苏人民出版社 2010 年版。

第一辑已出版书目

1 《逍遥游——庄子传》 王充闾 著

2 《书圣之道——王羲之传》 王兆军 著

3 《千秋词主——李煜传》 郭启宏 著

4 《草泽英雄梦——施耐庵传》 浦玉生 著

5 《戏看人间——李渔传》 杜书瀛 著

6 《心同山河——顾炎武传》 陈 益 著

7 《孤独的绝唱——八大山人传》 陈世旭 著

8 《泣血红楼——曹雪芹传》 周汝昌 著

9 《旷代大儒——纪晓岚传》 何香久 著

10 《烂漫饮冰子——梁启超传》 徐 刚 著

第二辑已出版书目

11 《忠魂正气——颜真卿传》 权海帆 著

12 《花红别样——杨万里传》 聂 冷 著

13 《感天动地——关汉卿传》 乔忠延 著

14 《西风瘦马——马致远传》 陈计中 著

15 《此心光明——王阳明传》 杨东标 著

16 《梦回汉唐——李梦阳传》 泥马度 著

17 《天崩地解——黄宗羲传》 李洁非 著

18 《幻由人生——蒲松龄传》 马瑞芳 著

19 《儒林怪杰——吴敬梓传》 刘兆林 著

20 《史志巨擘——章学诚传》 王作光 著

第三辑已出版书目

21 《千古一相——管仲传》 张国擎 著

22 《漠国明月——蔡文姬传》 郑彦英 著

23 《棠棣之殇——曹植传》 马泰泉 著

24 《梦摘彩云——刘勰传》 缪俊杰 著

25 《大医精诚——孙思邈传》 罗先明 著

26 《大唐鬼才——李贺传》 孟红梅 著

27 《政坛大风——王安石传》 毕宝魁 著

28 《长歌正气——文天祥传》 郭晓晔 著

29 《糊涂百年——郑板桥传》 忽培元 著

30 《潜龙在渊——章太炎传》 伍立杨 著

第四辑已出版书目

31 《兼爱者——墨子传》 陈为人 著

32 《天道——荀子传》刘志轩 著

33 《梦归田园——孟浩然传》曹远超 著

34 《碧霄一鹤——刘禹锡传》 程韬光 著

35 《诗剑风流——杜牧传》 张锐强 著

36 《锦瑟哀弦——李商隐传》 董乃斌 著

37 《忧乐天下——范仲淹传》 周宗奇 著

38 《通鉴载道——司马光传》 江永红 著

39 《琵琶情——高明传》 金三益 著

40 《世范人师——蔡元培传》 丁晓平 著

第五辑出版书目

41 《真书风骨——柳公权传》 和 谷 著

42 《癫书狂画——米芾传》 王 川 著

43 《理学宗师——朱熹传》 卜 耕 著

44 《桃花庵主——唐寅传》 沙 爽 著

45 《大道正果——吴承恩传》 蔡铁鹰 著

46 《气节文章——蒋士铨传》 陶 江 著

47 《剑魂箫韵——龚自珍传》 陈歆耕 著

48 《译界奇人——林纾传》 顾 艳 著

49 《醒世先驱——严复传》 杨肇林 著

50 《搏击暗夜——鲁迅传》 陈漱渝 著

图书在版编目（CIP）数据

醒世先驱：严复传 / 杨肇林 著. -- 北京：作家出版社，2016. 1
（中国历史文化名人传丛书）
ISBN 978-7-5063-8690-6

Ⅰ. ①醒… Ⅱ. ①杨… Ⅲ. ①严复（1854～1921）- 传记
Ⅳ. ①K825.1

中国版本图书馆CIP数据核字（2016）第000591号

醒世先驱——严复传

作　　者： 杨肇林
责任编辑： 江小燕
书籍设计： 刘晓翔+韩湛宁
责任印制： 李卫东　李大庆
出版发行： 作家出版社
社　　址： 北京农展馆南里10号　　**邮　　编：** 100125
电话传真： 86-10-65930756（出版发行部）
86-10-65004079（总编室）
86-10-65015116（邮购部）
E-mail:zuojia@zuojia.net.cn
http://www.haozuojia.com（作家在线）
印　　刷： 北京汇林印务有限公司
成品尺寸： 152×230
字　　数： 300千
印　　张： 21.75
版　　次： 2016年1月第1版
印　　次： 2016年1月第1次印刷
ISBN 978-7-5063-8690-6
定　　价： 60.00元（精）
